Global Energy Interconnection
Development and Cooperation Organization
全球能源互联网发展合作组织

U0657894

全球清洁能源
开发与投资研究

全球能源互联网发展合作组织

中国电力出版社
CHINA ELECTRIC POWER PRESS

前　言

　　能源是经济社会发展的重要物质基础。人类对能源的利用，从薪柴到煤炭、石油、天然气等化石能源，再到水能、风能、太阳能等清洁能源，每一次变迁都伴随着生产力的巨大飞跃和人类文明的重大进步。能源作为现代社会发展的动力，关系国计民生、关系人类福祉。传统化石能源的大量开发使用导致资源紧张、环境污染、气候变化等问题日益突出，严重威胁人类生存和可持续发展。从本质上看，可持续发展的核心是清洁发展，关键是推进能源生产侧实施清洁替代，以太阳能、风能、水能等清洁能源替代化石能源。

　　科学准确的资源量化评估是清洁能源大规模开发利用的重要基础。当前，全球范围内水电、风电、太阳能发电装机规模已超过总电源装机规模的 30%，清洁能源发展虽然已取得一定成效，但仍有巨大潜力，故对资源量的精细化评估研究显得尤为关键。全球能源互联网发展合作组织（简称"合作组织"）在建立健全全球清洁能源资源数据库的基础上，构建了清洁能源资源评价体系和精细化数字评估模型，开展了全球视角下水能、风能和太阳能理论蕴藏量、技术可开发量、经济可开发量的系统测算与量化评估，形成了"全球清洁能源开发评估平台（GREAN）"，有效提升了全球清洁能源资源评估的准确度与时效性，为相关国家和地区清洁能源的大规模开发利用提供了重要支撑。

　　系统高效的基地宏观选址是清洁能源大规模开发利用的重要前提。清洁能源发电基地选址关系到电站开发的经济性，对清洁能源的经济化规模开发和高效利用至关重要。影响基地选址的因素众多，选址分析决策过程复杂、难度较大。内业选址的研究往往受到数据资料的完整性和准确度限制，选址作业必须依赖现场查勘，耗费巨量的人力、财力和时间成本。合作组织综合全球地形高程、地物覆盖、流域水系、自然保护区、地质和地震、电源和电网、人口和经济等因素，构建了清洁能源发电基地宏观选址的基础数据库、模型及工具，大

幅度增加了资料收集环节的广度和深度，极大地提升了内业选址的准确性、经济性和有效性，形成了推动全球清洁能源资源开发的系统化成果，为世界能源战略研究和政策制订提供了可以参考的"工具书"和"数据手册"。

聚焦全球各洲资源评估及基地开发，合作组织编制全球及亚洲、欧洲、非洲、北美洲、中南美洲、大洋洲等各大洲清洁能源开发与投资研究系列报告。本报告作为系列成果中的总报告，**一方面**系统阐述了全球清洁能源资源评估与基地数字化宏观选址的技术路线和模型方法；**另一方面**立足全球视角，基于各大洲清洁能源资源评估和大型基地的深入分析，展示了全球清洁能源开发与投资的研究成果。

报告的第 1、2 章是研究的方法与数据，全面阐述了清洁能源资源评估和大型清洁能源发电基地宏观选址的方法体系、基础数据和数学模型。第 3~5 章系统展示了基于数字化方法的全球水能、风能和光伏资源评估与大型基地开发的研究成果。第 6 章是基地电力消纳和外送方案研究，综合分析了各洲电力供需趋势，提出了大型基地的送电方向与输电方式。第 7 章总结了全球清洁能源开发的投融资政策环境，提出了促进各大洲清洁发展的投融资建议。

合作组织全球清洁能源开发与投资研究系列报告致力于为全球清洁能源大规模开发利用提供指引和参考，加快推动在能源供给侧实施清洁替代。系列报告可为政府部门、国际组织、能源企业、金融机构、研究机构、高等院校和相关人员开展清洁能源资源评估、战略研究、项目开发、国际合作等提供参考。受数据资料和报告研究编写时间所限，内容难免存在不足，欢迎读者批评指正。

摘　要

能源事关人类可持续发展全局，可持续发展的核心是清洁发展。当前世界面临着资源短缺、气候变化、环境污染等一系列重大挑战。应对这些挑战，是实现人类可持续发展重大而紧迫的任务。依托丰富的清洁能源资源，秉持绿色低碳发展理念，在水、风、光资源量化评估的基础上，推动集中式大型清洁能源发电基地的开发和投资，加快清洁发展，促进全球形成以清洁能源为主体、广泛互联互通的能源新格局，是破解能源危机困局的关键，也是实现经济增长、社会进步和生态保护的全面协调可持续发展的必由之路。

报告提出了一套定义明确，系统、全面、可操作的算法模型，为完成基于统一标准和数据源的全球水能、风能、太阳能资源评估研究奠定了基础。数据方面，资源类数据是开展评估研究的必备基础，为进一步满足数字化与多维度评估需求，报告引入了地面覆盖物分布等地理信息类数据、交通与电网基础设施分布等人类活动相关数据，采用数据融合算法，建立了包含 3 类 18 项覆盖全球可计算的基础信息数据库。**模型方面，**报告全面阐述了水、风、光资源评估的技术路线，提出了理论、技术、经济多维度的量化评估模型，实现了基于并行计算框架的高效算法，明确了各主要评价指标的科学内涵、评估流程、计算方法和推荐参数。

基于数字化评估模型，报告对全球范围水能、风能和太阳能光伏发电资源开展了精细化评估研究，在分析开发条件与制约性因素的基础上，完成了理论蕴藏量、技术可开发量评估及开发成本测算。

水能资源是目前开发技术最成熟、已开发规模最大的清洁能源。报告完成了全球河流水能资源总量的测算，理论蕴藏量共计 46181TWh/a，其中具有较好水电开发价值的 205 个流域的资源量 39561TWh/a，约占 85%。采用数字化平台对全球 6 大洲的 64 个大型流域进行了详细的干、支流和国别综合评估，水能理论蕴藏量共计 28076TWh/a，广泛分布在中国、巴西、刚果民主共和国等国家。未来全球水

电开发潜力较大的地区主要集中在非洲、南亚、东南亚，以及南美洲西部和北部，南北半球中低纬度的崇山峻岭之中分布着未来全球水电开发的"黄金地带"。

全球风能资源丰富，开发潜力大，西亚、北非、南美洲南部等地区开发条件优越。 经测算，全球风能理论蕴藏量超过 2EWh/a，适宜集中式开发的装机规模超过 130TW，主要集中在亚洲西部、欧洲北部、非洲北部、北美洲北部、南美洲南部及大洋洲西部等区域，年发电量 347PWh，是当前全球年用电量的 10余倍。结合 2035 年各大洲风电经济性预测结果，考虑交通和电网接入等开发成本，全球 200 多个国家和地区的集中式风电开发的度电成本为 1.98～7.72 美分 /kWh，全球平均成本约 4.1 美分 / kWh。东非红海沿岸、南美洲南部地区和欧洲北海风电集中式开发条件极佳，是全球的"风极"。在资源条件优异，交通、电网基础设施条件较好的阿根廷、肯尼亚等国开发大型风电基地的经济性更好。

全球太阳能资源充沛，可为人类发展提供不竭能源，西亚、北非、南非、南美洲西部等地开发条件尤其优越。 经测算，全球太阳能光伏发电资源理论蕴藏量超过 208EWh/a，适宜集中式开发的装机规模约 2647TW，主要分布在亚洲西部与中部、非洲北部与南部、北美洲西南部、南美洲西部，以及大洋洲澳大利亚中部和北部地区，年发电量 5002PWh，是当前全球年用电量水平的200 余倍。结合 2035 年各大洲光伏发电经济性预测结果，考虑交通和电网接入等开发成本，全球 200 多个国家和地区的集中式光伏发电开发的度电成本为1.84～9.58 美分 / kWh，全球平均成本约 2.8 美分 / kWh。中东地区、北非撒哈拉沙漠和南美阿塔卡玛沙漠边缘地区集中式光伏发电开发条件极佳，是全球的"光极"。在资源条件优异，交通、电网基础设施条件较好的沙特阿拉伯、埃及、智利等国开发大型光伏发电基地的经济性更好。

报告提出了一套面向水电、风电、光伏发电站的宏观选址方法和数字化解决

方案，可显著提高选址研究的效率，有关成果可为政策制定者和商业投资人提供决策支持。**技术指标测算方面，**集成了多元数据融合、地理空间分析、线性整数优化等算法，提出了基于数字化河网筛选的水电基地选址算法和基于待选集判定的风电、光伏发电基地选址算法，综合采用地理信息系统、数字高程模型等实现了水电站水能参数、风电场风机排布、光伏发电站组件排布的自动化计算。**投资水平估算方面，**广泛收集全球近 7000 个水电、风电、光伏发电项目技术和经济性指标，利用多元线性回归方法预测技术类投资的变化趋势，采用深度自学习算法的神经元网络智能算法预测影响因素相对复杂的非技术类投资，构建了高效、实用的大型基地投资水平估算模型，可辅助完成宏观选址阶段清洁能源发电基地项目的经济性评估工作。

基于数字化选址方法，报告对全球主要待开发的水电、风电和光伏发电基地开展了宏观选址研究，完成了开发条件评价、开发规模评估及技术经济指标测算。

水电基地方面，综合考虑资源特性和开发条件，结合已建水电站情况，重点选取刚果河、亚马孙河、布拉马普特拉河等 21 个流域完成了大型水电基地梯级布置与开发方案的研究，以及若干大型水电站项目工程方案与投资水平的研究。总体上，全球 35 个水电基地待开发梯级共 229 个，总装机规模319.8GW，年发电量 1698TWh，开发度电成本为 3~5 美分 / kWh。

风电基地方面，在北非和东非沿海地区、南美洲的阿根廷南部地区、亚洲中部高原和西亚部分地区适宜建设大规模陆上风电基地，在欧洲北海、波罗的海、印度南部、东南亚的浅海区域适宜建设大规模海上风电基地。报告研究并提出了肯尼亚北霍尔、阿根廷圣克鲁斯、阿富汗赫拉特等 94 个大型风电基地的选址成果，完成了开发条件评价、开发规模评估与资源特性分析，综合工程建设与并网条件测算了基地的经济性指标。94 个大型风电基地的总装机规模 719.9GW，年

发电量 2506TWh，总投资约 8500 亿美元，其中陆上风电基地的度电成本为1.8~4.8美分/kWh，海上风电基地的度电成本为4.0~7.4美分/kWh，经济性好。

光伏发电基地方面， 在非洲北部和南部、南美洲阿塔卡玛沙漠周边地区、西亚地区适宜建设大规模光伏发电基地。报告研究并提出了埃及明亚、秘鲁阿塔卡玛、沙特泰布克等 90 个大型光伏发电基地的选址成果，完成了基地开发条件评价、开发规模评估与资源特性分析，综合工程建设与并网条件测算了基地的经济性指标。90 个大型光伏发电基地的总装机规模 995.3GW，年发电量 1917TWh，总投资约 4800 亿美元，度电成本为 1.7~3.3 美分/kWh，经济性极佳。

全球能源互联网是全球水电、风电和光伏发电电力资源大规模开发和高效利用的全球配置平台，是实现能源电力清洁、多元、可靠和经济供应的重要基础。 基于对全球能源电力供需发展趋势的分析，结合大型清洁能源发电基地和主要电力消费中心分布，考虑多能源跨区外送、跨时区互补、跨季节互济和全球广域配置，报告提出了全球主要大型清洁能源发电基地的送电方向和输电方案。研究成果对推动清洁能源发电基地开发，加快跨国、跨区、跨洲电网互联互通建设，实现清洁能源资源在全球范围内优化配置和高效利用具有重要和积极的意义。

营商环境、政策条件和投融资水平是促进大型清洁能源发电基地项目落地实施的重要因素。 加快开发清洁能源资源，应进一步改善全球各国的能源和投资管理政策环境，创新投融资模式。报告梳理了全球各大洲的整体政策环境，对各洲主要国家从营商环境、清洁能源发展目标、电力行业体制和市场、能源电力投资政策、支持性财政政策及土地、劳工、环保政策六个维度进行系统分析。针对各洲资源条件与发展要求，提出创新投融资模式、设立绿色产业投资基金、积极推动 PPP 项目投资等建议，以加速清洁能源大规模开发利用，实现各洲经济与环境高质量协调发展。

目 录

2 清洁能源发电基地宏观选址方法 · · · · · · · · · · · 037

图目录

表目录

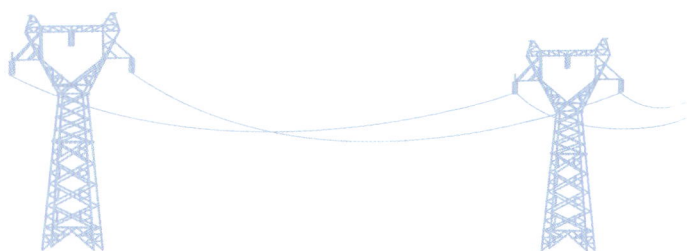

1 资源评估的数字化方法

当前，全球能源行业正在加速推进低碳化绿色转型，水电、风电和光伏发电装机规模已经占到全部清洁能源装机规模的 80% 以上，是最为重要和最富发展潜力的清洁能源发电方式。报告对水能、风能和太阳能资源进行评估，为加快清洁能源开发利用奠定了科学基础。

水能是蕴藏于河川和海洋水体中的势能和动能。广义水能资源包括河川水能、潮汐水能、波浪能、海流能等能量资源；狭义水能资源是指河川水流水能资源。本报告主要研究狭义水能资源。

风能是空气流动所产生的动能，是太阳能的一种转化形式。太阳辐射造成地球表面各部分受热不均匀，引起大气层中压力分布不平衡，在水平气压梯度作用下，空气沿水平方向运动形成风。

太阳能是由太阳核聚变所产生的能量，经由电磁波形式在宇宙空间中传递，是地球表层能量的主要来源。分析太阳能资源需要包括太阳能年总水平面辐射量、水平面散射辐射量、年总法向直射辐射量等数据。本报告主要研究适宜开发光伏发电的太阳能资源。

1.1 技术路线

目前，对水能、风能、太阳能发电资源的理论蕴藏量、技术可开发量、经济可开发量的详细计算方法并没有统一的规定。报告在总结现有成果的基础上，通过研究分析提出了一套明确的定义、计算方法、测算模型和推荐参数，旨在基于统一标准和数据源完成对全球范围水能、风能、太阳能资源总量的测算和对比分析。

1.1.1 水能资源评估

河网和河流水文数据是水能资源评估的关键。报告利用全球数字高程模型（Digital Elevation Model，DEM），采用数字化方法生成数字化河网，具体的生成方法，可参阅 2.3.2 的相关内容。报告收集整理了遍布全球的水文站数据，形成了全球水能资源评估的重要基础，具体数据来源可参阅 1.2.1 的有关内容。水能资源评估具体可分为准备地形和水文资料、生成河网、测算理论蕴藏量、研究梯级开发方案、测算技术指标、估算经济性 6 个主要步骤，技术路线如图 1-1 所示。

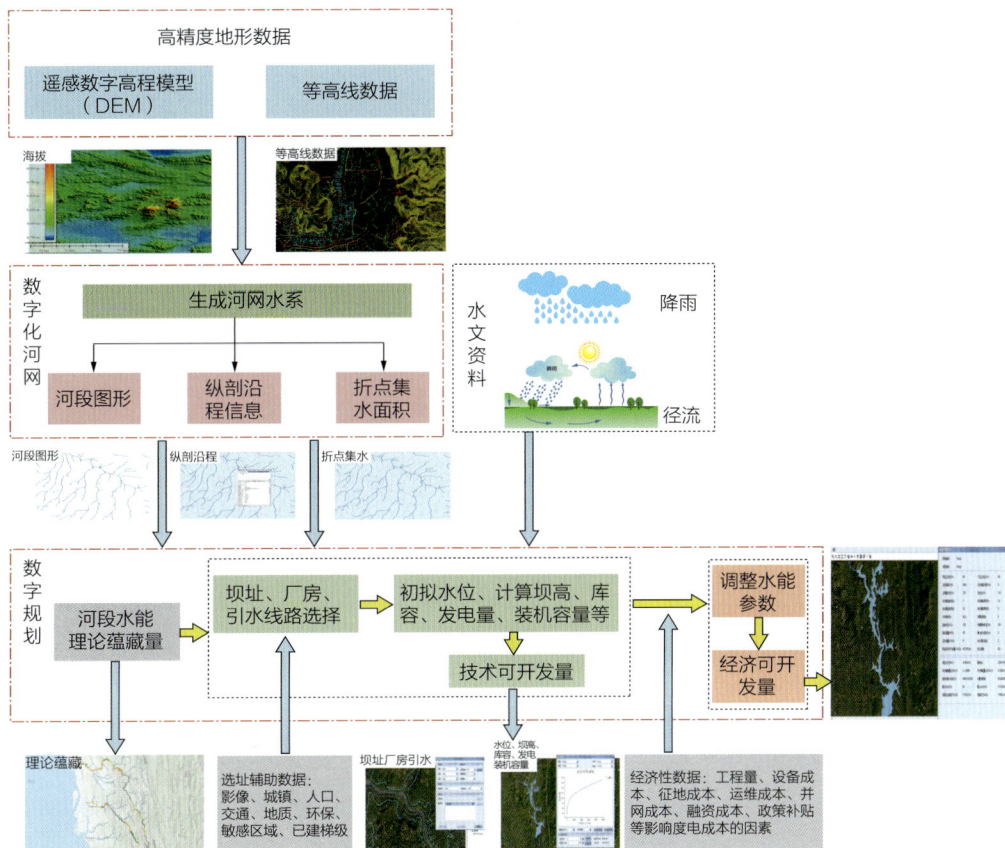

图 1-1　水能资源评估技术路线图

　　具体的，根据降雨、河流径流、地理高程、数字化河网等数据，计算得到每个河段的水能理论蕴藏量；以河段资源条件为基础，结合地面覆盖物分布、城镇与人口分布、地质条件、自然保护区、敏感区域、交通设施、已建梯级等其他数据，辅助确定流域梯级水电站的坝址位置和开发方式；结合流域开发任务，拟定水电站特征水位，计算调节库容、装机容量、引用流量、年发电量等技术参数，获得水能资源的技术可开发量。在此基础上，综合考虑影响水电投资的经济性因素，并与可对比的替代电源成本或受电地区可承受的电力成本（电价）进行对比，得出河段的经济可开发量评估结果。

1.1.2　风光资源评估

　　风速、太阳辐射、空气密度、温度等气象数据是评估风能、太阳能发电能力的关键。目前已有研究机构和企业完成了从原始气象资料到风、光气象资源数据的生产，并对数据质量进行了有效管控与验证。基于此类商业化的资源数据开展研究，可以提高评估结果的准确性和工作效率。

1.　数据来源

　　大范围的风能资源数据一般采用大气模式数值模拟的方法获取。 地球大气系统是一个极其复杂的非线性系统，其动力、热力过程可以通过偏微分方程组描述，但是方程组的复杂性导致难以获得解析解，采用差分数值法建立大气模式可以获得近似解。影响风机发电的天气与气候现象具有中尺度特性，所以一般使用中尺度模式开展模拟计算，并对原始方程模式进行必要简化以有效节省时间及计算成本。天气研究与预测模型[1]（Weather Research & Forecasting Model，WRF）作为中尺度气象模式的典型代表，能够有效捕捉大、中尺度的地球大气环流过程，适合宏观区域风能资源研究，能够开展从数十米到数千千米范围的气象数据分析，也广泛应用于大气研究和气象预报领域。随着大气探测技术、通信技术和计算机技术的不断发展，借助现代高性能计算集群进行大规模数值模拟计算，已成为最高效的风能资源气象数据的获取手段。

　　西班牙 Vortex 公司采用中尺度 WRF 模型，通过嵌套模拟链实现了从数百米到数千米空间尺度的覆盖[2]，其嵌套网格模拟如图 1-2 所示。模型采用的宏观尺度的气象数据来自三个不同的再分析数据源[3]，分别为美国国家环境预报中心的 CFSR 数据、美国航空航天局的 MERRA-2 数据和欧洲中尺度天气预报中心的 ERA-Interim 与 ERA5 数据；地形数据来源于美国航空航天局的

---

[1] 数据来源：WRF 模型的相关介绍 http://wrf-model.org/。

[2] 数据来源：Vortex ERA5 Downscaling:Validation Results, 2017 November。

[3] 数据来源：Climate Forecast System (CFSR) 再分析数据的介绍为：https://www.ncdc.noaa.gov/data-access/model-data/modeldatasets/climate-forecast-system-version2-cfsv2。Modern Era Retrospective Reanalysis version 2 (MERRA-2) 再分析数据的介绍为：https://gmao.gsfc.nasa.gov/reanalysis/MERRA-2/。European Reanalysis (ERA-Interim & ERA5) 再分析数据的介绍为：http://www.ecmwf.int/en/research/climate-reanalysis/era-interim。

SRTM 数据[1]；陆地覆盖数据来源于欧洲航天局的 GlobCover Land Cover[2] 数据。Vortex 公司把再分析生产的风速数据与全球超过 250 个站点的实测风速数据集进行了对比[3]，同时结合实际工程经验，在全球范围内进行了超过 400 个检查点的对比分析[4]，全面检测校核了生产气象数据的准确性。总体上，Vortex 公司通过数值模拟计算可以获得全球范围 50~150m 高度下的风能资源图谱及逐小时时间序列数据，分辨率为 9km×9km，其数据成为世界银行（World Bank）Wind Atlas 平台的基础数据之一，在全球获得广泛应用。经过对比分析，报告采用 Vortex 公司生产的全球风能资源数据作为风能资源评估的输入。

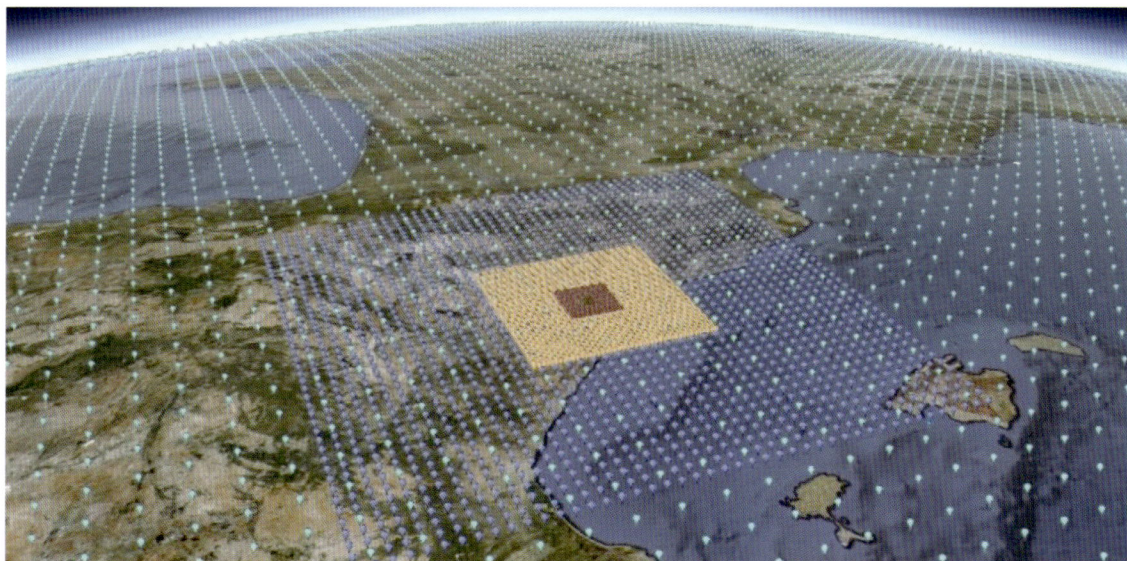

图 1-2　Vortex 嵌套网格模拟示意图

太阳能资源数据一般采用卫星遥感数据结合辐射传输模拟的方法获取。获取一个地区太阳能资源数据最简单，也是最准确的方法就是利用地面辐射观测资料。然而，地面观测站点数量有限且空间分布不均匀。基于卫星遥感资料的

---

[1] 数据来源：Shuttle Radar Topography Mission (SRTM) 是基于 NASA 和 NGA 牵头的国际空间项目，通过特殊雷达系统于 2000 年在奋进号航天飞机上执行为期 11 天的飞行任务，获得了近全球范围内的高程数据，从而生成地球最完整的高分辨率数字地形数据库。http://www2.jpl.nasa.gov/srtm/mission.htm。

[2] 数据来源：GlobCover Land Cover 数据采用 2592 块瓦片数据覆盖整个地球，其水平瓦片为 72 块、垂直瓦块为 36 块。http://due.esrin.esa.int/page_globcover.php。

[3] 数据来源：Vortex ERA5 Downscaling:Validation Results, 2017 November。

[4] 数据来源：Vortex System Technical Description, 2017 January。

物理反演方法是当前获取全球覆盖范围太阳能资源数据的主要方式，同时采用高质量的地面辐射观测数据对评估结果进行校准，可有效提高数据的时空分辨率和精确度。

欧洲 SolarGIS 公司采用卫星遥感数据结合辐射传输模拟的方法，利用卫星遥感、地理信息技术和先进的科学算法开展覆盖全球的太阳辐射反演模拟。SolarGIS 公司采用气象卫星数据[1]、气象模式再分析数据[2]、天文模式、地理信息数据[3]，并结合地面观测数据，建立了包含一系列高分辨率气象要素的太阳能资源数据库。其中，太阳辐射数据包含水平面总辐射量（Global Horizontal Irradiance，GHI）、法向直接辐射量（Direct Normal Irradiance，DNI）和散射辐射（Diffuse Radiation，DIF）；气象参数包含气温、湿度、大气压强、平均风速和风向等。该数据库在高空间分辨率、高品质地面测量、高时间分辨率数据处理算法等方面处于全球先进水平，经过对照分析，GHI 数据与地面实测数据的误差在 ±4%～±8% 之间，DNI 数据误差度在 ±8%～±15% 之间。

SolarGIS 公司可以提供全球陆地主要太阳能资源开发区域内（北纬60°～南纬55°），陆地表面的太阳能资源逐小时时间序列数据，空间分辨率为9km×9km，已成为世界银行 Solar Atlas 平台的基础数据之一，在全球范围内已被广泛应用于太阳能项目的前期研究、资源评估和发电量计算。经过对比分析，报告采用 SolarGIS 公司数据库作为太阳能资源评估的输入。

2. 评估方法

风能与太阳能资源评估研究重点关注理论蕴藏量、技术可开发量和经济可开发量 3 个指标的测算，其总体技术路线如图 1-3 所示。

---

[1] 全球卫星数据信息：欧洲、非洲和中东地区数据来源于德国 Meteosat PRIME 卫星，分辨率为 15min 或 30min；亚洲数据来源于德国 Meteosat IODC 卫星，分辨率为 30min；环太平洋地区数据来源于日本 MTSAT 卫星，分辨率为 30min；美洲数据来源于美国 GOES 卫星，分辨率为 30min 或 3h。

[2] 气象模式再分析数据信息：采用 CFSR 和 GFS 数据库的 2m 高度处气温数据、水汽数据及积雪厚度数据；采用 Monitoring Atmospheric Composition and Climate (MACC) 数据库的大气光学厚度数据。

[3] 地理信息数据信息：采用 Shuttle Radar Topography Mission version 3（SRTM-3）数字地形数据库。

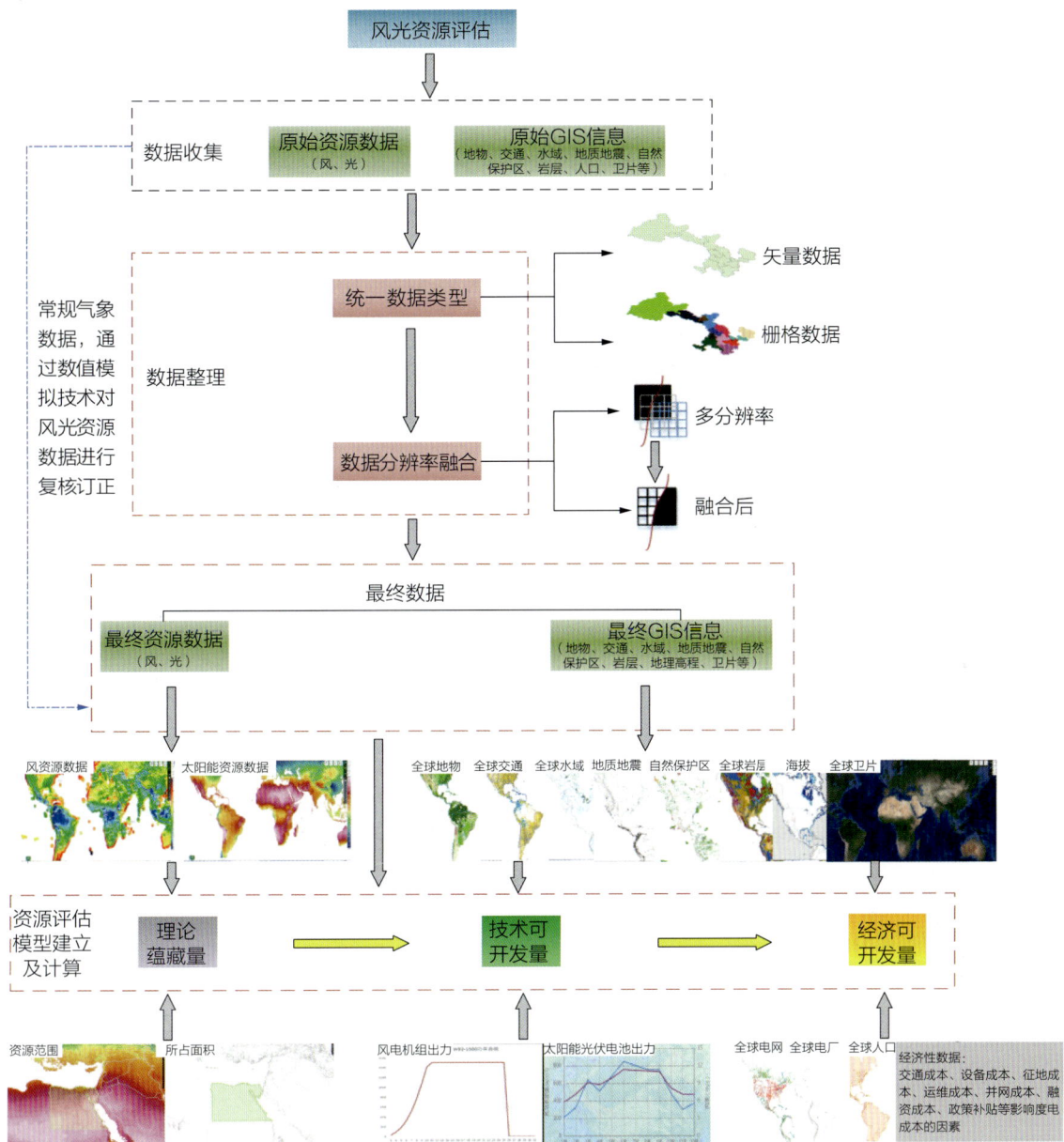

图 1-3　风能与太阳能资源评估技术路线图

　　首先，收集整理风、光资源数据，全球地形、数字高程、岩层地质等地理信息，地面覆盖物分布等高分遥感辨识信息，自然保护区、交通基础设施分布等人类活动信息，形成支撑资源评估的多元数据库。然后，基于地理信息数字计算，采用多分辨率融合及多类型混合计算等技术，将各类数据同化为可以进行量化评估的标准数据源。最后，构建多层次量化分析体系，实现从技术特性（理论蕴藏量与技术可开发量）到经济性水平（经济可开发量）的全面评估。

1.2 数据与计算

1.2.1 基础数据

　　水文、风速、太阳辐射等资源数据是开展水能、风能和太阳能资源评估研究的必备基础。报告为实现数字化、多维度的水能、风能与太阳能资源评估，引入了全球地面覆盖物分布等地理信息类数据，以及全球交通与电网基础设施分布等人类活动相关数据，可以在理论蕴藏量评估的基础上，进一步开展技术可开发量和经济可开发量等多维度的评估测算。总体上，报告建立了全球清洁能源资源评估基础数据库，共包含 3 类 18 项覆盖全球范围的数据信息，见表 1-1。

表 1-1　全球清洁能源资源评估基础数据

序号	数据名称	空间分辨率	数据类型
1	全球水文数据	—	其他数据
2	全球中尺度风资源数据	9km×9km	栅格数据
3	全球太阳能资源数据	9km×9km	栅格数据
4	全球地面覆盖物分类信息	30m×30m	栅格数据
5	全球主要保护区分布	—	矢量数据
6	全球主要水库分布	—	矢量数据
7	全球湖泊和湿地分布	1km×1km	栅格数据
8	全球主要断层分布	—	矢量数据
9	全球板块边界分布 空间范围：南纬 66°～北纬 87°	—	矢量数据
10	全球历史地震频度分布	5km×5km	栅格数据
11	全球主要岩层分布	—	矢量数据
12	全球地形卫星图片	0.5m×0.5m	栅格数据
13	全球地理高程数据 空间范围：南纬 83°～北纬 83° 间陆地	30m×30m	栅格数据
14	全球海洋边界数据	—	矢量数据
15	全球人口分布	900m×900m	栅格数据
16	全球交通基础设施分布	—	矢量数据
17	全球电网地理接线图	—	矢量数据
18	全球电厂信息及地理分布	—	矢量数据

- **资源类数据，主要包括全球主要河流的水文数据、全球中尺度风能资源数据及太阳能资源数据。全球水文数据**为全球径流数据中心（GRDC）生产的涵盖全球主要河流的 9484 个水文站点、30 年以上的逐日水文数据。**全球风能资源数据**为 Vortex 公司计算生产的全球风能气象资源数据❶。**太阳能资源数据**为 Solar GIS 公司计算生产的全球太阳能气象资源数据❷。

- **地理信息类数据，主要包括全球地面覆盖物、保护区、水库、湖泊湿地、主要断层、板块边界、历史地震频度、岩层等分布数据，地理高程与海洋边界等数据。全球地面覆盖物分类信息**来源于中国国家基础地理信息中心发布的覆盖北纬 80°～南纬 80° 陆地范围的森林、草地、耕地等 10 个主要地表覆盖类型的辨识成果数据。**全球主要保护区分布数据**来源于国际自然保护联盟和联合国环境规划署世界保护监测中心联合发布的全球保护区数据集，报告结合中国保护区分类标准❸进行了必要的翻译、归类和整理。**全球主要水库分布数据**来源于德国波恩的全球水系统项目，包含超过 6500 个人工水库，累计库容约 6.2 万亿 m^3。**全球湖泊和湿地分布数据**是由世界自然基金会、环境系统研究中心和德国卡塞尔大学合作开发，包含人工水库外的湖泊和永久开放性水体。**全球主要断层分布数据**来源于美国环境系统研究所。**全球板块边界分布数据**来源于美国环境系统研究所。**全球历史地震频度分布数据**来源于世界资源研究所，包含自 1976 年以来里氏 4.5 级以上地震的地理分布。**全球主要岩层分布数据**来源于欧盟委员会、德国联邦教育与研究部、德意志科学基金会等机构的联合研究成果。**全球地形卫星图片**来源于谷歌公司产品。**全球地理高程数据**来源于美国国家航空航天局和日本经济贸易工业部的数字产品。**全球海洋边界数据**来源于比利时弗兰德斯海洋研究所，包含《联合国海洋法公约》中规定的 200n mile（1n mile=1852m）专属经济区、24n mile 毗连区、12n mile 领海区域等信息。

---

❶ 资料来源：Vortex ERA5 downscaling:validation results, 2017 November.
Vortex System Technical Description, 2017 January.

❷ 资料来源：Solargis Solar Resource Database Description and Accuracy, 2016 October.

❸ 数据来源：中华人民共和国环境保护部 GB/T 14529—1993 自然保护区类型与级别划分原则 [S]. 北京：中国标准出版社，1993。

● **人类活动和经济性资料，主要包括全球人口、交通基础设施、电源和电网分布等数据。** **全球人口分布数据**来源于哥伦比亚大学国际地球科学信息网络中心，包含 2000、2005、2010 年和 2015 年的人口分布数据。**全球交通基础设施分布数据**来源于北美制图信息学会发布的全球铁路、机场、港口数据集，以及由美国国家航空航天局社会经济数据和应用中心发布的全球公路网数据集。**全球电网地理接线图数据**来源于全球能源互联网发展合作组织，涵盖了欧洲、亚洲、美洲、非洲及大洋洲共 147 个国家截至 2017 年年底的主干输电网数据，包括 110~1000kV 的交流电网和主要的直流输电工程。**全球电厂信息及地理分布数据**来源于谷歌、斯德哥尔摩皇家理工学院和世界资源研究所的联合研究成果，包含截至 2017 年年底火电、水电、核电、风电、光伏发电、生物质能发电等全球电站的位置分布与装机容量等信息。

1.2.2　计算技术

在各类基础数据间开展的与地表面积、坡度等有关的地理信息计算是全球清洁能源资源评估系统的基础性算法。由于基础数据的空间分辨率不同、类型格式不同，必须解决多分辨率数据的融合及混合类型数据的计算两大关键问题，其目标是建立统一分辨率的基础数据集。根据全球大范围计算的实际情况，选择分辨率为 500m×500m，将全球陆地划分为 6.08 亿个栅格开展计算。

1. 多分辨率数据的融合

不同栅格数据的分辨率不同，对所选区域的界定会产生偏差，影响计算的准确性。报告采用归一法解决这一问题。归一法是将不同分辨率的像元栅格转化为同一分辨率像元，计算步骤主要包括：

（1）选定最佳分辨率，统一全球坐标系统，标定初始点。

（2）采用双线性插值法将低分辨率数据向高分辨率转化，如资源类数据、全球历史地震频度分布、全球人口分布等，采用加权平均法将高分辨率数据转化为低分辨率数据，如全球地理高程数据等。

2. 混合类型数据的计算

全球 18 项基础信息数据主要包含矢量与栅格两种数据类型，开展地理信息计算时需要进行不同类型数据间的混合运算，以实现数据融合与量化分析。具体的，混合运算可分为以下两类：

第一类是固定矢量要素数据，如全球主要保护区分布、全球主要水库分布、全球主要岩层分布等，通过进行矢量数据的栅格化，实现矢量数据与栅格数据间的混合计算。

第二类是不断变化的矢量数据，在选取目标区域的过程中，区域范围的矢量数据将发生变化，矢量数据与栅格像元切割产生不规则邻域，一般可以采用 0-1 排除法、全面积法、中心点排除法进行计算。图 1-4 所示为矢量选择栅格计算示意图，通过比较可知，0-1 排除法涉及栅格矩形与矢量图形的几何图形计算，计算时间长，选择范围面积越小、误差越大。全面积法耗时长，空间存储量大。中心点排除法即判断选择范围矢量是否包含栅格中心点坐标，若包含则该点被选中；反之，则该点未被选中。其具有计算量小，随栅格数据空间分辨率增加、误差逐渐减小的特点。报告采用中心点排除法进行变化矢量与栅格数据间的混合计算。地理信息运算的关键算法可参见本报告附录。

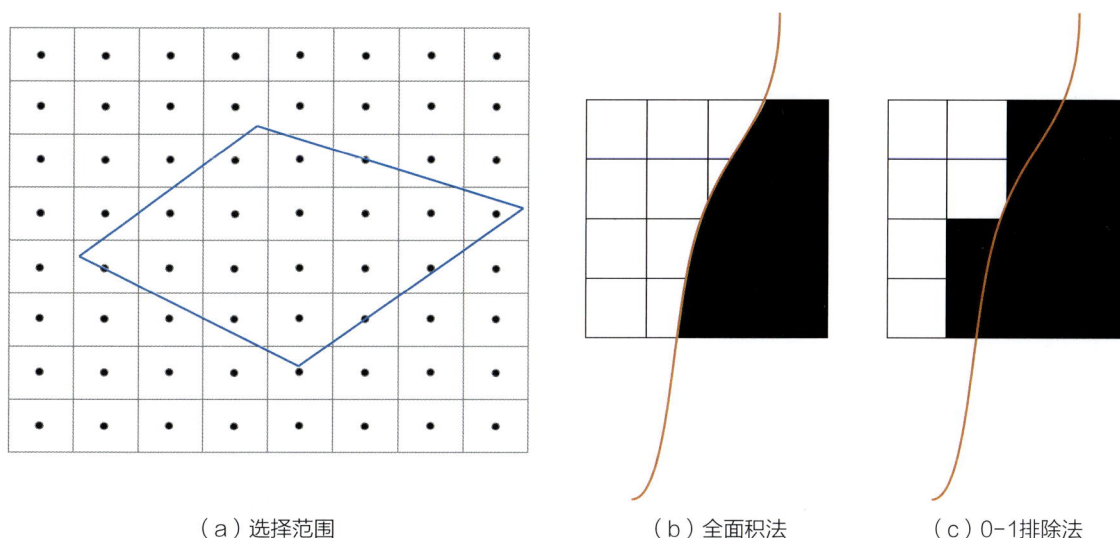

（a）选择范围　　　　　（b）全面积法　　　　　（c）0-1排除法

图 1-4　矢量选择栅格计算示意图

3. 并行计算体系

数据组织与并行计算体系的构建是高效数字化评估技术的核心难点，报告采用统一标准管理各类别数据，建立数据瓦片体系、数据缓存机制、任务队列体系，有效地解决了大数据量与高速稳定响应之间的矛盾。通过约定一系列标准的分辨率等级和对应的网格规则，可以开展不同数据的协同计算，实现简洁的多维数组运算以取代复杂空间叠加分析。采用数据缓存机制，可以实现数据的快速、多次调取，极大提高计算的可靠性与时效性，减少时间耗费和资源占用。数据组织架构可通过框架机制来自动处理算法间的依赖关系，便捷地实现并行处理，提高算法处理效率。

并行计算（Parallel Computing，PC），是并行机上采用多个处理器联合求解问题的方法和步骤，可以划分成时间并行和空间并行。时间并行即流水线技术，空间并行则是使用多个处理器执行并发计算。从数据组织与算法设计的角度看，并行计算又可分为数据并行和任务并行，数据并行是把大的任务化解成若干个子任务，采用多机并行或多线程并行的方式提高计算效率与可靠性。报告采用了空间并行和任务并行的算法框架，解决了超大流域面、区域面的水能、风能和太阳能等技术指标的测算问题。

报告设计并完成了一种新的并行计算体系，实现了核心指标的并行计算，即由决策判断层面处理全部与并行相关的事务，而数据计算更多地关注业务逻辑，从而大幅度减轻了核心算法的复杂度，提高了关键程序的复用性和执行效率。并行计算体系主要包含数据规划方式、数据依赖关系、计算任务网、任务队列、数据缓存等环节，其数据计算任务网如图 1-5 所示。

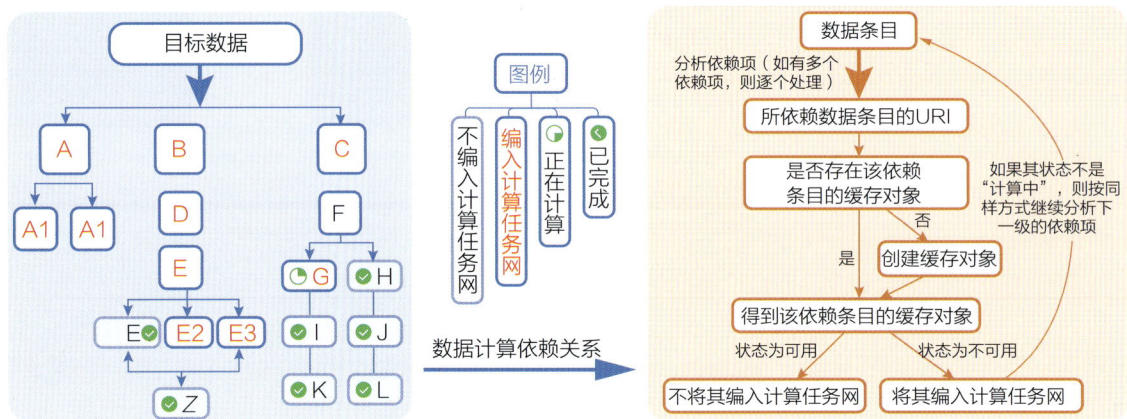

图 1-5　数据计算任务网示意图

首先，将目标数据对应的计算任务分解为一系列子任务单元 A、B、C 等，通过分布式任务队列可以完成多个任务单位的调度与并行处理，满足并行计算需求。如图 1-5 所示，各子任务将存在已完成、正在计算等多种状态，代表并行计算过程。随后，各子任务单元的数据计算都将产生一个中间结果，通过缓存机制，将其作为缓存数据进行分类存储。每个子任务的计算逻辑只需关注其本身，对于其依赖的上一级数据，可以采用统一资源标识符（Uniform Resource Identifier, URI）模式标记并提交至计算框架完成处理。由于各计算任务单元间可能存在一个或多个纵向依赖关系，众多任务单元往往会形成一个网状结构，将之命名为计算任务网，该体系与缓存机制共同满足了大数据量、多任务单元的高效并行计算要求。

1.3 水能资源评估模型

河流水能资源理论蕴藏量是河流水力势能的多年平均值，由河流多年平均流量和全部落差经逐段计算得到。流域内干支流径流受全球气候、区域环境变化、人类活动影响等存在一定的变化，但其多年平均径流量相对稳定；河道天然落差取决于地形，一般情况下区域地形较为稳定。因此，河流的水能理论蕴藏量是相对固定和客观的，是评估河流水能资源条件的宏观指标。**技术可开发量**是指在评估年份技术水平下，可开发利用的水能资源的水电装机规模。**经济可开发量**是指在考虑工程建设成本及必要的制约性外部成本后，与其他可替代的电力供应方式相比具有竞争力，有经济开发价值水电站的总装机规模。

报告选用理论蕴藏量作为核心指标开展全球水能资源的评估测算。由于水能资源的技术可开发量、经济可开发量评估需要以待开发河段的梯级开发方案为基础，在全球范围内涉及数以百万计梯级电站的研究和经济性水平测算，受工作量限制，选取水能理论蕴藏量作为主要评估指标，对完成河段梯级布置方案研究的河段、宏观选址研究的水电站，给出了技术可开发量和开发经济性的评估结果。

1.3.1 理论蕴藏量

理论上，水能资源蕴藏量的计算应采用有限元法，离散化处理河段长度，逐段计算累加，并通过增加单元划分数量的方式提高数值近似精度。但在实际工程应用中由于条件复杂多变、数据量庞杂、计算繁琐而不被采用。水能资源理论蕴藏量是一个宏观指标，实际应用中可通过合理设置河流上下断面，进行分段计算并累积获得评估结果。

采用数字化方法评估水能资源理论蕴藏量的目标是计算河流的理论年发电量。首先以卫星遥感观测数据为基础得到数字高程模型，生产数字化河网数据；通过提取河流比降突变点、支流汇入点和河口位置，在满足断面间距要求的前提下，合理确定控制断面，生成用于计算分析的河段；然后以全球径流场数据、全球主要河流水文站数据为基础，结合年降水量、河段区间集水面积、上下断面多年径流量平均值、区间水位等信息，计算得到各河段的流量信息，进而完成理论蕴藏量的测算，具体评估流程如图 1-6 所示。

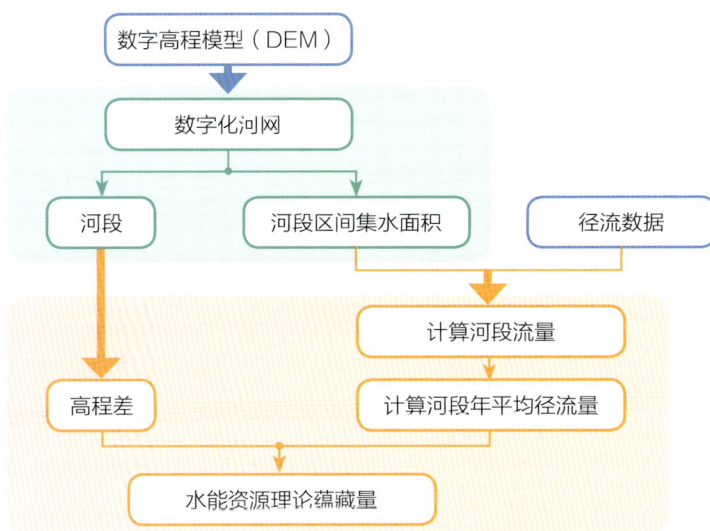

图 1-6　水能理论蕴藏量评估流程

基于河段年平均径流量、河段上下断面高程差，水能资源理论蕴藏量 E_{TRWater} 可按照式（1-1）计算，即

$$E_{\text{TRWater}} = \rho g Q \Delta H t \qquad (1-1)$$

式中：Q 为年平均径流量；ρ 为河水密度；g 为重力加速度；ΔH 为上下断面高程差；t 为时间。

受水能资源分布特点限制，开展水能资源理论蕴藏量评估时，一般遵循"从河段到河流、从支流到干流"的原则，按照流域开展逐级统计理论蕴藏量。一条河流、一个水系或一个地区的水能资源理论蕴藏量是其范围内各河段理论蕴藏量的总和。对于界河，其河段理论蕴藏量可按界河两岸各 50% 分别计入。

1.3.2 技术可开发量

河流水能资源的技术可开发量是指在评估年份技术水平下，可开发利用的水电装机规模。

评估原则。水能技术可开发评估的主要任务是剔除不宜开发水电河段的资源。对于已经建成、正在建设、已批（核）准的水电站，已完成项目可行性研究报告、预可行性研究报告、项目建议书的水电站，已完成水电开发规划或综合规划的水电站，已开展现场勘测，并拟定了梯级布置方案的水电站，都应纳入技术可开发量统计。在此基础上，结合搜集必要资料，在室内完成水能指标估算的水电站，也可以纳入技术可开发量范畴。通常，流域的梯级开发方案并不唯一，一般采用各方案中发电量最高的方案统计流域的技术可开发量。

河段水电梯级布置方案是评估河段技术可开发量的基础，报告不开展全球范围水能技术可开发量的评估，但对各大洲开展了详细梯级布置方案研究的重点河段，相关梯级水电站的装机容量都应纳入技术可开发量进行统计。

1.3.3 经济可开发量

河流水能资源的经济可开发量是指在考虑工程建设成本及必要的制约性外部成本后，与其他可替代发电方式相比具有竞争力，有经济开发价值的水电站的总装机规模。

评估原则。一般将已经建成、正在建设和已经批（核）准的水电站，已经完成项目建议书、预可行性研究报告或可行性研究报告的水电站，已完成水电开发规划或综合规划的水电站，直接统计计入河流水能资源的经济可开发量。

河段水电梯级布置方案是评估河段技术可开发量的基础，而河段技术可开发量评估是经济可开发量评估的前提。本报告不开展全球范围水能经济可开发量的评估，但对各大洲开展了详细宏观选址研究的水电站项目，相关水电站的装机容量都应纳入经济可开发量进行统计。

1.4 风能资源评估模型

风能资源理论蕴藏量是指评估区域内一定高度上可利用的风的总动能。一般不考虑从动能到机械能乃至电能的能量转换效率。**技术可开发量**是指在评估年份技术水平下可以进行开发的装机容量总和。评估的关键在于剔除因资源禀赋、保护区、海拔与海深、地面覆盖物等限制而产生的不宜开发区域。**经济可开发量**是指在评估年份技术水平下，技术可开发装机容量中与当地平均上网电价或其他可替代电力价格相比具有竞争优势的风电装机总量。经济可开发量除与资源条件、风电开发技术水平相关外，还与影响发电成本的政策环境等因素密切相关。

报告选用理论蕴藏量、技术可开发量和经济可开发量 3 个指标开展全球风能资源评估测算，并重点研究全球范围内适宜**集中式开发的陆上风能资源**。对于不具备集中式开发条件，但用电负荷相对较大的区域，提出了开展**分散式风能开发**的评估方法与参数；对于风能资源非常富集的海上区域，开展了**海上风电基地**的宏观选址研究。

1.4.1 理论蕴藏量

数字化评估风能资源理论蕴藏量，可将评估转化为计算待评估区域内每个栅格面积与该栅格对应风功率密度乘积的累加。假设风能转换装置的扫掠面积近似单位圆，风速经过转换装置后将明显下降，并在距离转换装置 10 倍直径外方能基本复原。因此，风能计算时评估区域中 100 倍扫风面积内一般只安装 1 个风能转换装置，所以风能资源理论蕴藏量 E_{TRWind} 的计算公式为

$$E_{\text{TRWind}} = \frac{1}{100} \sum_{i=1}^{n} \sum_{j=1}^{8760} P_{ij} A_i \qquad （1\text{-}2）$$

式中：A_i 为第 i 块所选区域面积；n 为选择区域内栅格数量；P_{ij} 为第 i 块栅格第 j 个小时的风功率密度。

1.4.2　技术可开发量

1.　评估流程与推荐参数

技术可开发量评估的关键在于剔除因资源禀赋、保护区、海拔与海深、地面覆盖物等限制而产生的不可利用面积，再根据不同地形坡度条件设定的装机密度，计算得到技术可开发风电装机容量。评估分析主要包括可用面积计算、装机面积计算、装机密度计算 3 个关键环节，其流程如图 1-7 所示。

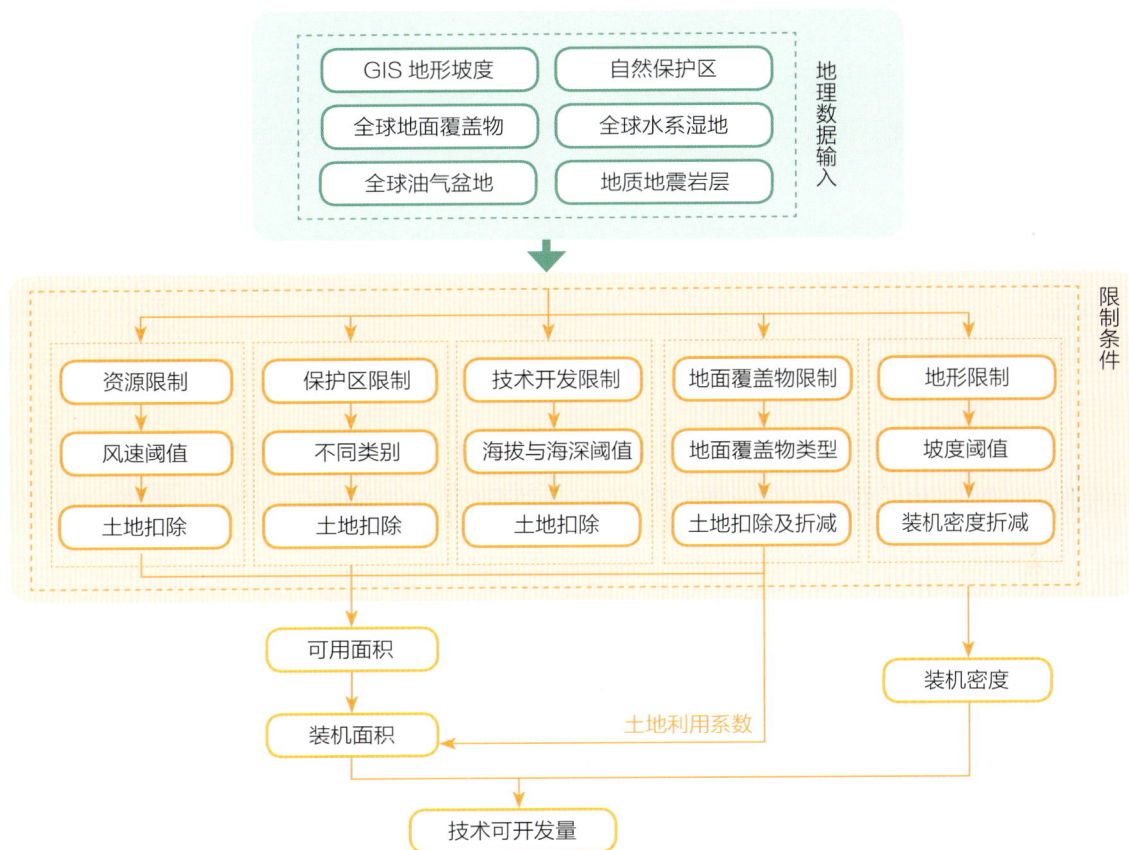

图 1-7　风能资源技术可开发量评估流程示意图

计算可用面积。 风能资源开发可用面积是指剔除资源匮乏、保护区、海拔与地面覆盖物限制等不宜开发区域后的土地面积，计算公式为

$$A_{\text{available}} = A_{\text{sum}} - \sum_{i=1}^{n}\sum_{j=1}^{m} A_{\text{reserve}ij} - \sum_{i=1}^{n} A_{\text{low\_resource}i} - \sum_{i=1}^{n} A_{\text{high\_altitude}i} - \sum_{i=1}^{n} A_{\text{ground\_object}i}$$

$$（1-3）$$

式中：$A_{available}$ 为可用面积；A_{sum} 为评估区域总面积；$A_{reserveij}$ 为区域内第 i 种类型、第 j 块保护区面积；$A_{low\_resourcei}$、$A_{high\_altitudei}$ 和 $A_{ground\_objecti}$ 分别为区域内因资源匮乏、海拔限制及地面覆盖物限制等不宜开发区域的面积。

计算装机面积。 风能资源开发装机面积是指在可用面积内，考虑不同地面覆盖物对实际开发条件的折减影响，通过设定土地利用系数得到有效装机面积，计算公式为

$$A_{effective} = \eta_{area} A_{available} \tag{1-4}$$

式中：$A_{effective}$ 为装机面积；η_{area} 为土地利用系数，即为不同地面覆盖物类型对应的土地利用系数。

一般的，根据风能资源开发方式的差异，技术可开发量评估模型中计算可用面积与装机面积时往往需要考虑不同的技术指标，表 1-2 给出了其选用的主要指标和推荐参数。

表 1-2　风能技术可开发量评估模型采用的主要指标和推荐参数

类型	限制因素	阈值	集中式开发土地利用系数（%）	分散式开发土地利用系数（%）
资源限制	风速	＞5m/s（集中式） ＞4.5m/s（分散式）	—	—
技术开发限制	陆地海拔	＜4000m	—	—
	近海海深	＜150m	—	—
保护区限制	自然生态系统	不宜开发	0	0
	野生生物类	不宜开发	0	0
	自然遗迹类	不宜开发	0	0
	自然资源类	不宜开发	0	0
	其他保护区	不宜开发	0	0
地面覆盖物限制	森林	不宜集中式开发	0	10
	耕地	不宜集中式开发	0	25
	湿地沼泽	不宜开发	0	0
	城市	不宜开发	0	0

续表

类型	限制因素	阈值	集中式开发 土地利用系数（%）	分散式开发 土地利用系数（%）
地面覆盖物 限制	冰雪	不宜开发	0	0
	灌丛	适宜开发	80	0
	草本植被	适宜开发	80	0
	裸露地表	适宜开发	100	0

具体的，可用面积计算时：①剔除风能资源条件差的地区，结合工程建设实践，一般认为年均风速低于 5m/s 的地区，不宜进行集中式风电开发，而风速低于 5m/s 但高于 4.5m/s 的地区可以进行分散式低风速风电开发。②剔除各类保护区，包括自然生态类保护区、野生生物类保护区等。③剔除当前技术水平下不宜开发的地区，例如海拔超过 4000m 的高原，空气稀薄，风功率密度下降，同时多有冰川分布，建设难度大，严重影响自然环境；海深超过 150m 的海域，需要采用漂浮式风电基础，离岸超过 200n mile 的远海区域，开发的风电电力需要长距离海底电力电缆输电，在目前技术水平下开发难度大、经济性差，不推荐进行开发。④剔除因地面覆盖物原因不宜开发的地区，森林、耕地、湿地沼泽、城市、冰雪等不宜进行集中式开发；但是森林、耕地等区域，可以考虑合理利用田间地头、森林边缘等区域布置风机，进行分散式风电开发。

计算装机面积时，结合各国风电开发经验，不同地面覆盖物类型可开发风电的适宜程度存在差异，遵循全面性、层次性、可操作性、敏感性和科学性原则，在可持续发展、保护生态平衡的前提下，提出灌丛、草本植被及裸露地表 3 种区域类型适宜集中式风电开发，其土地利用系数的建议值分别为 80%、80% 与 100%。结合各国实际情况，按照因地制宜的原则，建议利用森林、耕地进行分散式风电开发时，土地利用系数取值分别为 10% 与 25%。

计算装机密度。风能资源开发装机密度是指不同地形坡度对单位土地面积上的装机能力的折减影响，通过设定坡度影响因子计算得到实际装机密度。以适合开发的资源条件[1]进行测算，平坦地表区域内单位面积上的装机容量P_{unit}约为 5MW/km^2。

---

[1] 结合美国国家可再生能源实验室（NREL）和中国风电工程经验，以年平均风功率密度 300W/m^2 为标准开发条件进行测算。

风电开发的实践表明，装机密度受地形坡度影响较大，陡坡的装机密度要明显小于平坦地面，参考中国风能资源评估技术标准及其他技术机构和国际组织有关成果，在 500m 分辨率下对 0°~30° 的不同坡度，设定了坡度影响因子，见表 1-3。

表 1-3　不同坡度对风机装机容量的影响

GIS 坡度（°）	坡度影响因子 α
0~1.7	1
1.8~3.4	0.5
3.5~16.7	0.3
16.8~30	0.15
>30	0

风能资源技术可开发量的数字化评估即为计算每个栅格的有效装机面积与单位面积装机容量、坡度影响因子的乘积，累加得到区域的风电技术可开发量，计算公式为

$$P_{TPGWind} = \sum_{i=1}^{n} A_{effective i} \alpha_i P_{unit} \tag{1-5}$$

式中：$P_{TPGWind}$ 为风能技术可开发量；$A_{effective i}$ 为第 i 个栅格的装机面积；α_i 为第 i 个栅格对应的坡度影响因子；P_{unit} 为平坦地表单位面积装机容量。

2. 发电量计算

根据风能资源禀赋，通常采用年平均风速作为技术指标，结合当前技术水平下的风机发电出力特性进行机组选型，按照选定的风机功率曲线，采用插值法计算年逐时功率序列，通过标幺化年出力序列计算并考虑折减系数得到出力曲线，进而获得年技术可开发电量，其评估流程如图 1-8 所示。年技术可开发量计算公式为

$$E_{TPGWind} = A_{effective} \alpha P_{unit} \sum_{j=1}^{8760} P_j \tag{1-6}$$

式中：$E_{TPGWind}$ 为年技术可开发电量；P_j 为出力序列，即第 j 个小时典型风机平均发电出力，累加 8760h 对应的 P_j，即得到风电单位装机的年发电量。

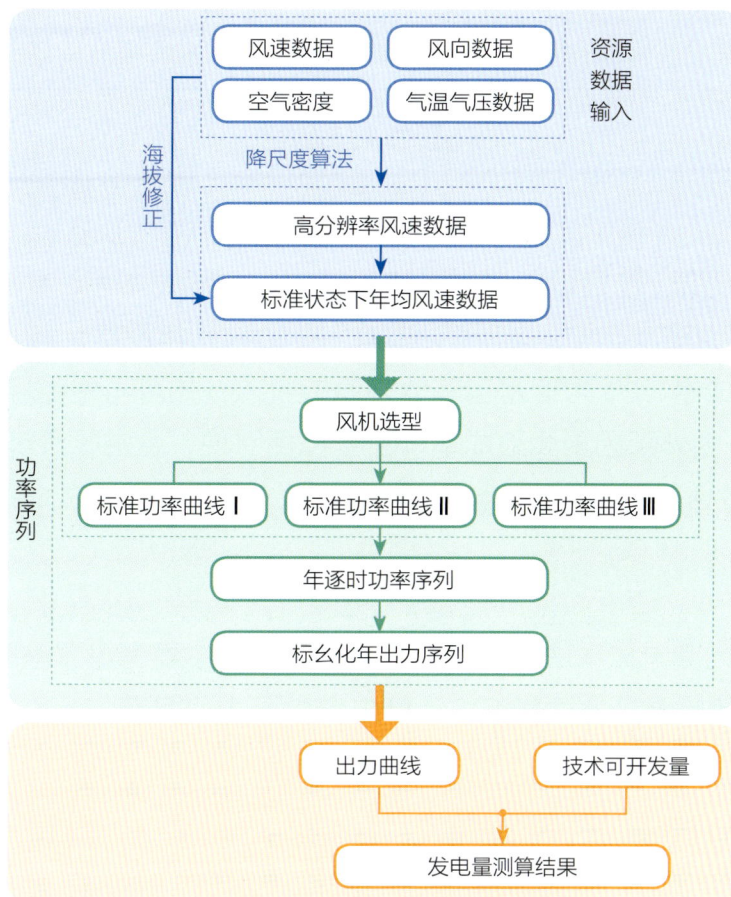

图 1-8　风能年发电量评估流程

1.4.3　经济可开发量

评估风能资源经济可开发量时，采用平准化度电成本（Levelized Cost of Energy，LCOE）作为评估指标。评估过程中，将每个地理栅格视为一个计算单元，分别计算各栅格单元对应的度电成本，通过与给出的综合参考电价进行对比，将具有经济性的栅格的装机容量按照地域面积进行累加，即可得到该区域的风电经济可开发量。

1. 评估模型与影响因素

平准化度电成本是将项目生命周期内的全部资本投入、贷款、运维等成本折算成现值并记为总成本，将总成本按照生命周期内全部发电量进行分摊得到的平均成本，计算公式为

$$LCOE = \frac{I_0 + \sum_{n=0}^{N}(D_n + R_n + V_n + W_n - B_n)(1+r)^{-n} - C(1+r)^{-N} + R_E}{\sum_{n=0}^{N} A_n (1+r)^{-n}} \qquad (1-7)$$

式中：I_0 为初投资，包括设备成本、建设成本、并网成本等；D_n 为第 n 年电站折旧费用；R_n 为第 n 年电站年运行成本；V_n 为第 n 年税费；W_n 为第 n 年项目贷款还本付息成本；B_n 为第 n 年其他来源的收入，如可再生能源补贴等；C 为项目残值；R_E 为外部因素风险成本，主要包括财税、金融政策等外部因素变化所引发的成本；A_n 为第 n 年发电量；n 为年份；N 为项目全生命周期；r 为基准折现率。

基于平准化度电成本法的风电经济性分析模型主要考虑了技术和运行参数、财务参数和政策因素 3 方面影响，计算内容如图 1-9 所示。

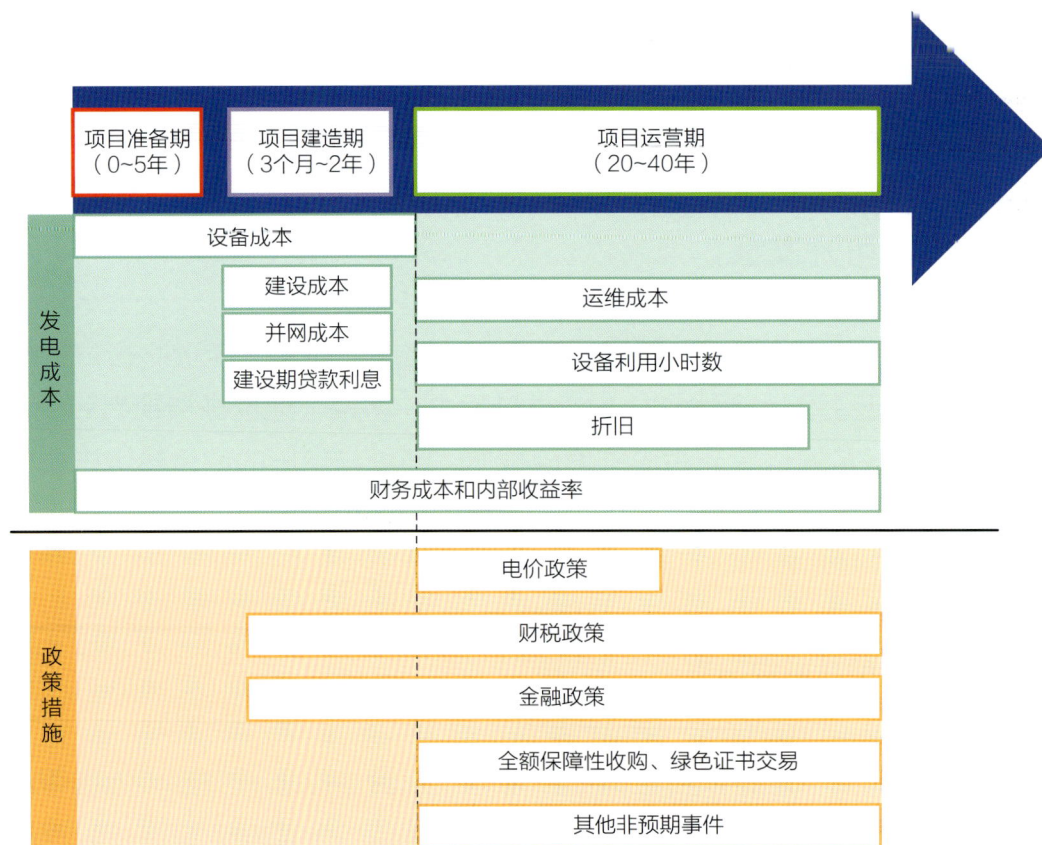

图 1-9　风电平准化度电成本模型的计算内容

技术和运行参数。技术参数主要影响设备成本和运维成本，需要根据不同国家、不同设备选型进行确定。风电项目生命周期取值为 20~25 年。

财务参数。财务参数包括基准折现率、贷款资本金比例、贷款利率、贷款期限、折旧率、折旧年限、固定资产残值率等。根据各国税率政策的不同，需要个性化设置，一般财务成本约占项目全寿命周期成本的 30%。基准折现率是企业、行业或投资者以动态的观点所确定的、可接受的投资项目的最低标准收益水平。一般在货币通胀率低、投资风险小的国家，基准折现率在 3%~8%；在货币不稳定、投资风险大的国家，需要采用更高的折现率以控制投资风险。

政策因素。影响度电成本的政策主要包括项目开发政策、电价政策、税收政策、金融政策、全额保障性收购政策、绿色证书交易机制等。对于政策影响的量化研究，既可以根据各国不同的政策调整有关财务参数和运行费用参数，也可以在计算中设置一个与初投资或年运行费用相关的非技术成本，从而影响度电成本结果。

2. 评估流程与推荐参数

通过选定待评估地区、确定技术参数、确定成本参数、确定财务参数、确定政策参数、计算度电成本、经济性判断和输出结果 8 个主要流程实现风能资源经济可开发量评估，其基本框架如图 1-10 所示。

（1）选定待评估地区。将选中区域的每个栅格视为 1 个风电项目进行经济指标测算。

（2）确定技术参数。从技术可开发量评估模型获取栅格的风电装机容量、年发电量等技术参数。

（3）确定成本参数。确定风电场的设备成本、建设成本和并网成本等初始投资，明确风电场的运维成本参数。

风电初投资。需要对规划水平年的风电投资水平与开发经济性进行评估，需要预测未来的风电投资水平，具体方法见 2.6。2020—2035 年风电综合初始投资预测结果，见表 1-4。

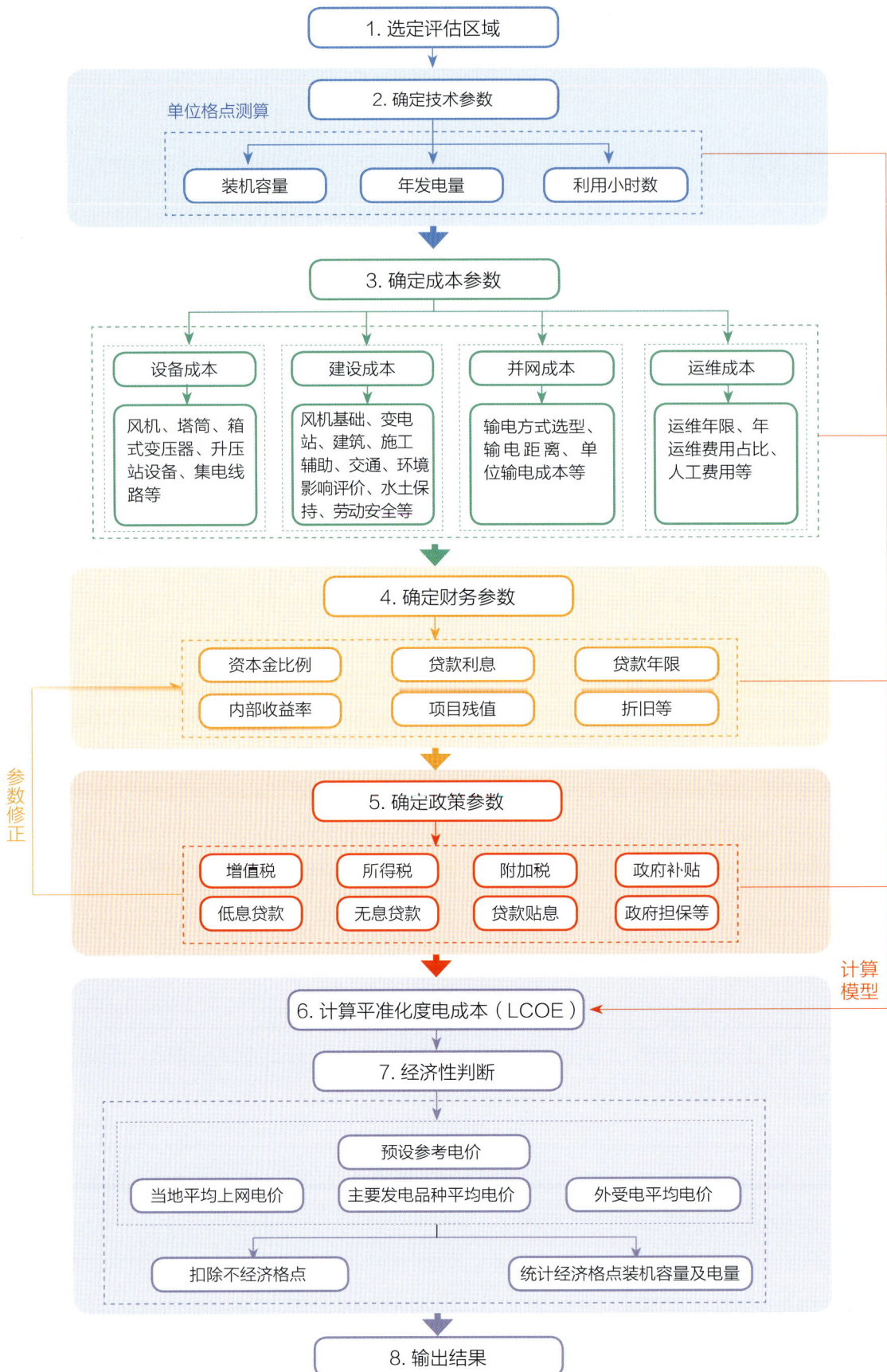

图 1-10　基于平准化度电成本的经济可开发量评估流程

表1-4　2020—2035年风电综合初始投资预测结果

美元/kW

洲别	2020 年		2035 年	
	海上风电	陆上风电	海上风电	陆上风电
亚洲	2061~2634	981~1254	1197~1386	646~748
欧洲	2575~3062	1300~1559	1490~1642	872~961
非洲	2651~3348	1341~1656	1454~1683	808~935
北美洲	2670~3175	1305~1559	1548~1706	872~961
南美洲	2466~3096	1206~1514	1435~1631	798~907
大洋洲	2622~3036	1340~1551	1509~1617	892~956
全球平均	2385~2995	1089~1367	1397~1617	732~847

　　并网成本是指将开发的清洁能源发电资源接入电网所需新增建设电网设施的费用。一般清洁能源发电工程多建设在远离城镇的人口稀疏地区，需要修建更长的并网工程，增加了开发投资成本。并网成本主要受栅格风电接网与消纳方式影响，需要开展针对性测算。**本地消纳的风电，**并网成本是风电场到最近电网接入点的输电成本，与接入电压等级和距离有关，多采用交流输电方式，包括受端变电站和输电线路的成本。**需要远距离外送消纳的风电，**并网成本是风电场到本地电力汇集站及远距离外送工程的输电成本之和。外送工程多采用直流输电方式，输电距离不同，输电成本也不同，包括送受端换流站和直流线路成本。风电开发并网成本测算构成如图1-11所示。

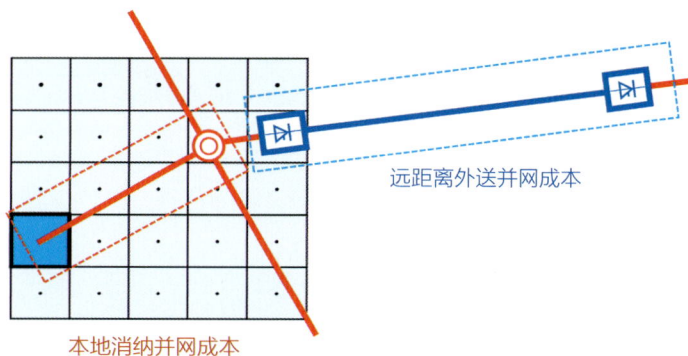

图1-11　风电开发并网成本测算构成示意图

不同规模、不同距离的电源并网需要采用不同的输电方式和电压等级，相应的成本水平差异较大。近年来，随着中国输电技术和电力装备在全球不断推广，报告基于中国工程经验，提出了不同的输电方式、电压等级的并网成本因子，结合待评估栅格的最短并网距离，量化测算了并网条件对不同区域清洁能源资源开发成本的影响。具体的，报告参照中国电网技术标准和输变电工程造价，给出了清洁能源开发并网的陆上和海上输电方式选型条件、不同类型远距离输电工程的单位输电成本等经济性参数的推荐取值，见表 1-5 和表 1-6。

表 1-5　输电方式选型

基地所处位置	距离主网架距离（km）	输电方式
陆上	<500	交流
	≥500	±800kV 直流
海上	<150	220kV 交流
	≥150	±320kV 柔性直流

表 1-6　清洁能源开发并网经济性参数推荐取值

陆上交流输电		
电压等级（kV）	输电距离（km）	单位输电成本［美元/（km·kW）］
1000	500	0.28
745~765（750）	400	0.34
500	300	0.39
380~400（400）	220	0.59
300~330	200	0.65
220	150	1.06
110~161（110）	100	1.37
陆上直流输电		
电压等级（kV）	输电距离（km）	单位输电成本［美元/（km·kW）］
±1100	3000~5000	0.14
±800	1500~3000	0.15
500	800~1200	0.30
海上交流输电		
电压等级（kV）	输电距离（km）	单位输电成本［美元/（km·kW）］
220	150	3.33

续表

海上直流输电		
电压等级（kV）	输电距离（km）	单位输电成本 [美元/（km·kW）]
±320	150~400	1.26

注：采用中国交、直流典型输电工程造价和输电能力计算得到。

场外交通成本是指为开发清洁能源发电资源而新增建设从现有交通设施路网（包括公路、铁路等）到资源地的交通设施费用。报告主要考虑公路交通设施，由于一般大型清洁能源发电基地与现有公路之间有一定距离，需要修建必要的场外引接公路才能满足工程建设需要，这部分增加的建设成本应计入资源的开发总成本。采用交通成本因子法，基于覆盖全球的公路路网数据，计算待开发资源栅格到最近外部路网的运输道路的长度，即最短公路运距，再利用场外运输道路的平均单位里程成本，可以量化测算场外交通对风电资源开发成本的影响。

报告基于中国工程经验，综合考虑山地、平原、一级公路建设费用水平，测算提出风电开发单位装机容量的场外交通成本为 800 美元/（km·kW）。

（4）确定财务参数。包括资本金比例、贷款利息、折旧、项目残值、内部收益率等财务参数，按照计算栅格所在国家可以进行单独设置。

（5）确定政策参数。包括增值税、所得税、附加税、创业或引导基金、低息贷款、无息贷款、贷款贴息、政府贷款担保等，测算过程中主要体现为对财务参数的修正，并贯穿项目全生命周期。

（6）计算平准化度电成本（LCOE）。根据计算模型和各种输入参数，测算栅格风电全生命周期的平准化度电成本。

（7）经济性判断。将每个栅格的风电 LCOE 结果与设置的参考电价进行比较，低于参考电价即可视为具有开发的经济性。对选定的区域，扣除不具备经济性的栅格后，区域整体的经济性指标采用各栅格发电量与其 LCOE 的加权平均成本来表示。

参考电价的确定并没有统一的规定，可以是当地电网平均上网电价，或当地主要发电品种的平均上网电价，或接受外来电的平均电价，或当地清洁能源的交易电价等。报告采用这四种电价的加权平均作为参考电价，不同的国家、地区或者项目可以设置个性化的权重系数调整综合参考电价，具体计算公式为

$$P_{comprehensive} = \alpha P_{local\_grid} + \beta P_{local\_main} + \gamma P_{cross\_region} + \lambda P_{clean\_energy}$$

（1-8）

式中：$P_{comprehensive}$ 为经济性判断所用综合参考电价；P_{local_grid}、P_{local_main}、P_{cross_region} 和 P_{clean_energy} 分别为当地电网平均上网电价、当地主要发电品种的平均上网电价、接受外来电的平均电价及当地清洁能源的交易电价；α、β、γ 和 λ 为权重系数。

（8）输出结果。将具有经济性的栅格容量和年发电量按照地域面积进行累加，得到该区域的风电经济可开发量，计算公式为

$$P_{EPGWind} = \sum_{i=1}^{n} P_{TPGWindi} \, \eta_i$$

（1-9）

$$\eta = \begin{cases} 0, & LCOE > P_{comprehensive} \\ 1, & LCOE \leq P_{comprehensive} \end{cases}$$

（1-10）

式中：$P_{EPGWind}$ 为风电经济可开发量；$P_{TPGWindi}$ 为第 i 个栅格的技术可开发量；η 为经济性判断因子，当栅格测算 LCOE 大于综合参考电价时，认为开发不经济，取值为 0，否则取值为 1。

1.5　太阳能资源评估模型

太阳能光伏发电资源理论蕴藏量是某一区域地表接收到的太阳能完全转化为电能的能量总和（不考虑发电转化效率的损失）。**技术可开发量**是指在评估年份技术水平下，选定区域面积上可安装光伏装机容量的总和。**经济可开发量**是指在评估年份技术水平下，技术可开发装机容量中与当地平均上网电价或其他可替代电力价格相比具有竞争优势的光伏发电装机总量。

报告选用理论蕴藏量、技术可开发量和经济可开发量 3 个指标开展全球太阳能光伏资源的评估测算，并重点研究全球范围内适宜集中式开发的陆上太阳能光伏资源。对于不具备集中式开发条件，但用电负荷相对较大的区域，报告提出了分布式光伏发电开发的评估方法与参数。

1.5.1　理论蕴藏量

数字化评估光伏发电资源理论蕴藏量，可将评估转化为计算待评估区域内每个栅格面积与该栅格对应太阳能水平面总辐射量乘积的累加。光伏发电资源理论蕴藏量 E_{TRPV} 的计算公式为

$$E_{\text{TRPV}} = \sum_{i=1}^{n} \text{GHI}_i A_i \qquad （1-11）$$

式中：GHI 为栅格对应的太阳能水平面总辐射量；A_i 为第 i 块栅格面积；n 为选择区域内栅格数量。

专栏 1-1　　　　　　　　**直射辐射与散射辐射**

太阳能是太阳以电磁波辐射形式投射到地球的能量，包括直接辐射和散射辐射。太阳辐射穿过地球大气层到达地面的部分称为直接辐射；另一部分被大气的分子、微尘、水汽等吸收、散射和反射，被散射的辐射一部分返回宇宙空间，另一部分到达地面，到达地面的这部分称为太阳散射辐射，如专栏 1-1 图 1 所示。

太阳能水平面总辐射量（Global Horizontal Irradiance，GHI）是指在给定时间段内水平面（即专栏 1-1 图 1 中的 H 面）总辐照度的积分总和，是决定光伏发电能力的主要因素。

太阳能法向直接辐射量（Direct Normal Irradiance，DNI）是指在给定时间段内法向（即专栏 1-1 图 1 中的 D 面）直接辐照度的积分总和，是评估光热电站发电量的主要因素。

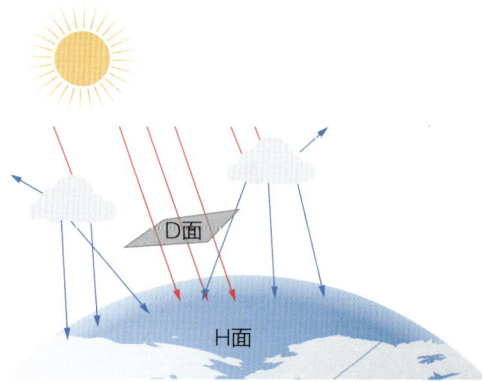

注：红线代表直接辐射，蓝色线代表反射和散射辐射，
　　H面代表水平面，D面代表法向面。

专栏 1-1 图 1　太阳辐射种类示意图

1.5.2　技术可开发量

1.　评估流程与推荐参数

技术可开发量评估的关键在于剔除因资源禀赋、保护区、地形坡度、地面覆盖物等限制而产生的不可利用面积，在此基础上结合地理位置、地形条件设定光伏方阵（又称光伏阵列）排布原则，计算理论单位面积光伏发电装机密度，最终得到技术可开发光伏发电装机容量。评估分析主要包括可用面积计算、装机面积计算、装机密度计算 3 个关键环节，评估流程如图 1-12 所示。

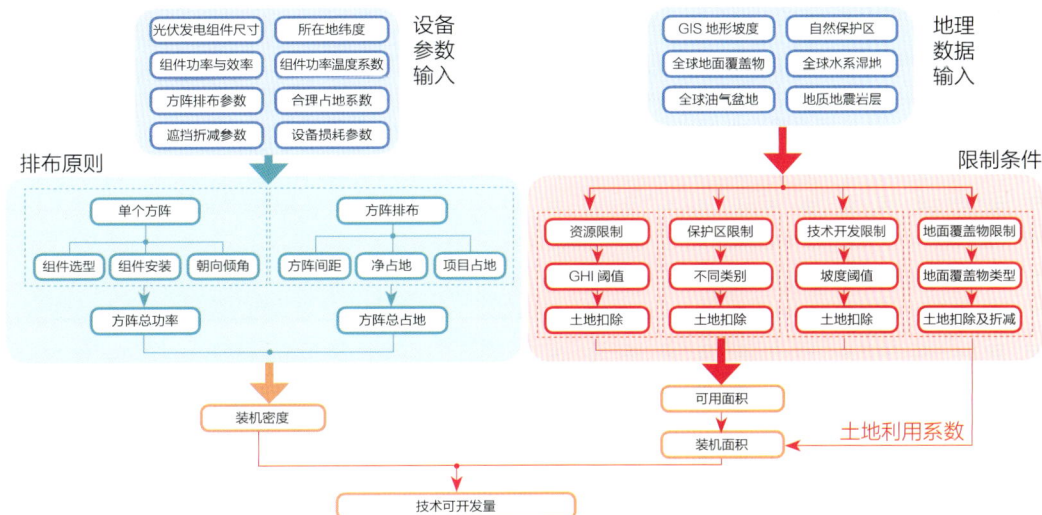

图 1-12　太阳能光伏发电技术可开发量评估流程

计算可用面积。 光伏发电资源开发可用面积是指剔除资源匮乏、保护区、海拔、坡度与地面覆盖物限制等不宜开发区域后的土地面积，计算公式为

$$A_{\text{available}} = A_{\text{sum}} - \sum_{i=1}^{n}\sum_{j=1}^{m} A_{\text{reserve}ij} - \sum_{i=1}^{n} A_{\text{low\_resource}i} - \sum_{i=1}^{n} A_{\text{high\_altitude}i}$$

$$- \sum_{i=1}^{n} A_{\text{high\_gradient}i} - \sum_{i=1}^{n} A_{\text{ground\_object}i}$$

（1-12）

式中：$A_{\text{available}}$ 为可用面积；A_{sum} 为评估区域总面积；$A_{\text{reserve}ij}$ 为区域内第 i 种类型、第 j 块保护区面积；$A_{\text{low\_resource}i}$、$A_{\text{high\_altitude}i}$、$A_{\text{high\_gradient}i}$ 和 $A_{\text{ground\_object}i}$ 分

别为区域内因资源匮乏、海拔、坡度限制及地面覆盖物限制等不宜开发区域的面积。

计算装机面积。光伏发电资源开发的装机面积是指在可用面积内，考虑不同地面覆盖物对实际开发条件的折减影响，通过设定土地利用系数得到有效装机面积，其测算公式与风能资源评估所采用的公式［见式（1-4）］相同，参数指标见表 1-7。

表 1-7　太阳能光伏发电技术可开发量评估模型采用的主要指标和推荐参数

类型	限制因素	阈值	集中式开发参数（%）	分布式开发参数（%）
资源限制	GHI	> 1000kWh/m²	—	—
技术开发限制	陆地海拔	< 4500m	—	—
保护区限制	自然生态系统	不宜开发	0	0
	野生生物类	不宜开发	0	0
	自然遗迹类	不宜开发	0	0
	自然资源类	不宜开发	0	0
	其他保护区	不宜开发	0	0
地面覆盖物限制	森林	不宜开发	0	0
	耕地	不宜集中式开发	0	10
	湿地沼泽	不宜开发	0	0
	城市	不宜集中式开发	0	25
	冰雪	不宜开发	0	0
	灌丛	适宜开发	50	0
	草本植被	适宜开发	80	0
	裸露地表	适宜开发	100	0
地形坡度限制	>30°	不宜开发	0	0

具体的，可用面积计算时：①剔除太阳能资源条件差的地区，结合工程建设实践及当前光伏发电组件技术水平，一般认为水平面总辐射量低于 1000kWh/m² 的区域为低资源区，光照条件不理想，开发经济性差，不宜进行光伏发电开发。②剔除各类保护区，包括自然生态类保护区、野生生物类保护区等。③剔除当前技术水平下不宜规模化开发的地区，例如，海拔超过 4500m 的高原地区多有冰

川、常年冻土等分布，影响工程建设，光伏发电开发技术难度大、经济性差，同时高原生态脆弱，大型工程建设后的地表植被恢复困难。④剔除因地面覆盖物原因不宜开发的地区，森林、耕地、湿地沼泽、城市、冰雪等不宜进行集中式光伏发电开发；对于耕地、城市，可以考虑合理利用田埂、鱼塘、建筑物屋顶、工业园区空地等区域进行分布式光伏发电开发。⑤地形坡度大于 30°的区域，在目前技术水平下开发难度大、经济性差，不宜进行开发。

结合各国光伏发电开发经验，不同的地面覆盖物类型可开发光伏发电的适宜程度存在差异。遵循全面性、层次性、可操作性、敏感性和科学性原则，在可持续发展、保护生态平衡的前提下，提出灌丛、草本植被及裸露地表 3 种区域类型适宜集中式光伏发电开发，其土地利用系数的建议值分别为 50%、80% 与 100%。结合待评估地区具体情况，调整相关参数也可得到当前技术水平下分布式光伏发电的可开发装机规模，报告提出耕地与城市可以考虑进行分布式光伏发电开发，土地利用系数的建议值分别为 10% 和 25%。

计算装机密度。光伏发电资源开发装机密度是指以当前技术水平下光伏发电组件的设备参数和最佳排布为原则，计算单位面积上的光伏发电设备排布方阵的总功率，从而得到的光伏发电装机密度。

研究选用目前主流的 300W 单晶光伏发电组件作为典型代表，给出了光伏方阵纵向、横向的典型排布参数，见表 1-8。单个方阵组件的总功率为 26.4kW。

表 1-8　典型光伏发电组件和方阵参数

器件类型	单组件功率（W）	组件长度（m）	组件宽度（m）	纵向排布数	横向排布数
单晶硅	300	1.956	0.992	4	22

方阵排布原则：北半球方阵朝向正南，南半球朝向正北；当栅格地形倾角大于当地纬度时，方阵倾角为栅格地形倾角，当栅格倾角小于当地纬度时，方阵倾角为当地纬度；方阵间距应满足方阵前后排在当地的冬至日 9:00—15:00 互不遮挡的要求。根据纬度和方位，光伏方阵间距如图 1-13 所示。

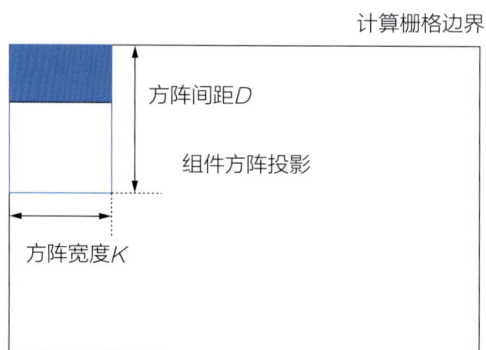

图 1-13　光伏方阵间距示意图

光伏方阵间距 D 受方阵倾角、栅格地形倾角及纬度等影响，其计算方法参见 2.5.4 的相关内容。

每个地理栅格有效装机面积与装机密度乘积的累加即为栅格的光伏发电技术可开发量 P_{TPGPV}，计算公式为

$$P_{TPGPV} = \sum_{i=1}^{n} A_{effectivei} P_{unit} \qquad (1\text{-}13)$$

式中：$A_{effectivei}$ 为有效装机面积；P_{unit} 为单位面积光伏发电装机容量。

2. 发电量计算

在测算太阳能光伏发电资源技术可开发量的基础上，需考虑遮挡、设备损耗及气温等因素造成的光伏发电出力损失，计算光伏逐小时发电功率，进而计算得出年技术可开发电量，评估流程如图 1-14 所示，具体计算公式见式（1-14）与式（1-15），即

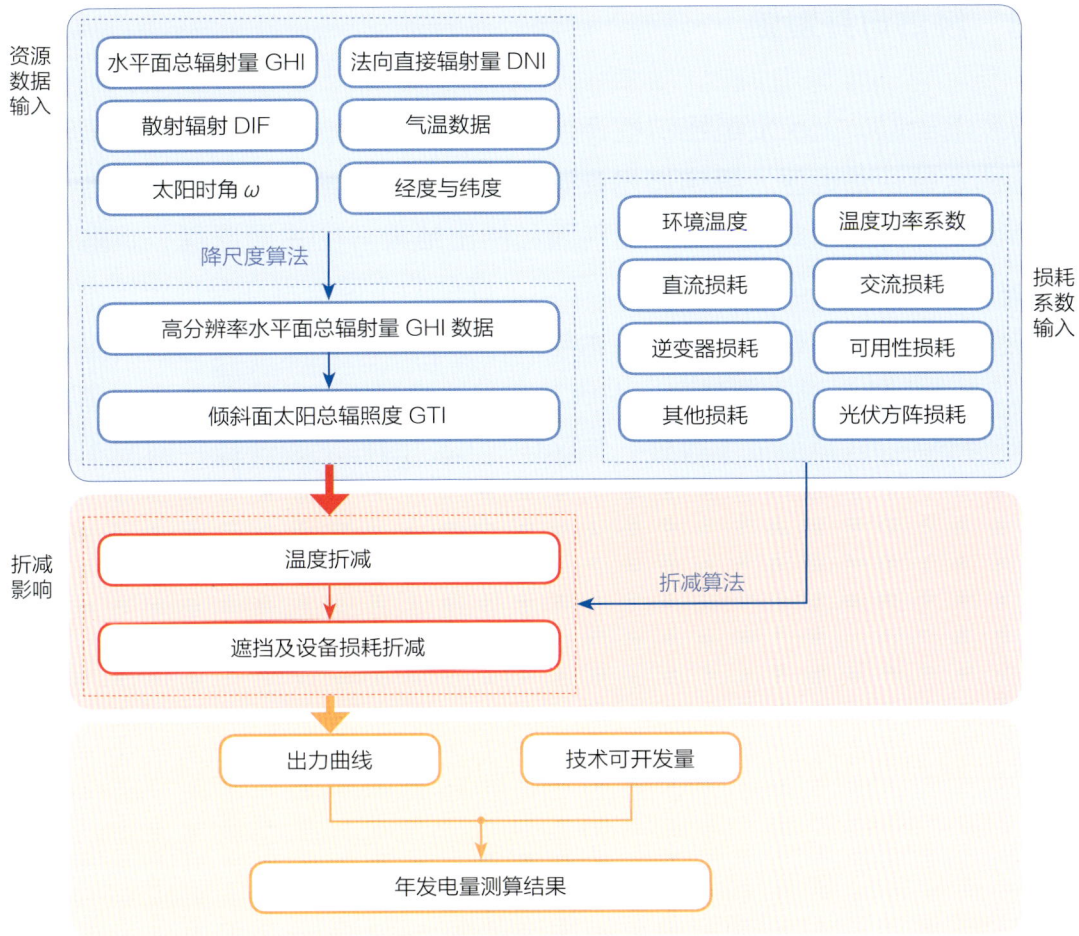

图 1-14 太阳能光伏年发电量评估流程

$$P_{PV} = \frac{GTI}{1000} k \left[1 + \xi (T - 25) \right] \tag{1-14}$$

$$E_{TPGPV} = A_{effective} P_{unit} \sum_{i=1}^{8760} P_{PVi} \tag{1-15}$$

式中：P_{PV} 为考虑气温对光伏发电出力折减及设备综合损耗后的光伏发电出力序列，累加 8760h 对应的 P_{PVi}，即得到光伏发电装机的年发电量；GTI 为倾斜面太阳总辐照度；ξ 为组件功率温度系数，一般选取 $-0.3\%/℃$；k 为光伏方阵损耗系数；T 为评估区域当地环境温度；E_{TPGPV} 为年技术可开发电量。

1.5.3 经济可开发量

与风电类似，光伏发电经济性评估同样采用了平准化度电成本测算法，主要包含选定待评估地区、确定技术参数、确定成本参数、确定财务参数、确定政策参数、计算度电成本、经济性判断和输出结果 8 个主要流程，其基本框架与风电经济性评估相同，如图 1-10 所示。评估的主要差别在于确定技术参数及成本参数的具体内容有所不同，技术与运行参数方面，光伏发电项目生命周期一般取 25~30 年；成本参数中，光伏发电基地建设投资除设备成本、建设成本（不含场外道路）、运维成本等外，与风电相似，同样需要计算并网成本和场外交通成本。

光伏发电资源开发的并网成本测算方法与风电类似，参见图 1-11，输电方式选型条件及单位输电成本等经济性参数的推荐取值同表 1-5 与表 1-6；场外交通成本同样采用交通成本因子法，按照中国工程经验，综合山地、平原、二级公路建设费用水平测算提出光伏发电单位装机容量的交通成本为 1000 美元 /（km · kW）。

报告需要对规划水平年的光伏发电投资水平与开发经济性进行评估，需要预测未来的光伏发电投资水平，具体方法见 2.6 的相关内容。2020—2035 年光伏发电综合初始投资预测结果，见表 1-9。

表 1-9　2020—2035 年光伏发电综合初始投资预测结果

美元 / kW

洲别	2020 年	2035 年
亚洲	580~702	380~440
欧洲	686~791	480~529
非洲	684~828	447~517
北美洲	686~791	480~529
南美洲	665~780	437~497
大洋洲	647~726	441~473
全球平均	599~712	399~462

2 清洁能源发电基地宏观选址方法

清洁能源发电基地选址关系到工程开发的技术指标和经济性，对开发和利用清洁能源资源至关重要。影响基地选址的因素众多，包含资源条件、地形地貌、地面覆盖物、地质条件、交通和电网基础设施等，涉及内容繁多、需要的基础数据量大。报告针对水电、风电、光伏发电站的选址，建立了基于全球数据和信息的数字化宏观选址方法，在统一标准和数据源的基础上提供了一套数字化解决方案，可显著提高清洁能源发电基地选址研究的效率，可供能源发展战略和规划研究使用。

2.1 技术路线

清洁能源发电基地规划研究是一项技术性和政策性很强的工作，需要大范围收集资料，开展现场查勘，耗费大量的精力和时间。**河流水电规划**是以河流水能资源蕴藏量为基础，通过分析影响河流水电开发的工程地质、环境保护和经济社会等限制性因素，明确河流开发条件，拟定开发方案，提出河流水电规划。**陆上风电场规划**是以风速、风能密度等风能资源数据为基础，选定开发区域，综合考虑工程地质、地面覆盖物、环境保护、交通设施等限制性因素，拟定场址与布机方案，计算装机容量、年发电量等技术指标。**光伏发电站规划**是以太阳能水平面总辐射量、日照时数等太阳能资源数据为基础，选定开发区域，综合考虑影响选址的地形坡度、地面覆盖物、环境保护等限制性因素，拟定站址范围，计算太阳能光伏发电组件倾角等参数，完成光伏发电组件方阵排布，计算装机容量、年发电量等技术指标。

清洁能源发电基地的宏观选址研究，重点是从资源角度、技术角度分析电源点布局的合理性，测算发电技术指标，结合项目建设的外部条件估算投资水平和平准化度电成本。报告旨在充分利用全球气象资源信息、地理信息和人类活动信息等数据资源，建立一套数字化的宏观选址研究方法，辅助开展全球清洁能源发电基地的宏观选址研究，为政策制定者和商业投资人提供决策支持。

从工作阶段来看，报告成果是发电基地规划内业研究的一部分，可为规划研究提供支持和指导；从内容深度来看，宏观选址成果主要依赖收集的全球数据资料开展研究，受限于信息收集的统一标准和渠道，难免存在遗漏；从工作形式上看，报告的研究是统一标准和数据源的客观内业工作，无法替代现场查勘研究。

综上所述，**报告根据政策制定者和商业投资人的主要关切的问题，建立数字化清洁能源发电基地宏观选址研究方法，以统一的标准和数据，辅助专业人员快速完成全球各河段、各区域的水电、风电、光伏发电基地的初步选址，为下一步规划、设计提供指导并奠定基础。**

专栏 2-1　　　　选址规划研究的主要内容

传统水电、风电、光伏发电站选址与规划一般可分为七个步骤，包括收集资料、内业准备策划、开发方案初步拟定、现场查勘复核验证、提出初步规划方案、规划方案比选和确定规划方案。其中，收集资料环节需要收集、整理包括地形、水文气象、地质条件、电力设施、社会经济、环境保护等大量资料，并需要在拟定初步开发方案后，开展有重点、有针对性的现场查勘、复核与验证工作，并对提出的多个初步方案开展技术合理性、环境影响程度、施工难易程度、经济性等多方面的差异比选。

世界各国对清洁能源发电项目规划的具体要求存在一定差异，但基本均包含资源条件测算、限制性因素排查、多方案比选及技术经济指标测算四部分内容。

2.1.1　研究思路

报告建立的数字化大型清洁能源发电基地宏观选址研究方法，首先基于层次分析方法，综合考虑资源条件、地形地貌、建设条件、开发成本等因素，制定基地待选集判定标准，然后利用数值分析方法确定基地待选河段或区域，最后基于大量数据，规避制约因素、测算技术指标、估算投资水平。数字化宏观选址研究流程如图 2-1 所示。

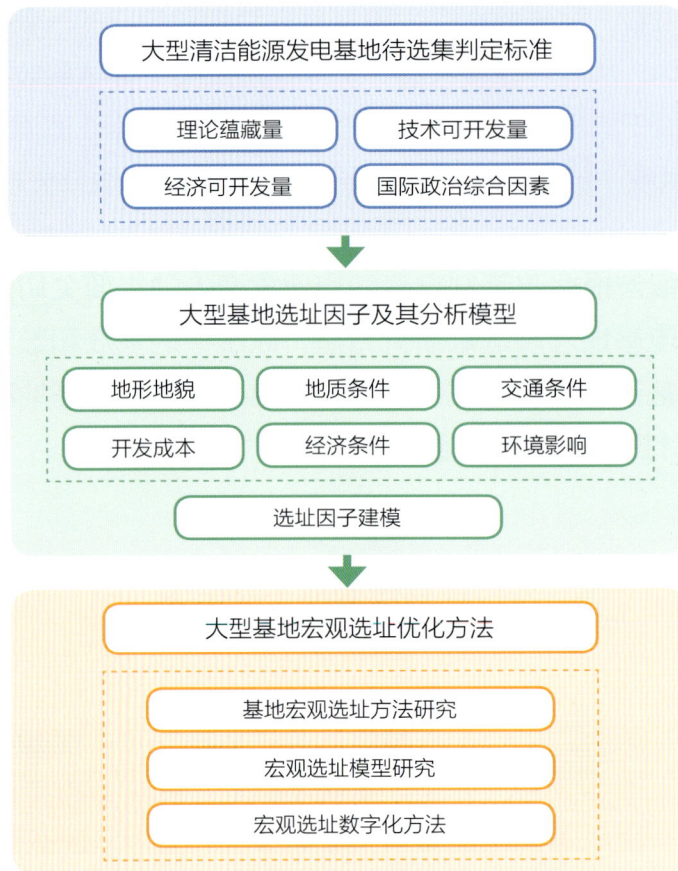

图 2-1　数字化宏观选址研究流程

判定待选集。结合水能资源理论蕴藏量、风电与光伏发电的技术可开发量、开发成本等指标，综合考虑国际地缘政治、电网规划等方面因素，设定大型基地待选集判定标准，确定清洁能源资源重点开发区域或河段，作为大型清洁能源发电基地的待选集。

选址因子及分析模型。收集清洁能源发电基地选址基础数据，以现有规划成果、开发运行数据等为参考，利用资料分析法、统计学、空间数据分析与数据挖掘研究等，分析影响大型基地选址的主要因素，构建包含资源禀赋、地形地貌、地面覆盖物、电网与交通设施等多维度选址因子评价指标体系及其量化评估模型。

宏观选址方法。参考清洁能源发电工程的规划标准与规范，梳理总结工程选址主要内容。结合运用空间数据分析、模糊评价理论和层次分析法，综合考虑资源条件、限制性因素、电站技术经济性、地区发展水平等构建基地宏观选址模型。基于地理信息系统理论、计算机技术，分别建立数字化的水电、风电和光伏发电基地宏观选址方法。

报告提出的数字化宏观选址方法是按照传统电站规划选址内业研究工作要求，充分利用覆盖全球范围的丰富基础数据及先进计算机科学算法，完成的一套辅助专业研究人员快速了解区域特点、快速形成内业选址成果的数字化研究方法，可以针对全球范围内的任一个河段、任一个区域，考虑不同的限制条件与开发方式，快速形成多种开发方案并进行综合技术经济比选。**数字化宏观选址方法相比传统人工决策选址能极大地提高工作效率，减少内业研究阶段的准备工作。**

2.1.2　数据和算法

1. 基础数据

用于资源评估的 3 类 18 项覆盖全球的数据是宏观选址研究的重要基础。与开展资源评估研究不同的是，进入基地宏观选址研究阶段后，应尽可能使用高精度数据，因此不会再将高分辨率数据转化为低分辨率数据，矢量数据是选址研究中最合适的数据类型。各项基础数据的类型和分辨率可参见 1.2.1 的有关内容。

2. 数据处理技术

地理信息系统（Geographic Information System，GIS）是在计算机硬、软件系统支持下，对整个或部分地球表层（包括大气层）空间中的有关地理分布数据进行采集、储存、管理、运算、分析、显示和描述的技术系统。地理信息系统中的空间分析主要通过空间数据和空间模型的联合分析来挖掘空间目标的潜在信息。

数字高程模型（Digital Elevation Model，DEM）是通过有限的地形高程数据实现对地面地形的数字化模拟，用一组有序数值阵列形式表示地面高程的一种实体地面模型。可通过遥感、摄影测量、地面测量等手段获取数据，广泛应用于水文、气象、地貌、地质、土壤、工程建设等领域中。基于 DEM 生成的坡度、坡向及坡度变化率等其他地形地貌数据，是水电规划计算高程差、风电规划计算地形、光伏发电规划计算坡度与坡向的基础地理计算方法。

空间分析（Spatial Analysis，SPA）主要通过空间数据和空间模型的联合分析来挖掘空间目标的潜在信息，空间目标的基本信息包括位置、分布、形态、距离、方位、拓扑关系等，其中距离、方位、拓扑关系组成了空间目标的空间关系，可以作为数据组织、查询、分析和推理的基础。常用的两个空间分析方法为邻近分析和叠加分析，用于确定基地选址过程中的限制性因素分析。邻近分析发生在两个集合之间，一个为分析对象，另一个作为邻近对象而在其中为分析对象搜集要素，并计算相互距离。叠加分析是指在统一空间参考系统下，通过对两个数据进行一系列集合运算，产生新数据的过程。叠加分析的目标是分析在空间位置上有一定关联的空间对象的空间特征和专属属性之间的相互关系。

3. 优化算法

贪婪算法（Greedy Algorithm，GA）是一种解决最优化问题的近似方法，基本思路是从问题的某一个初始解出发逐步进行优化。根据优化测度，每一步都要确保能获得局部最优解。所做的每一步选择具有可行性、局部最优、不可逆性的特点，该方法本质上是一种改进的分级处理方法，往往不从整体最优上加以考虑，计算获得的全局解是在某种意义上的局部最优解。

蚁群算法（Ant Colony Optimization，ACO），又称蚂蚁算法，是仿生蚁群觅食过程的一种智能搜索算法。将蚁群算法应用于解决优化问题的基本思路为：用蚂蚁的行走路径表示待优化问题的可行解，整个蚁群的所有路径构成待优化问题的解空间，由于觅食过程存在近似正反馈机制，一定时间后蚁群将获得到达食物源的最短路径，也是解空间内的最优解。

报告采用上述优化算法解决指定区域内寻找符合目标条件的最小连续栅格集合问题。

专栏 2-2　　　　**蚁群算法原理与步骤**

　　自然界蚂蚁在觅食过程中会在其经过路径上释放一种名为信息素（Pheromone）的物质，蚁群内的蚂蚁对信息素具有感知能力并会沿着信息素浓度高的路径行走，而每只路过的蚂蚁又都会在路上留下信息素，利用这种正反馈机制，路径较短的蚂蚁释放的信息素量较多，随着时间的推进，较短的路径上累积的信息素浓度逐渐增高，选择该路径的蚂蚁个数也越来越多。最终，整个蚁群就会沿着最短路径到达食物源，此时对应的便是待优化问题的最优解[1]，对蚂蚁觅食过程进行抽象就形成了蚁群算法，机制原理如专栏2-2图1所示。

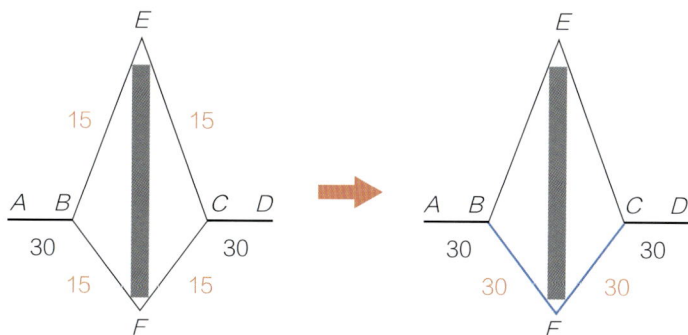

路径BFC：蚂蚁增加，信息量增加，路径被选择的机率增加；
路径BEC：时间增加，信息量减少，路径被选择的机率减小。

专栏2-2图1　基本蚁群算法的机制原理示意图

蚁群算法包含两个过程，分别是蚂蚁的路径选择过程和信息素更新过程。其中，路径选择过程是一个概率函数，如式（2-2-1）所示，信息素更新过程的主要公式如式（2-2-2）～式（2-2-4）所示，即

$$P_{ij}^{k}(t)=\begin{cases} \dfrac{\tau_{ij}^{\alpha}(t)\eta_{ij}^{\beta}(t)}{\sum \tau_{is}^{\alpha}(t)\eta_{is}^{\beta}(t)}, & i\in \text{allowed}_k, \ j\in \text{allowed}_k \\ 0, & \text{其他} \end{cases} \tag{2-2-1}$$

（allowed$_k$是指第k只蚂蚁当前可以前行的路径集合）

$$\tau_{ij}(t+n)=(1-\rho)\tau_{ij}(t)+\Delta \tau_{ij} \tag{2-2-2}$$

$$\Delta \tau_{ij}=\sum_{k=1}^{m}\Delta \tau_{ij}^{k} \tag{2-2-3}$$

$$\Delta \tau_{ij}^{k}=\begin{cases} \dfrac{Q}{L_k}, & \text{若第}k\text{只蚂蚁在该次循环中经过}(i,j) \\ 0, & \text{若第}k\text{只蚂蚁在该次循环中不经过}(i,j) \end{cases} \tag{2-2-4}$$

❶ 资料来源：郁磊，史峰，王辉，胡斐. MATLAB 智能算法 30 个案例分析. 2 版. 北京航空航天大学出版社，2015.

2.2 待选集量化判定模型

清洁能源发电基地待选集的量化判定，也称为基地遴选研究，是基地宏观选址研究的前提和基础，是在技术可开发量、经济可开发量评估结果的基础上进行的针对性研究。

水电方面，对于已完成水能理论蕴藏量评估的河流，可以根据单位长度河流水能资源指标，快速锁定水能资源富集的河段作为水电基地的研究重点。**风电和光伏发电方面，**由于发电的能量密度相对较低，大型基地往往需要占用数百乃至数千平方千米的土地，选址阶段多采用专家咨询机制，人为主观确定研究重点，尚未建立一套基于量化指标的客观选址方法和模型，无法以统一标准在全球范围内开展广泛的风电、光伏发电基地选址研究。报告建立的量化基地遴选方法与模型同时适用于风电和光伏发电基地待选集的判定。

2.2.1 量化模型

待选集量化判定计算的复杂度与选址范围及选取像元的数量正相关，当区域面积较大、可选取像元数量较多时，计算量急剧增加。报告探索建立了能够兼顾执行效率和结果准确性的清洁能源发电基地待选集量化判定模型，其构建思路如图 2-2 所示。

量化判定建模的基础信息主要包含：①待选区域，一般是指定的地理多边形；②优化目标，一般是占地面积最小或发电成本最低；③预期指标，一般是装机规模或年发电量。判定待选集的任务是在给定的区域内经过优化计算，给出满足优化目标的连续栅格像元作为清洁能源发电基地的选址区域。

1. 量化判定模型

量化判定模型构建主要包含三个步骤：①明确优化目标与需求；②建立优化问题，将选址分析问题抽象为数学描述，建立逻辑关系与数学模型；③算法模型研究，基于数学模型开展算法优化，平衡结果精度和计算耗时，提升模型效率。

图 2-2　清洁能源发电基地待选集量化判定模型

专栏 2-3　　　　　　　　　　**量化判定模型的建模**

1. 明确目标与需求

模型输出为栅格像元，每个像元值代表该栅格的技术可开发量或经济可开发量。在选定空间范围内，选取满足需求的像元作为开展宏观选址研究的待选区域。主要有 2 种典型优化需求：①占地最小需求，即在满足装机容量要求的前提下，选取的像元地块是连续并且是数量最少的。②综合评价最优需求，即在满足装机容量需求的前提下，选取的像元地块是连续并且基于技术可开发量和开发成本设定的综合评价指标最优。

2. 建立优化问题

可将选址分析问题抽象为如下的数学描述：设矩阵 A 为 $n \times m$ 矩阵，每个点的值为 a_{ij}，表示该像元的技术可开发量；设矩阵 B 为 $n \times m$ 矩阵，每个点的值为 b_{ij}，表示该像元的开发成本评分。A_{total} 为总规模的要求。

占地最小需求可表述为：在矩阵 A 中求最少的 p 个点，要求 p 个点集合的总规模大于或等于 A_{total}。综合评价最优需求可表述为：给定矩阵 A 和矩阵 B 的评价权重值 α 和 β，在矩阵 A 中求最少的 p 个点，要求 p 个点集合的总规模大于或等于 A_{total}，并且加权综合指标最优。

对于综合评价最优问题，通过加权求和和归一化处理，可以获得计算矩阵 C，由此可转化为占地最小问题进行优化。

3. 优化算法研究

当矩阵规模较小（小于 100）、待选像元数量较少（小于 10）时，拟解决的问题可以采用遍历的方式获取全局最优解。以栅格像元分辨率为 500m 为例，此时可分析的最大区域仅为 25km²，难以满足对千万千瓦级风电（超过 3000km²）、光伏发电（超过 500km²）确定宏观选址区域的要求。因此，需要研究可较好平衡精度和耗时的优化算法。报告基于贪婪算法和蚁群算法，提出了一种用于优化计算大型风电、光伏发电基地待选区域的优化算法，可以满足千万千瓦级大型发电基地的初步选址研究要求。

对于算法选择，一方面贪婪算法和蚁群算法可以基于栅格矩阵计算而无须建立函数模型，并且支持并行计算提高效率，适用于开展清洁能源发电基地遴选研究；另一方面，贪婪算法存在地理连通性限制，在某些特殊情况下无法找到全局最优解。因此，报告采用了基于改进蚁群算法的量化模型，求解最优待选集的流程如图 2-3 所示。

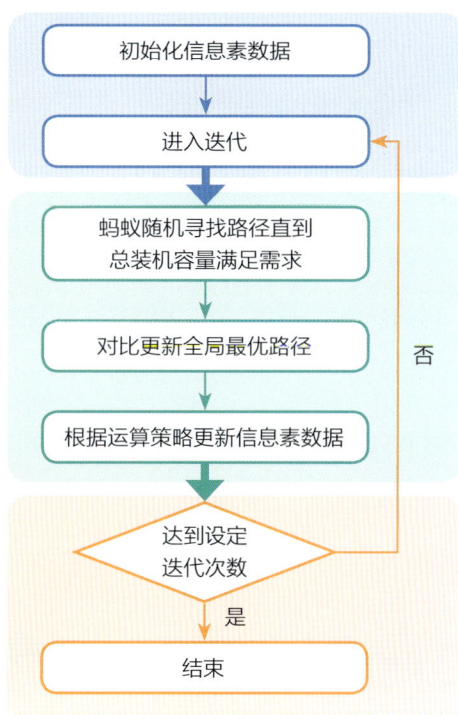

图 2-3　基于蚁群算法的量化判定流程

具体的，首先初始化矩阵中各像元的信息素浓度，随机安排每只蚂蚁的起始像元并以装机规模作为启发函数信息，按照路径选择概率选取相邻像元作为前进目标，进入迭代直到路径总装机容量满足要求，将其与当前的最优结果比较并更新最新优化结果；随后，更新整个矩阵中每个像元的信息素浓度，增加最新优化结果路径上的信息素浓度，再次开始迭代直至设定次数，此时的最优解即为所求像元的集合。

2.2.2　算例分析

报告对图 2-4 所示的区域开展算例分析与算法验证。算例要求在约 60 万 km^2 的待选区域中获取满足 2000MW 装机规模的最小连续地块。

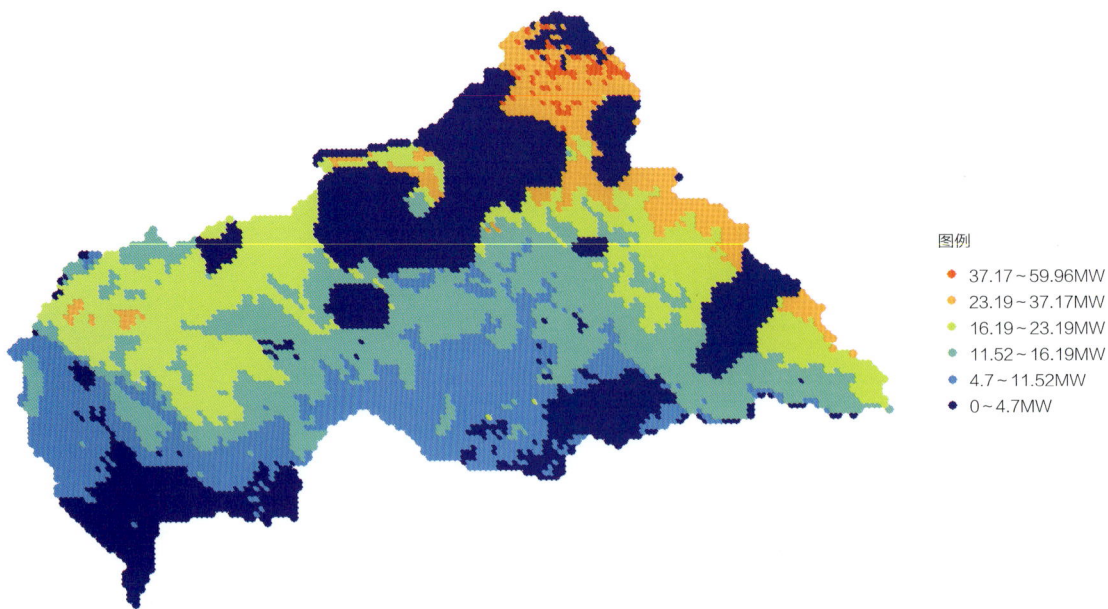

图 2-4　待选区域的光伏发电技术可开发量图谱示意图

参数设定。 待选区域内单个栅格像元的光伏发电技术可开发量范围为 0～59.96MW，平均值为 11.2MW。设定迭代总次数 t_{total} 为 200，蚂蚁数量 m 为 10000，信息素常量 Q 为 0.1，信息素影响因子 α 为 5，期望启发因子 β 为 5，信息素挥发度 ρ 为 0.01，计算得到算法收敛曲线[1]，如图 2-5 所示，选址结果的空间分布如图 2-6 所示。

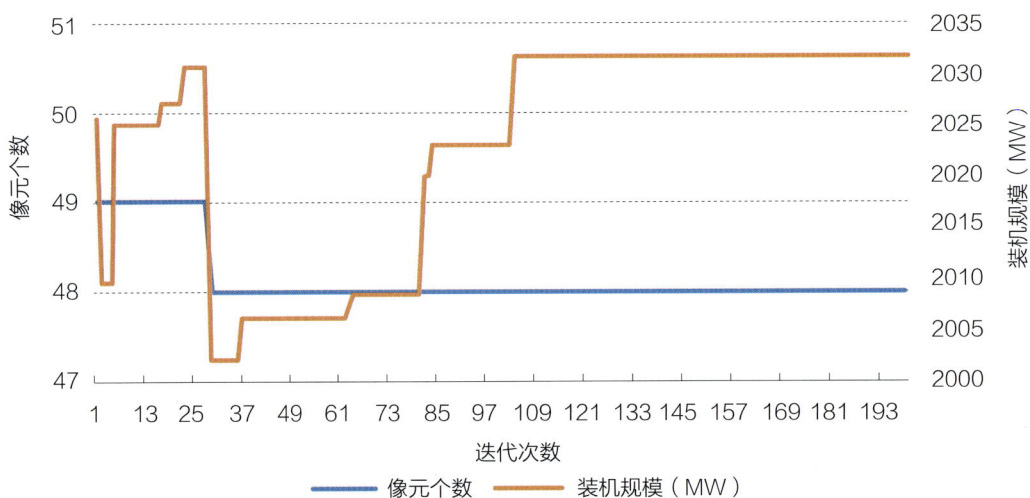

图 2-5　实例验证选址计算收敛曲线

---

[1] 研究采用 6 核心 3.8Ghz 主频处理器、16GB 内存的计算机执行选址算法，总耗时约 200s。

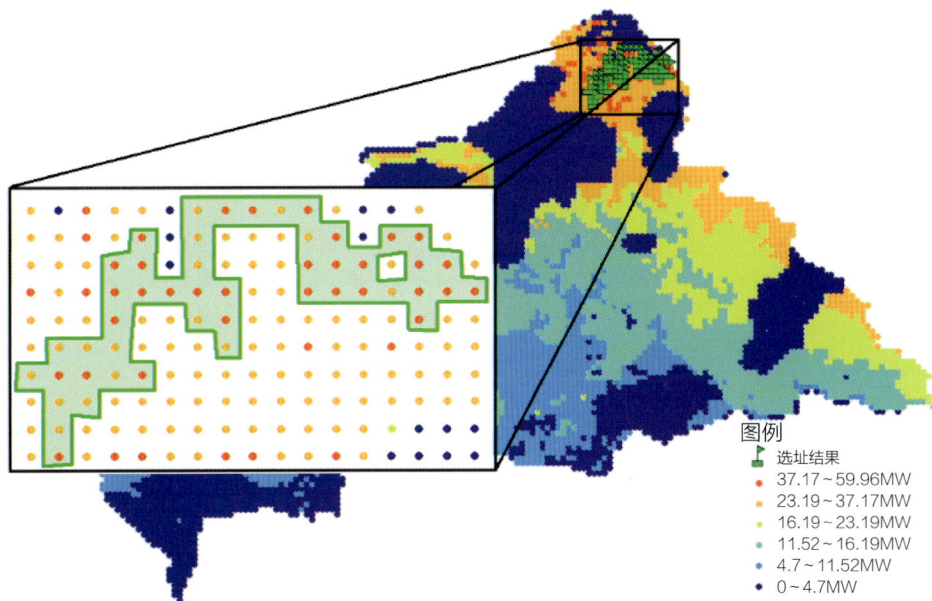

图 2-6 清洁能源发电基地选址结果图

需求设定。计算过程中，算法优先选取占地最少的地块作为基地待选区域结果，当多个结果覆盖的像元数相同时，优先选取装机规模更大的结果。

结果分析。收敛曲线中，总出力值在第 104 次迭代后达到 2031.3MW 并维持不变，算法收敛，最优选址结果为图 2-6 中的绿色区域，总计 48 个像元单位，装机规模为 2031.3MW。从整个区域来看，选址结果集中在东北角，该地区是整个区域内光伏发电单位面积技术可开发量综合最高的区域。

2.3 数字化水电选址方法

2.3.1 方法流程

报告提出的数字化水电选址流程主要包括提取数字化河网、选取规划河段、分析限制性因素、拟定水电站布置、计算主要参数指标、绘制规划成果图表等主要步骤，如图 2-7 所示。

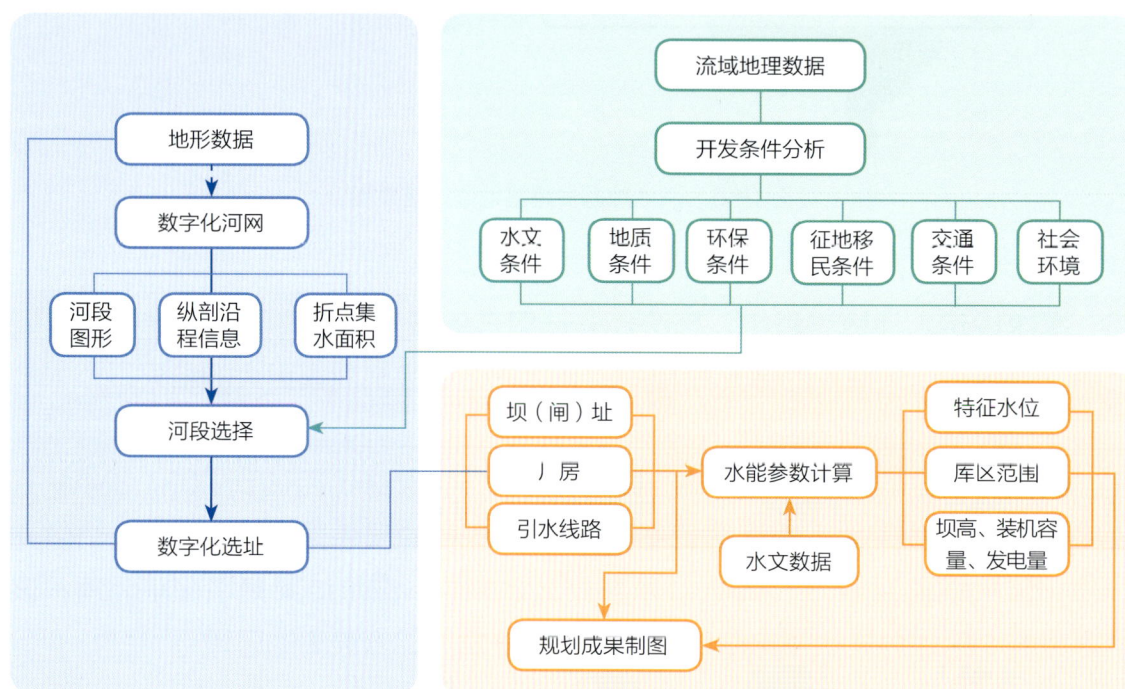

图 2-7 水电站数字化宏观选址流程图

具体的，开展河流水电选址研究，首先需要充分了解河流开发条件、水能资源利用现状，结合流域地形数据和水文资料，完成数字化河网提取；其次分析河段径流特性和水能资源条件，考虑区域地质条件、活动断层和断裂带分布、河流径流等水文特征，选取适宜建坝的河段；然后结合岩层分布、地面覆盖物、保护区等限制性因素分析，选取没有或较少限制性因素、地质条件较好的河段进行梯级布置，提出河段开发方案，初选梯级坝址位置；最后开展水文与动能参数分析，计算水电站装机容量、年均发电量等技术指标，估算梯级开发方案的投资水平，绘制、输出相关规划图和技术经济指标表。

2.3.2　提取数字化河网

提取河流水系的数字化河网，需要利用高精度的数字高程模型数据，通过填洼预处理、流向分析、累积流量计算、河道识别、河网提取五个步骤，自动识别并提取具有河道图形与河段水能属性信息的数字化河网数据。

专栏 2-4 　　　　　　数字化河网提取步骤

基于流向分析和汇流分析的流域特征提取技术可以实现数字化河网的分析计算，主要包含以下五个步骤：

（1）**填洼预处理**。地理高程数据在采集和处理过程中会产生凹陷点即洼地，会影响河流流向及流域边界的生成。查找明显低于周边像元高程值的异常点，并利用周边像元的高程值对异常值进行修正，确保可以生成具有连通性的水系网络，如专栏 2-4 图 1 所示。

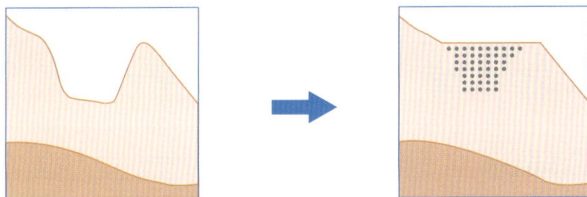

专栏 2-4 图 1　填洼预处理示意图

（2）**流向分析**。利用填洼过后的地理高程数据，使用八方向流向模型 D8 算法[1]（Deterministic Eight-neighbours），采用最陡坡度法来确定水流的方向，即按照"水往低处流"的原则，中心栅格的流量将流向相邻 8 个栅格中高程值最低的栅格，并以此确定为其流出方向即流向。根据 D8 方向编码，用其对应的方向编码值作为流向值，如专栏 2-4 图 2 所示。

---

[1] 数据来源：ESRI. Technical Documentation of Arcinfo[Z]. version 8.0.1(Redland, CA: Enviromnental System Research Institute), 1999.

专栏 2-4 图 2　流向分析示意图

（3）**累积流量计算**。定义每个像元权重值为1，由流向数据可知每个像元的流动方向。在汇流过程中，每个像元汇集周边8个像元中流向自己的累积权重值，作为该像元的累积流量，如专栏2-4图3所示。

专栏 2-4 图 3　计算累积流量示意图

（4）**河网提取与计算**。河道上的点通常是周边累积流量最高的点，提取并连接一系列累积流量的高点便能形成河道，继而形成河网。需要根据不同地区河流的特点，定制化的设置提取河网所需的累积流量阈值。荒漠等地表径流小的区域通常需要较大的阈值（汇聚更多的像元）才能形成河道，水量丰富的区域则只需较小的阈值。同一区域，阈值越小，其生成的支流越多，河网越密集；反之，则支流越少。数字化河网与真实河道影像对比如图专栏2-4图4所示。

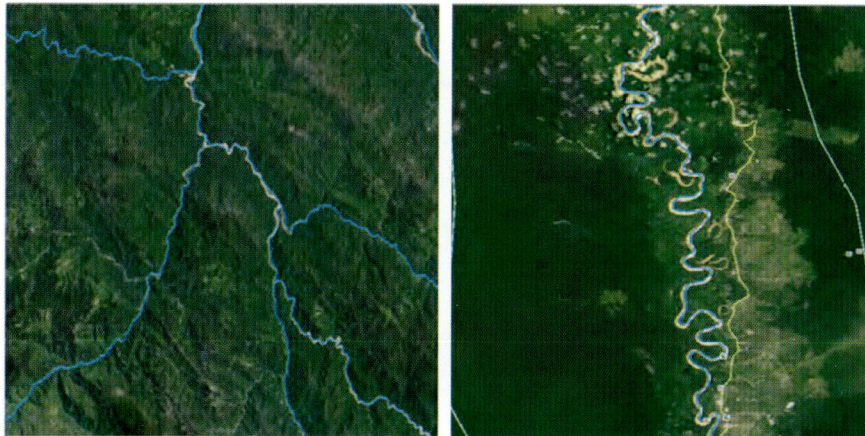

（a）数字化河网 （b）真实河道

专栏 2-4 图 4 数字化河网与真实河道影像对比示意图

2.3.3 选取规划河段

结合区域地质条件、活动断层和断裂带分布，选取适宜建坝的河段，再综合分析河流的落差、比降、径流量等数据，选取单位河长水能蕴藏量大的河段作为水电开发的目标河段。在提取的数字化河网基础上，通过可视化方法标注出不同水能蕴藏量水平的河段，可以辅助研究人员快速确定研究重点，如图 2-8 所示的红色河段。

图 2-8 河流理论蕴藏量分布示意图

2.3.4　分析限制性因素

综合分析站址周边的地质条件、岩层属性、自然保护区和地面覆盖物分布、已建水电工程等影响因素，考虑限制性因素与待选址区域的空间位置与拓扑关系，分析河段的开发条件。一般的，大型水电基地选址应规避历史地震高发区域等地质不稳定地区，并减少对城市、耕地、森林等不宜淹没土地的占用。

水电站的水库与地质岩层数据的叠加分析如图 2-9 所示。

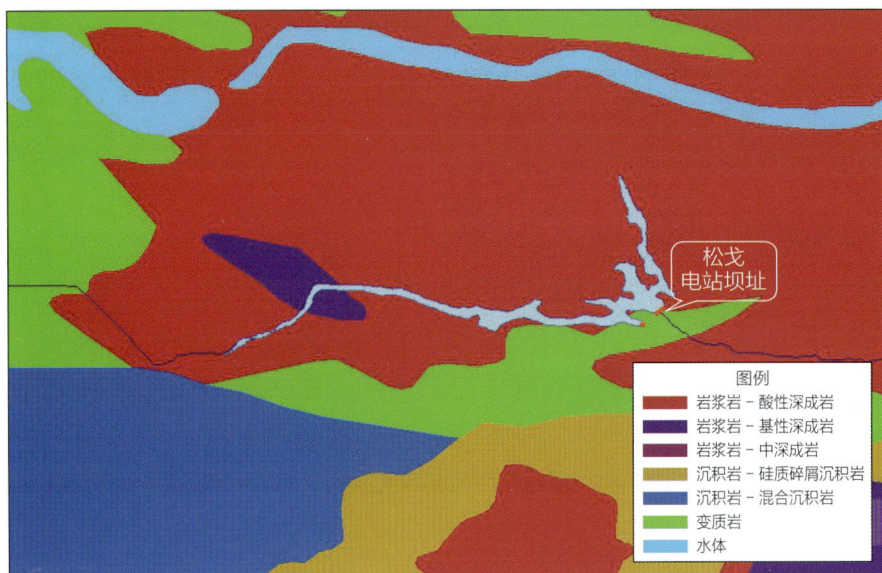

图 2-9　水电站的水库与地质岩层数据的叠加分析示意图

2.3.5　拟定水电站布置

等高线 ❶ 是水电数字化选址研究中初选梯级坝址位置的重要依据，其分布可显示出地表高程值的变化情况，等高线间距越大，代表地形越平坦；等高线间距越小，代表地形越陡峭，可以据此判断河谷的形态、河道的宽窄、水库淹没的范围等。

开展水电站布置时，结合从地理高程数据中提取的河道两岸等高线分布，综合卫星影像，初步选定待开发河段中适宜建坝的地点。一般的，从建坝的经济性方面考虑，通常选取河谷较窄处作为梯级坝址位置，通过绘制坝址、厂房、引水线路等水电站组成信息，生成水电站库区范围，获得水电站的梯级布置方案。

---

❶ 等高线是指地形上高程相等的相邻各点所连成的闭合曲线。

2.3.6 计算主要参数指标

1. 水位库容曲线

水位库容曲线是表征水库水位与其相应库容关系的曲线，可以作为特征水位拟定及径流调节计算的重要依据。水位库容曲线的计算方法是将单根等高线连接成封闭环，计算不同高程值等高线封闭的面积，结合水位与封闭面积的对应关系，采用阶梯库容累计方法计算得到。研究将地理高程数据转换为三维模型，并沿一定等间距的平面高度对模型进行分割，分别计算各个高度的平面面积及平面以下的体积，可高效地生成水位库容曲线。

2. 水电站运行方式

各水电站的调节计算基于长系列逐月流量数据，可分为年调节和日调节两种方式。对于年调节水电站，可以按照蓄水期等流量、供水期等流量或等出力等不同的调蓄运行方式进行径流调节计算。对于日调节水电站，按照来水流量发电，即各时段的出库流量等于入库流量。

3. 装机容量计算

采用试算法确定水电站的装机容量。通过预设装机容量，计算得到水电站的利用小时数。随后根据利用小时数进行合理性判断，并对水电站装机容量进行比选，计算公式为

$$P = E/h \qquad (2-1)$$

式中：P 为电站预设装机容量，kW；E 为各时段发电量平均值，kWh；h 为装机利用小时数，h。

一般的，对于年内径流峰枯差异较大的河流，装机利用小时数可按 3500～4500h 控制；对于年内径流分配较为平均的河流，装机利用小时数可按 5000～6000h 控制。同时，调节性库容越大、调节性能越好的水电站，水量利用能力强，利用小时数可以相对更低，控制在 3500～4000h。

4. 发电量计算

水电站各时段发电量计算公式为

$$E = kQ\left(\frac{Z_1 + Z_2}{2} - Z_{station} - H\right) \qquad (2-2)$$

式中：E 为各时段发电量，kWh；k 为出力系数，通常取 8.5；Q 为各时段发电流量，m^3/s；Z_1、Z_2、$Z_{station}$ 分别为时段初水位、时段末水位、厂址江面水位，m；H 为水头损失，m。

各时段发电流量受水电站运行方式、装机容量、最大引用流量、最小下泄生态流量等多重因素的影响和制约，在方案研究中可借助模型试算多个方案并进行指标量化比选。

2.3.7 绘制成果图表

数字化水电选址成果可以总结并绘制出重点河段的"2 图 1 表"成果。

梯级开发方案技术经济指标表，主要包含水电站坝址、厂房、引水线路、水能参数、水文数据、工程设计等信息。

河段梯级开发方案平面图，主要包含水电站与河流、上下游梯级及周边地理信息的平面位置关系。

河段梯级开发方案纵剖面图，主要包含河段梯级水位衔接关系、水头利用情况、大坝蓄水高度，以及与河口的距离等信息。

2.4　数字化风电选址方法

2.4.1　方法流程

报告提出的基于地理信息技术的风电场数字化宏观选址的流程主要包括分析风能资源数据、分析限制性因素、设备选型与风机自动排布、计算主要参数指标等步骤，如图 2-10 所示。

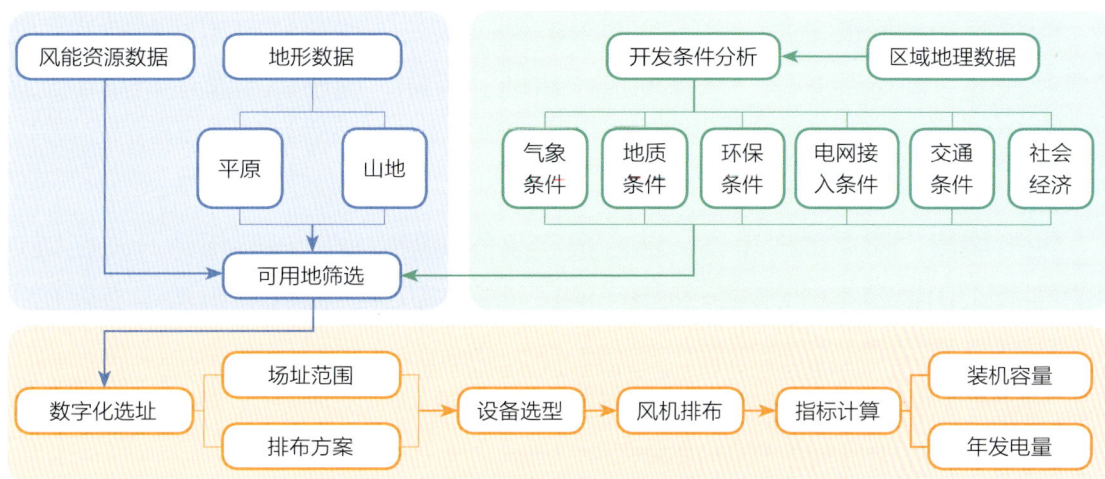

图 2-10　风电场数字化宏观选址流程图

具体的，开展风电场数字化选址时，首先需要充分了解区域内风能资源条件及其资源特性的时间和空间分布，初步确定适宜建站的地区；然后综合考虑多种限制性因素，规避保护区、地震高发区等不适宜地区，避免对森林、耕地、城市等不宜集中大量占用的土地；再次利用地理高程数据，筛选平原与山地等适宜开发的不同地形类别，结合设备选型开展风机自动排布；最后完成风电场装机容量、年发电量等主要参数指标的分析测算，并结合场址的并网条件、外部交通条件开展经济性分析，获得投资总额、平准化度电成本的估算结果。

2.4.2　分析风能资源数据

开展风电选址研究前，需要对原始测风数据的完整性、合理性、可靠性进行验证，对不合理的数据进行替换处理，并将测风数据订正到代表年。

通过分析风能资源数据，计算场址区域平均风速及年变化、平均风功率密度及年变化、主导风向和风能玫瑰图、风速及风功率密度的日内变化等资源特性指标。结合场址区域内的技术可开发量、经济可开发量的评估结果，采用待选集量化判定模型，确定适宜开发的区域，作为后续研究的重要输入条件。

2.4.3 分析限制性因素

限制性因素主要包括保护区、地面覆盖物和地形坡度。

保护区和地面覆盖物。分析主要限制性因素与待选区域可用地的空间位置与拓扑关系，排除保护区、水体河流、耕地、森林、城市等不宜进行集中式风电开发的区域。

地形坡度。根据地形差异，结合数字高程模型数据，一般将待开发区域划分为平原和山地两类分别进行风电场的风机排布研究。研究利用数字高程模型数据生成待选区域的坡度数据，结合高程、坡度分析区域内的用地类型以区分平地与山地，并对山地区域提取山脊线。报告对平地风电场采用行列矩阵式排布，山地采用依山脊线的单列布置方式。

专栏 2-5　　　　　　　**山脊线的提取方法**

山脊是由两个坡向相反、坡度不一的斜坡相遇组合而成的条形脊状延伸的凸形地貌形态，山脊最高点连线即为山脊线，由于其大致沿分水岭布设，也称为分水线，是重要的地形特征。通常山脊上的风能资源比山体其他部位更为丰富，山地风电场一般沿山脊线布置风机。由于山脊线具有分水性特征，报告采用了类似数字化河网提取的步骤实现山脊线提取，主要包含以下三个步骤：

（1）计算山地区域累积流量。山脊线提取需要通过填洼、流向计算和累积流量计算，获得山地区域内地形数据对应的累积流量分布。

（2）**提取分水岭边界**。山脊线一般也是分水岭，无法形成汇流，因此在累积流量数据中多表现为 0 值或极小值。提取数据中所有 0 值或极小值，即可得到分水岭边界。

（3）**生成山脊线**。将提取得到的分水岭栅格集合数据转换为矢量数据，修正异常值后，可以计算长度、间距、走向等地理属性，可满足山地风电场中风机自动排布计算要求。提取的山脊线效果如专栏 2-5 图 1 所示。

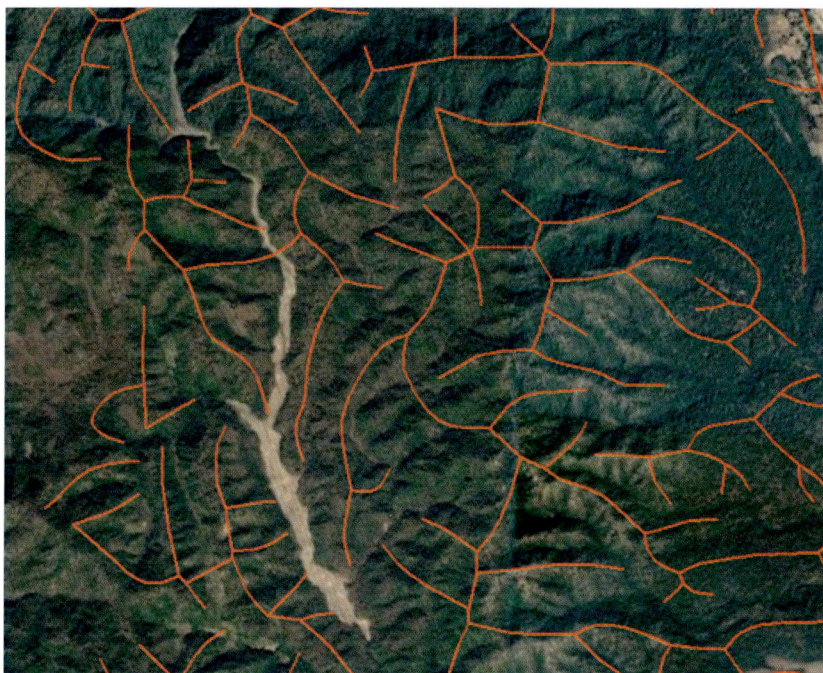

专栏 2-5 图 1 山脊线提取效果示意图

2.4.4 设备选型与自动排布

根据待开发地区风能资源的年均风速水平，结合当前技术水平下的风机发电出力特性选取适宜的风电机组类型，获得对应的风轮直径、风电机组功率曲线、切入与切出风速影响等指标，从而计算得到风机出力曲线，并辅助开展年发电量估算。

专栏 2-6 风机选型

风机选型需要通过逐小时风速序列计算得到栅格的年均风速，再采用标准空气密度折算获得标准状态下的年均风速 v_s，并以此为指标开展风机选型。具体的，$v_s > 7.5\text{m/s}$ 时采用Ⅰ类风机计算发电量；$6.5\text{m/s} < v_s \leqslant 7.5\text{m/s}$ 时采用Ⅱ类风机计算发电量；$0 \leqslant v_s < 6.5\text{m/s}$ 时采用Ⅲ类风机计算发电量。随后，根据风速序列和典型风机出力表，采用插值法计算风速序列对应的风机出力，通过标幺化年出力序列计算并考虑折减系数，最终得到风机出力曲线。

$$v_s = \sqrt[3]{\frac{\rho}{1.225}}\, v \qquad (2-6-1)$$

式中：v_s 为标准状态下年均风速；v 为年均风速；ρ 为空气密度。

报告分别选用中国金风科技公司 GW103-2500、GW109-2500 和 GW121-2500 三种风机功率曲线作为Ⅰ类、Ⅱ类和Ⅲ类机组的典型参数，专栏 2-6 图 1 所示即为 3 种典型风机的功率曲线。

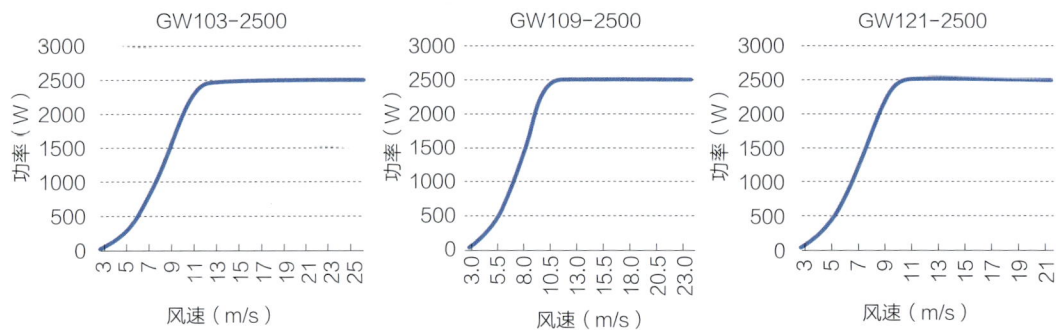

专栏 2-6 图 1　典型风机的功率曲线

风能密度图谱是风机自动排布的基础，结合主导风向、叶轮直径、风能密度利用最小值等参数，在区域范围内依据平地和山地的不同排布规则，从资源最优点开始排布，形成排布方案，依次再从资源次优点开始排布，以此类推遍历场址内所有符合条件的点并生成多个排布方案。从所有排布方案中选出装机容量最大或整场发电量最高的方案作为最终方案，并获取对应的风机机位坐标，形成用于可视化的风电场排布结果。风机自动排布流程如图 2-11 所示，排布效果如图 2-12 所示，图中红色部分为风能密度高值区域。

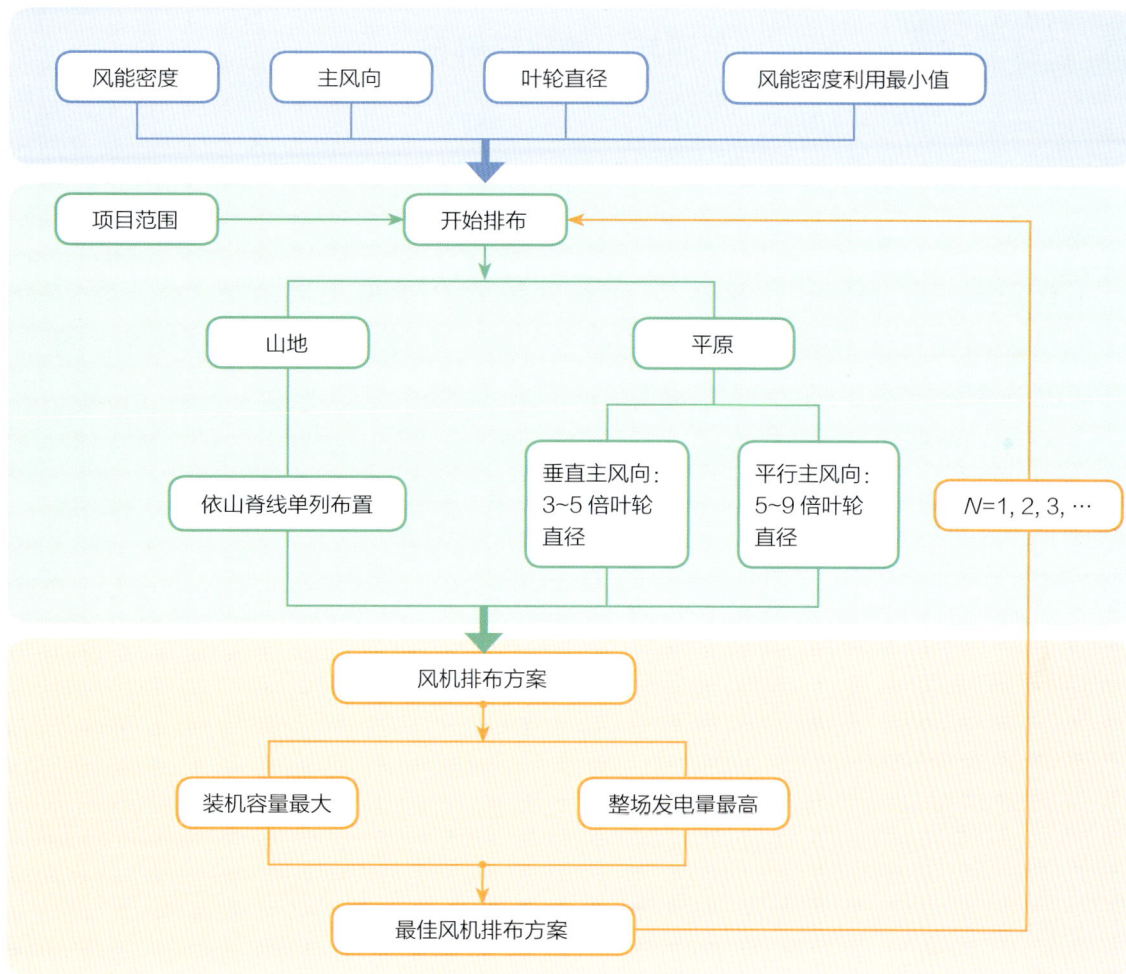

图 2-11　风机自动排布流程

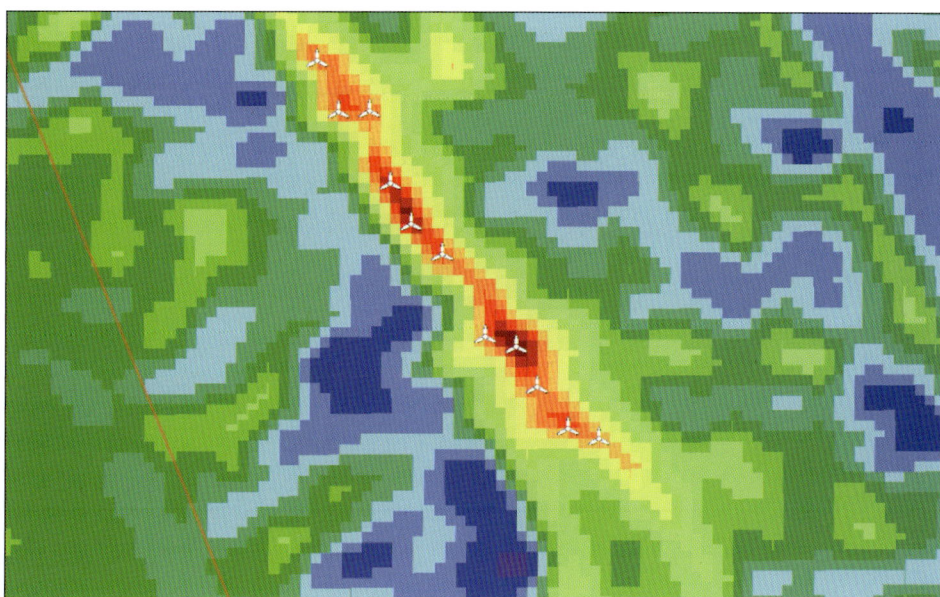

图 2-12　山地风电场的风机自动排布效果示意图

专栏 2-7	平原与山地风机排布

尾流效应是指风电机组从风中获取能量的同时在其下游形成风速下降的尾流区，是影响风电场运行与发电量的主要因素之一。报告中的尾流模型采用了 Jensen 和 Katic 提出的改进的 PARK 尾流模型[1]，应用动量理论预测尾流初始分布，假定风轮之后的尾流廓线是平直且线性扩散的，计算公式为

$$v_{\mathrm{w}} = v_{\mathrm{i}} \left[1 - \left(1 - \sqrt{1 - C_{\mathrm{t}}} \right) \left(\frac{D}{D + kx} \right)^2 \right] \qquad (2\text{-}7\text{-}1)$$

式中：v_{w} 为下游风速；v_{i} 为初始风速；C_{t} 为风机叶轮的推力系数，与风速及风机的结构有关；D 为风机叶轮直径；x 为叶轮间距；k 为尾流的衰减系数，尾流衰减常数的计算基于产生尾流的风机处轮毂高度湍流强度的计算值 I，k 一般取值为 $0.5I$。

由于尾流影响，风机之间必须保持一定距离，过小的间距会使相邻风机受尾流、湍流的影响程度加大，严重危及风机的安全运行。在陆地大气稳定的情况下，平坦地形风电场中风机按照行列矩阵式排布，复杂地形（如山地）风电场中风机依地形单列布置，能有效地减少尾流的影响。

平坦地形风电场中风机布置，需要重点考虑行列矩阵式排布方式，在平行于主风向方向上，风机间距离一般保持在 5~9 倍叶轮直径；在垂直于主风向上，风机间距离一般保持在 3~5 倍叶轮直径，且前后排风机交错布置，呈梅花状。

山地风电场中风机主要根据主导风向和地形走势进行单列布置，与主导风向垂直方向，风机间距不小于 2 倍叶轮直径；平行于主导风向方向，风机间距不小于 4 倍叶轮直径。

山地风电场和平原风电场风机排布三维可视化效果如专栏 2-7 图 1 所示。

---

[1] 尾流模型参考了文献 Katic I, Hojstrup J, Jensen N O. Asimple model for cluster efficiency [A]. Eupropean Wind Energy Conference [C]. Rome：Ricardo,1986. 407-410.

专栏 2-7 图 1　山地风电场和平原风电场风机排布三维可视化效果图

2.4.5　计算主要参数指标

风电场装机容量。 风机自动排布完成后，根据排布结果统计风机数量。将单个风机对应的功率值乘以所排布风机的数量即为该风电场的装机容量，计算公式为

$$P_{\text{WindFarm}} = N P_{\text{WindTurbine}} \tag{2-3}$$

风电场年发电量。 风电场不考虑尾流影响，某一时间段 T 内一台风机的理论发电量 E 可按式（2-4）计算。风电场的理论年发电量为单台风机的年发电量乘以风机台数，计算公式为

$$E_{\text{WindTurbine}} = T \int_0^\infty f(v) P(v) \, \mathrm{d}u \tag{2-4}$$

$$E_{\text{WindFarm}} = N E_{\text{WindTurbine}} \tag{2-5}$$

式中：$f(v)$ 为风速的威布尔概率分布；$P(v)$ 为风机的功率曲线。

风电场实际发电过程中会受尾流、空气密度变化、湍流、叶片污染等因素的影响，综合考虑折减因素计算风电场年发电量综合折减率，重新估算风电场年发电量。根据不同项目纬度、海拔、地形条件、选用设备等情况，综合折减率为 0.8~0.9。

专栏 2-8　　　　　风电场主要折减因素

风电场在实际发电过程中，会受到多种因素影响而造成发电量折减。在对理论发电量进行估算时需综合考虑折减因素，修正发电量。

空气密度折减：由于风功率密度与空气密度成正比，在相同风速条件下，空气密度不同则风电机组出力也不一样。因此，风电场发电量估算应进行空气密度修正。

控制和湍流折减：风电机组随风速风向的变化不断调整机组的运行状态，实际运行中（尤其是湍流情况下）机组控制总是落后于风速风向的变化，使风机的输出功率减小，发电量减少，因此提出控制湍流的折减系数。对于不同湍流强度等级，折减系数取值范围为 2%~6%。

风电机组停机折减：风电机组日常运行中因检测、保养、维修等情况或因极端气温、雷暴、覆冰、雪灾、冰雹、沙尘暴等恶劣天气会造成停机。考虑目前风电机组的制造水平及风电场运行、管理和维修经验，可利用率折减系数约为 5%。

功率曲线折减：风电机组厂家提供的风电机组功率曲线与实际情况存在偏差，造成发电量减少，折减系数多取 5%。

叶片污染折减：叶片表层污染造成叶片表面粗糙度提高，翼型的气动特性下降，从而影响叶片对风的捕获能力。折减系数根据地区差异而定，一般取 2% 左右。

厂用电、线损等能量损耗：箱式变电站、电缆、升压变压器和输出线路的损耗及风电场厂自身用电将会造成一定的能量损耗，折减系数一般取 3%~5%。

2.5　数字化光伏发电站选址方法

2.5.1　方法流程

报告提出的基于地理信息技术的光伏发电站数字化宏观选址流程主要包括分析太阳辐射数据、分析限制性因素、设备选型与数字化阵列排布、主要参数指标计算，如图 2-13 所示。

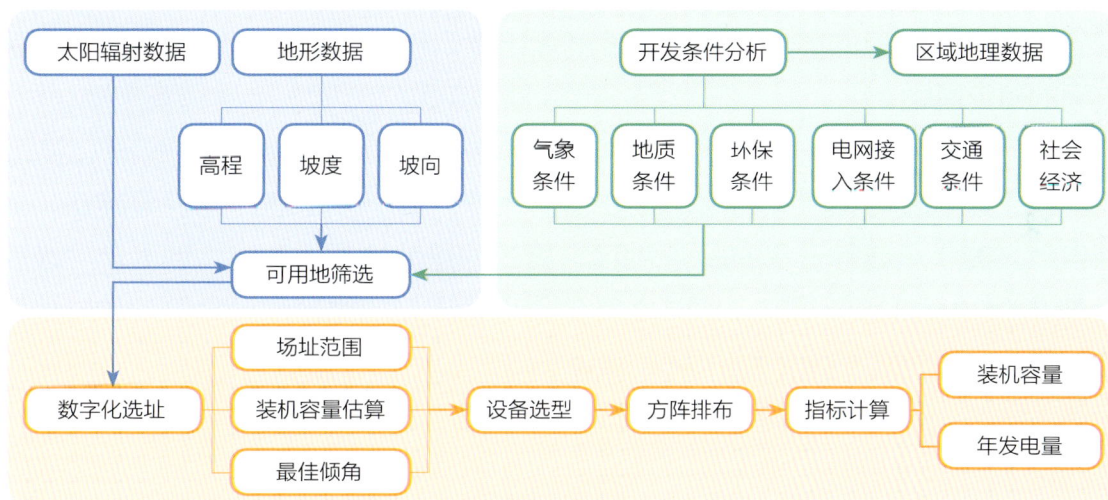

图 2-13　光伏发电站数字化宏观选址流程图

具体的，开展光伏发电站选址研究，首先需充分了解区域的太阳能资源状况，分析资源的时间和空间特性，确定适宜建站的区域；然后基于地理信息数据和技术，以太阳辐射数据和地理数据为基础，利用空间分析工具筛选开发区域。其次根据光伏发电站设备选型，计算阵列最佳倾角与间距，评估光伏发电的技术可开发量，开展光伏方阵的自动化排布；最后计算得到光伏发电站装机容量、发电量、年利用小时数、出力特性等技术参数，结合并网及外部交通条件开展经济性分析，估算项目投资和平准化度电成本。

2.5.2　分析太阳辐射数据

在开展光伏发电站选址研究前，需要对原始测光数据的完整性、合理性、可靠性进行验证，对不合理的数据进行替换，并将测光数据修订到代表年。

2.5.3　分析限制性因素

限制性因素主要包括保护区、地面覆盖物和地形坡度。

保护区和地面覆盖物。分析主要限制性因素与待选区域可用地的空间位置与拓扑关系，排除保护区、水体河流、耕地、森林、城市等不宜进行集中式光伏发电开发的区域。

地形坡度。利用数字高程模型数据生成规划区域的坡度与坡向数据，计算得到每个地块单元的高程、坡向、坡度等结果，作为后续光伏发电站设备布置方案的研究基础。

适宜光伏发电站建设的用地主要包括三种：第一种是地形无明显起伏，地面自然坡度小于或等于 3° 的平原地区；第二种是地形起伏不大，地面自然坡度大于 3° 但小于或等于 20°，相对高差在 200m 以内的微丘地区；第三种是地形起伏较大，地面自然坡度大于 20° 且小于 30°，相对高差在 200m 以上的山岭地区。同时，考虑纬度影响，北半球优先选南坡、南半球优先选北坡。

2.5.4　设备选型与自动排布

光伏发电站设备选型主要包括光伏发电组件和逆变器选型。目前，市场主导的电池组件种类包括单晶硅电池、多晶硅电池和非晶硅薄膜电池。不同的光伏发电组件装换效率不同，尺寸不同，影响方阵间距和发电量计算。逆变器是将电池方阵输出的直流电能转换成交流电能的电力设备，主要分为集中式、集散式和组串式逆变器三种。不同的逆变器方阵的排布方式也不同。

自动排布光伏方阵需要计算最佳倾角和阵列间距。

最佳倾角计算。光伏发电组件通常需要与地面保持一定的倾斜角度进行安装，才能接受更多的太阳辐射。计算倾斜面上的太阳总辐射量是确定最佳倾角、估算发电量的基础。利用全年逐小时太阳能资源数据，报告采用 Klein 法计算太阳在倾斜面上的总辐射量 [1]，具体计算公式见式（2-6）。倾斜面与水平面直接辐射的比值 R_b 的计算公式见式（2-7）。太阳赤纬度 δ 随季节变化，可根据实测辐射对应的时间逐一计算，参考库珀（Cooper）方程，计算公式见式（2-8）。

$$Q_t = \text{DNI} \times R_b \times \text{DIF} \times \frac{1+\cos\alpha}{2} + \text{GHI} \times A \frac{1-\cos\alpha}{2} \tag{2-6}$$

$$R_b = \frac{\cos(\phi-\alpha)\cos\delta\sinh_s' + \left(\frac{\pi}{180}\right)h_s'\sin(\phi-\alpha)\sin\delta}{\cos\phi\cos\delta\sinh_s + \left(\frac{\pi}{180}\right)h_s\sin\phi\sin\delta} \tag{2-7}$$

$$\delta = 23.45\sin\left(360 \times \frac{284+n}{365}\right) \tag{2-8}$$

式中：Q_t 为太阳在倾斜面上的总辐射量；GHI 为太阳能水平面总辐射量；DNI 为法向直接辐射量；DIF 为太阳能散射辐射量；R_b 为倾斜面与水平面直接辐射的比值；α 为倾斜面与水平面的夹角，即倾角，取值范围为 0°～90°；A 为地面反射率；ϕ 为当地纬度；δ 为太阳赤纬度；n 为标准年中的日历天数，如 1 月 1 日，n 取值为 1，以此类推；h_s 为水平面上日落时角；h_s' 为倾斜面上日落时角。

最佳倾角的计算一般以项目所在地的纬度值为参考值，按照当地纬度 ±5° 分别代入太阳在倾斜面上的总辐射量的计算公式，计算得到的太阳倾斜面上的总辐射量最大值对应的倾角即可确定为近似的最佳倾角，可以满足工程建设精度要求。

方阵间距计算。 为提高光伏发电站的发电效率，需保证全年在当地主要光照时段内（即 9:00—15:00）光伏方阵各排、各列前后左右互不遮挡。根据坡度朝向差异，北半球的北坡排布采用式（2-9）计算方阵间距，南坡、东坡与西坡采用式（2-10）计算方阵间距。

$$D = \left[L\cos(\beta+\alpha) + L\sin(\beta+\alpha)\frac{0.707\tan\tau + 0.4338}{0.707 - 0.4338\tan\tau}\right]\cos\alpha \tag{2-9}$$

$$D = \left[L\cos(\beta-\alpha) + L\sin(\beta-\alpha)\frac{0.707\tan\tau + 0.4338}{0.707 - 0.4338\tan\tau}\right]\cos\alpha \tag{2-10}$$

---

[1] 参考文献：S. A. Klein. Calculation of monthly average insolation on tilted surfaces[J]. Solar Energy, 19(4): 325-329.

式中：L 为方阵倾斜面长度，m；D 为两排方阵之间距，m；β 为方阵倾角，（°）；τ 当地纬度；α 为坡度，（°）。

光伏发电站场址范围内，扣除变电站、场内检修道路等用地外，都可排布光伏方阵。根据自动排布结果，可得到光伏发电站的占地面积、拐点坐标、光伏发电组件和逆变器数量、光伏方阵倾角及其前后间距、装机容量、理论发电量、日出力变化和年出力变化等指标参数。光伏发电站自动排布效果如图 2-14 所示。

图 2-14　光伏发电站自动排布效果图

2.5.5　计算主要参数指标

光伏发电站装机容量。光伏方阵自动排布完成后，根据排布结果统计组件数量。将单个组件对应的功率值乘以排布所需组件的数量即为该光伏发电站的装机容量，计算公式为

$$P_{PVStation} = N P_{PVModule} \quad\quad\quad (2-11)$$

光伏发电站年发电量。不考虑光伏发电组件转换时的能量损失等损耗情况，某一时间段 T 内单个光伏发电组件的理论年发电量 E 可按式（2-12）计算。光伏发电站的理论年发电量为单个光伏发电组件的年发电量乘以组件数量，计算公式见式（2-13）。

$$E_{\text{PVModule}} = \int_0^T P(Q_t)\, \mathrm{d}t \qquad (2\text{-}12)$$

$$E_{\text{PVStation}} = N E_{\text{PVModule}} \qquad (2\text{-}13)$$

式中：T 为时间间隔；P 为 T 时段内的太阳在倾斜面上的总辐射量；Q 为对应的组件功率。

光伏发电站实际发电中会受到气温、组件面板污染等因素的影响，报告综合各类主要折减因素，在理论发电量基础上重新估算光伏发电站年发电量。根据不同项目纬度、海拔、污秽条件、年平均气温和选用设备等情况，综合折减率为 0.8～0.9。

专栏 2-9　　　光伏发电的主要折减因素

温度折减：光伏发电组件作为电子元件，发电效率将随着温度升高而下降，导致发电量减少。

遮挡折减：因阴影、灰尘、雨水、积雪等原因造成对光伏发电组件面板的遮挡，将降低采集能力，导致发电量减少。

光伏发电组件折减：光伏方阵由大量光伏发电组件串并联后组成，不同组件之间功率及电流存在偏差，造成光伏发电站效率降低，发电量减少。

逆变器控制折减：逆变器随太阳辐射量的变化不断改变电压值以找到最大功率点电压，在实际运行中其跟踪控制存在滞后性，造成输出功率减小，发电量减少。

厂用电、线损等能量损耗折减：箱式变电站、电缆、升压变压器和输出线路的损耗及光伏发电站自身用电。

设备停机折减：光伏发电站日常运行中因检测、保养、维修等情况造成停机。

2.6 清洁能源发电基地投资估算方法

清洁能源发电基地的投资水平是反映项目投资规模的直接量化指标，是进一步分析基地开发经济价值的基础。选址研究一般在项目立项之前，受宏观选址研究阶段获得信息的完整性、建设时机的不确定性等限制，该阶段对项目投资水平的估算结果与最终投资额存在相当大的偏差。通过大量工程案例投资水平的分析可知，随着项目阶段的推进，投资水平的测算精度越来越高，如图2-15所示，从中国相关工程规划、设计和建设的经验来看，项目建议书阶段的投资估算差异一般在20%左右。

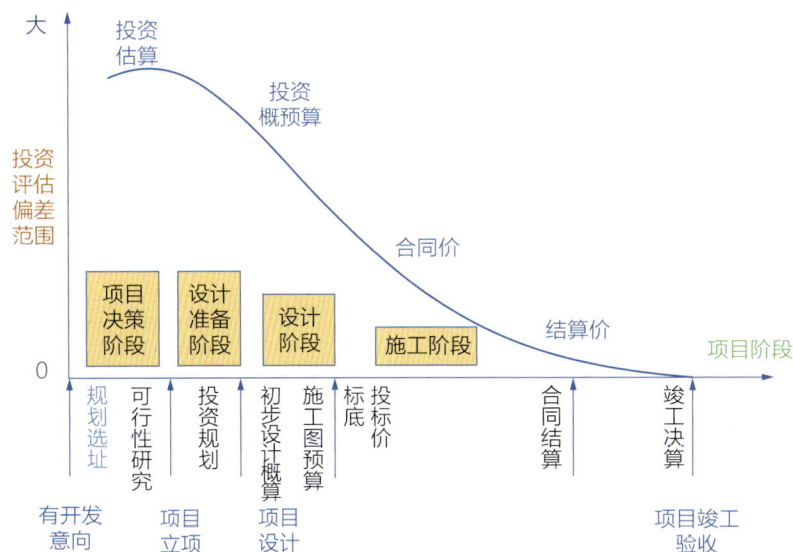

图 2-15 项目各阶段造价对工程最终造价的影响

在项目宏观选址研究阶段，需要准确判断影响工程投资水平的最主要因素，如项目采用的技术装备、年发电量水平，以及并网和交通条件等主要外部建设条件，重在体现项目的规律性，增强估算方法的可操作性。同时，也需要尽可能地识别影响投资的一些主要不确定性因素。例如，研究场外交通影响时，由于在远离现有道路的地区进行工程建设，一般需要修建必要的场外引接公路，增加建设成本，报告采用了交通成本因子法，结合项目的最短公路运距，量化测算公路对开发成本的影响。测算并网条件影响时，由于在远离电网的地区建设发电厂，一般需要修建更长的并网工程，增加了开发成本。不同规模、不同距离的电源并网需要采用不同输电方式和电压等级，相应的成本水平差异较大。报告基于中国工程经验，提出了不同的输电方式、电压等级的并网成本因子，结合相应电网的最短并网距离，量化测算了并网条件对不同区域清洁能源资源开发成本的影响，有关参数可见 1.4.3 的有关内容。

从国内外的工程实践来看，项目投资估算一般是根据工程类型，参照相应的投资概算编制方法将工程设备费、建筑及安装工程费、其他费用等分项估算，得到工程造价总投资。该方法准确度较高，但需要收集大量资料并明确项目建设的所有边界条件，如项目所在地的用工、征地和金融政策等，不适用于在全球范围开展项目宏观选址阶段的快速投资水平估算。

美国可再生能源实验室对未来项目的投资预测主要基于对投资构成项未来的变化发展趋势分析的基础上，设定了容量因子参数，通过容量因子随时间变化对投资构成影响进行了预测 [1]。该方法可进行快速投资估算，但是对于规律性不强的项目前期费用、征地费用等无法进行评估，往往导致投资预测与实际偏差较大。

通过广泛收集近 7000 个全球水电、风电、光伏发电项目的相关信息，充分考虑当前阶段工程技术特征参数的可获得性，利用历史数据和智能算法相结合，报告构建了智能高效的投资估算模型，可辅助完成清洁能源发电基地项目在宏观选址阶段的投资估算工作。

2.6.1 模型和方法

按照投资的性质，清洁能源发电项目投资可分为技术类和非技术类。技术类投资主要包括项目开发需要使用的设备投资和建筑安装费用。非技术类投资主要包括项目前期费用、征地费用和人工费用等。其中，技术类投资变化规律相对明显，可按照回归统计的方法进行评估和预测。非技术类投资不确定性因素多，规律相对复杂。报告结合历史数据建立的投资水平预测模型综合了两种方法：一种是基于多元线性回归 + 学习曲线拟合的统计和外推方法测算技术类投资；另一种是基于深度自学习神经元网络算法的关联度分析和预测方法，测算非技术类投资。投资估算模型的架构如图 2-16 所示。

---

[1] 《Annual Technology Baseline 2018》，NREL (National Renewable Energy Laboratory), 2018.

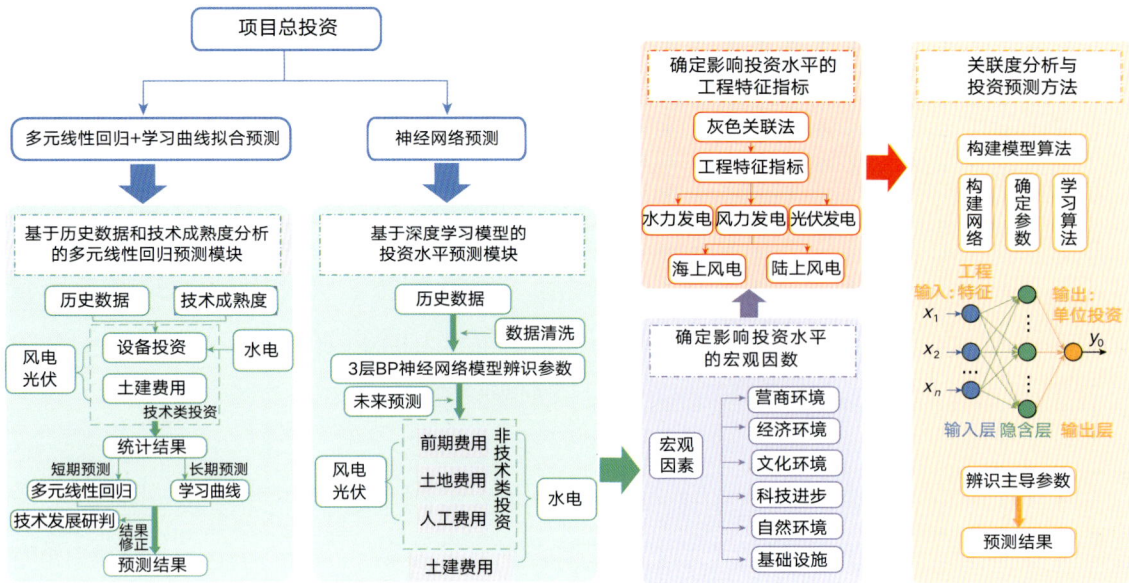

图 2-16　投资估算模型的架构

1. 历史数据处理

研究收集了全球水电、风电、光伏发电约 7000 个投资项目的数据，考虑货币的地区和时间特性，为保证投资数据的可比性，首先将不同项目的投资数据进行了预处理：

（1）将所有项目投资数据按照不同时期的汇率统一换算成美元。

（2）收集到的水电项目时间跨度超过了 30 年，对不同年份的水电投资数据，结合不同国家的通货膨胀率差异，按照水电工程价格指数统一折算到 2018 年的价格水平。

（3）对风电和光伏发电项目，考虑技术进步、设备市场价格波动等因素，将不同年份的风电机组和光伏发电组件平均价格作为预测模块的输入变量，确保评估结果能够准确地反映技术进步对降低投资的作用。

2. 多元线性回归

基于历史数据统计的多元线性回归统计和趋势外推方法如式（2-14）所示，即

$$y = b_0 + b_1x_1 + b_2x_2 + \cdots + b_nx_n \qquad (2-14)$$

式中：$x_1 \sim x_n$ 为投资各类费用项；b_0 为固定投资项；$b_1 \sim b_n$ 为权重；y 为投资额。

权重的取值按照两个原则进行选取：①工程距离待评估项目安装地点由近及远，权重值由高到低；②工程建设时间距待评估项目建造时机长短，权重由高到低。

具体来看，风电、光伏发电的设备投资和建筑安装费用规律性较强，以同类工程历史数据分别按照不同权重进行多元线性回归统计，可得出准确的预测结果。在水电工程的技术类投资中，设备投资与装机规模间的规律性较强，可采用回归法预测；但水电的建筑安装费用在总投资中占比差异较大，受水电站坝型选择、地形地质条件和周边环境影响大，规律不明显，不宜采用回归法进行预测。

3. 神经元网络模型

神经元网络是由大量处理单元互联组成的非线性、自适应信息处理系统。基于深度自学习的神经元网络预测算法的选取与所选样本的相关度较强。报告根据清洁能源发电项目的非技术类投资特点，建立了基于深度学习模型的神经元分析模块，辨识非技术投资与项目技术特征参数之间的模糊关联关系，完成投资估算。

（1）明确宏观影响因素。项目投资的宏观环境是一个由多种因素构成的综合系统，各因素的具体内涵及其对投资评估的影响程度和路径也各有不同。研究表明，影响投资水平的宏观因素主要有营商环境、经济环境、文化环境、自然环境和基础设施等。项目选址初步确定后，地区的宏观环境因素基本明确，合理选择工程的特征指标，会从风险因素角度直接影响项目的非技术类投资。

（2）选择合理的工程特征指标。作为神经元网络的输入，选择的工程特征指标是用来反映工程与投资之间的关系，是网络进行深度自学习的条件。工程特征指标的确定是模型设计的关键环节。指标的确定原则包括：①应防止遗漏重要参数导致模型估算结果不合理；②应注重可操作性，结合模型应用场景选取可获得的工程指标；③应避免参数冗余造成模型复杂化。

为做好指标选取，首先梳理影响投资的主要工程指标，形成待筛选指标集。然后**采用灰色关联度分析，确定工程特征指标。**灰色关联度分析是一种数据挖掘算法，计算灰色关联度主要包括六个步骤：①确定评价指标序列，组成比较矩阵；②对各指标序列的数据进行标准化处理；③求工程特征指标序列与投资序列对应分量之差；④找出分量差的最大值和最小值；⑤通过最大值和最小值，计算灰色关联度系数；⑥根据灰色关联度系数，采用均值法计算工程特征指标序列与投资序列的灰色关联度，筛选确定高度相关性的工程特征指标。清洁能源发电项目投资的工程特征指标见表 2-1。

表 2-1　清洁能源发电项目投资的工程特征指标

项目类型	工程特征指标							
水电	建设地区	水库总库容	坝长	装机容量	机组台数	额定水头	坝高	坝型	
陆上风电	建设地区	地形	装机容量	单机容量	投产时间	设计水平年机组价格	地质	坡度	并网电压等级
海上风电	建设地区	离岸距离	装机容量	单机容量	投产时间	设计水平年机组价格			
光伏发电	建设地区	地形	装机容量	投产时间	设计水平年机组价格	支架类型	地质	坡度	

（3）关联度分析与投资预测。神经元网络模块由输入层、隐含层、输出层三部分组成，各层之间全连接，但同一层的神经元无连接。输入层和输出层的节点根据实际问题来确定，而隐含层节点的个数一般根据经验公式和模型试算结果来确定。具有一个隐含层的 BP 神经元网络结构如图 2-17 所示。

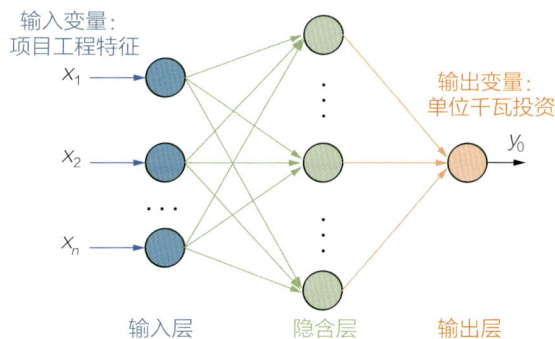

输入变量：
项目工程特征

输出变量：
单位千瓦投资

x_1

x_2

x_n

y_0

输入层　　隐含层　　输出层

图 2-17　用于非技术类投资估算的 BP 神经元网络

将全球 7000 余个水电、风电、光伏发电项目工程特征指标作为输入条件建立深度自学习神经元网络模型，通过自学习模拟训练，拟合出各特征指标与投资的关联度，形成非技术类投资内在规律，得到投资预测模型及其对应参数。

2.6.2　结果与验证

1.　初投资水平预测

报告结合多元线性回归和深度自学习的神经元网络两种预测方法，结合对未来清洁能源发展趋势的研判约束条件，形成了用于大型清洁能源发电基地投资估算的模型。利用全球 7000 余个水电、风电、光伏发电项目工程历史数据及工程特征指标作为训练样本，训练了水电、风电、光伏发电 3 个多层深度自学习神经元网络模型，用于评估非技术投资。按此，分别对 2035 年和 2050 年水电、风电、光伏发电基地的技术类和非技术类投资进行了预测，累加后得到项目总投资。水电、风电、光伏发电的模型预测结果如图 2-18～图 2-21 所示，其中 2020 年之前的数据点代表了线性回归和用于神经元网络训练的历史数据，生成的预测包络线是未来项目投资估算结果的可能范围。

由计算结果可知，水电技术相对成熟，项目投资水平总体随着时间推移变化不大；同时，因为水电工程的建设费用和其他非技术成本占比较高，装机规模相同的水电站的总投资水平随库容、坝长和装机台数的技术指标变化较大，预测的单位投资范围也较大。

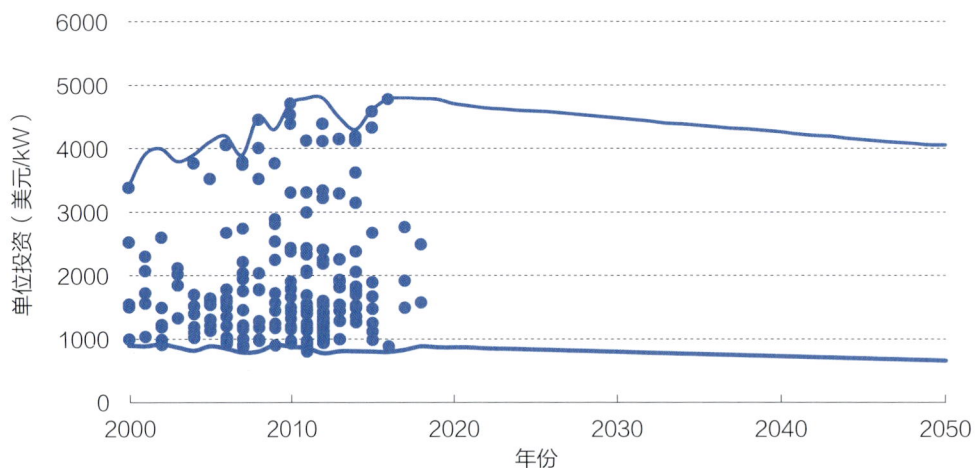

图 2-18　全球水电基地综合投资预测结果

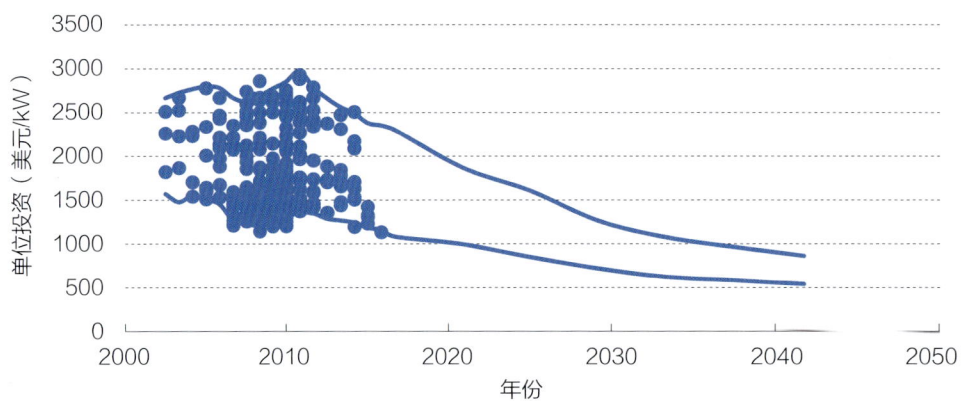

图 2-19　全球陆上风电基地投资预测结果

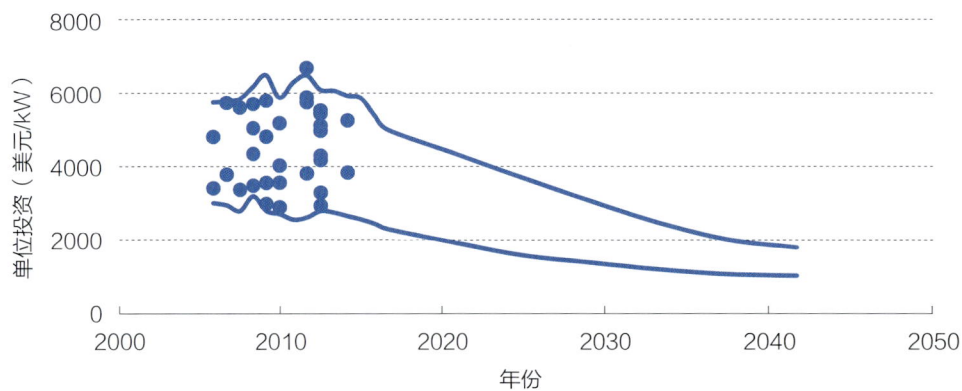

图 2-20　全球海上风电基地投资预测结果

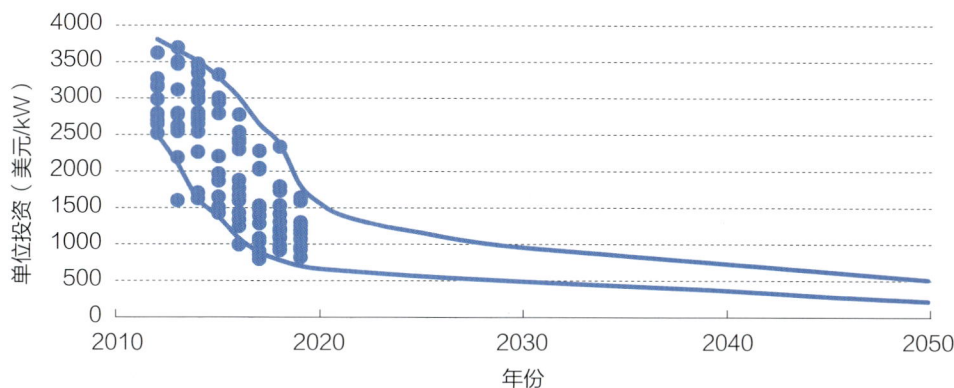

图 2-21　全球光伏发电基地投资预测结果

风电，风机大型化发展趋势明显，随着单机容量的增大，能量转化效率更高，单位投资呈下降趋势；随着海上施工工程技术和装备水平的提升，海上风电项目投资呈下降趋势。预测 2020—2050 年仍有较大下降空间。

光伏发电，在不考虑组件材料革命性变化的前提下，转化效率提升有限，主要得益于生产工艺进步和产业链完善，设备投资近 10 年内已经下降了 90%，预测 2020—2050 年下降空间有限，同时，未来工程的用工成本上升也会导致总投资水平提高。总体来看，光伏发电基地的单位投资水平下降趋势逐渐趋缓。

2. 预测结果验证

选取平均绝对误差（MAE）、均方根误差（MSE）和平均绝对百分比误差（MAPE）三个误差指标，评价训练样本的拟合效果和测试样本的预测效果，从而评价模型的估算结果的有效性[1]。采用 30 个未参与训练的历史工程作为测试样

---

[1] 平均绝对误差（MAE）、均方根误差（MSE）和平均绝对百分比误差（MAPE）三个误差指标的计算公式为

$$MAE = \frac{1}{m}\sum_{j=1}^{m}\left|y_j - \hat{y}_j\right| \tag{1}$$

$$MSE = \sqrt{\frac{1}{m}\sum_{j=1}^{m}(y_j - \hat{y}_j)^2} \tag{2}$$

$$MAPE = \frac{1}{m}\sum_{j=1}^{m}\left|\frac{y_j - \hat{y}_j}{\hat{y}_j}\right| \tag{3}$$

式中：y_j 为神经元网络训练输出值；$\hat{y}_j$ 为期望输出值；m 为训练样本个数。

本，对多元线性回归和神经元网络综合模型得出的总投资估算结果与实际投资进行了对比，对比结果见表 2-2。

表 2-2　投资估算模型对比验证结果

样本	训练样本	测试样本		
误差指标	MAPE（%）	MAE（美元）	MSE（美元）	MAPE（%）
大型水电项目	14.81	258.21	325.16	16.40
中小型水电项目	13.45	228.34	261.72	15.70
陆上风电项目	8.76	152.95	216.21	10.05
海上风电项目	16.22	394.36	468.74	17.14
光伏发电项目	15.27	413.83	566.01	18.50

由对比结果可知，估算结果的误差可以控制在 20% 以内，满足选址研究阶段对项目投资估算的要求。对于样本最多的陆上风电项目预测精度可以达到 10% 左右。

综上所述，报告建立的预测模型结合了多元线性回归和深度自学习的神经元网络 2 种预测方法的优势，由结果看反映了近 20 年来水电、风电、光伏发电工程项目的投资水平变化趋势，可以用作中长期全球清洁能源发电基地项目经济性的评估。

3 水能资源评估与开发

水电作为发展时间最长、已开发规模最大、开发技术最成熟的清洁能源，在全球能源转型和应对气候变化中发挥着重要作用。纵览全球水能资源和水电开发利用现状，欧洲、北美洲水电开发起步早，开发程度较高，未来全球水电开发潜力较大的地区主要集中在非洲、南亚、东南亚，以及南美洲西部和北部等地区，是未来全球水电开发的"黄金地带"。中国、尼泊尔、印度尼西亚、刚果民主共和国、秘鲁、巴西等国的水电开发潜力较大，市场前景广阔。

报告完成了全球河流水能资源总量的测算，理论蕴藏量共计46181TWh/a，其中具有较好水电开发价值的 205 个流域的资源量39561TWh/a，约占 85%。采用数字化平台对全球 6 大洲的 64 个大型流域进行了数字化评估，其水能理论蕴藏量 28076TWh/a。综合考虑资源特性和开发条件，报告进一步开展了非洲刚果河、中南美洲亚马孙河、亚洲布拉马普特拉河等 35 个大型水电基地的梯级开发方案研究，提出了在水能资源富集河段的 229 个梯级布置方案，总装机规模319.8GW，年发电量 1698TWh。报告的研究成果将有力促进全球水能资源的加快开发，破解非洲能源短缺困局，促进亚洲、中南美洲能源生产和能源消费保持稳定增长，保障能源安全可靠供给。

3.1 基础条件

水系分布、河川流量、地形落差等影响水能资源的蕴藏总量，地面覆盖物、保护区分布影响梯级水电站建设的技术可行性，公路、电网等基础设施条件影响水电站开发的经济性水平。报告基于覆盖全球的数据、信息，采用统一标准和参数完成了全球水能资源的评估研究。

3.1.1 水系分布

全球水系流域众多，广泛分布在除非洲北部、亚洲中部与西部、大洋洲中部外的各洲大部分区域。根据分析，全球流域面积超过 2 万 km² 的主要河流有205 条，总流域面积共 7744 万 km²，占全球总陆地面积约 52%。全球主要河流水系分布情况如图 3-1 所示。

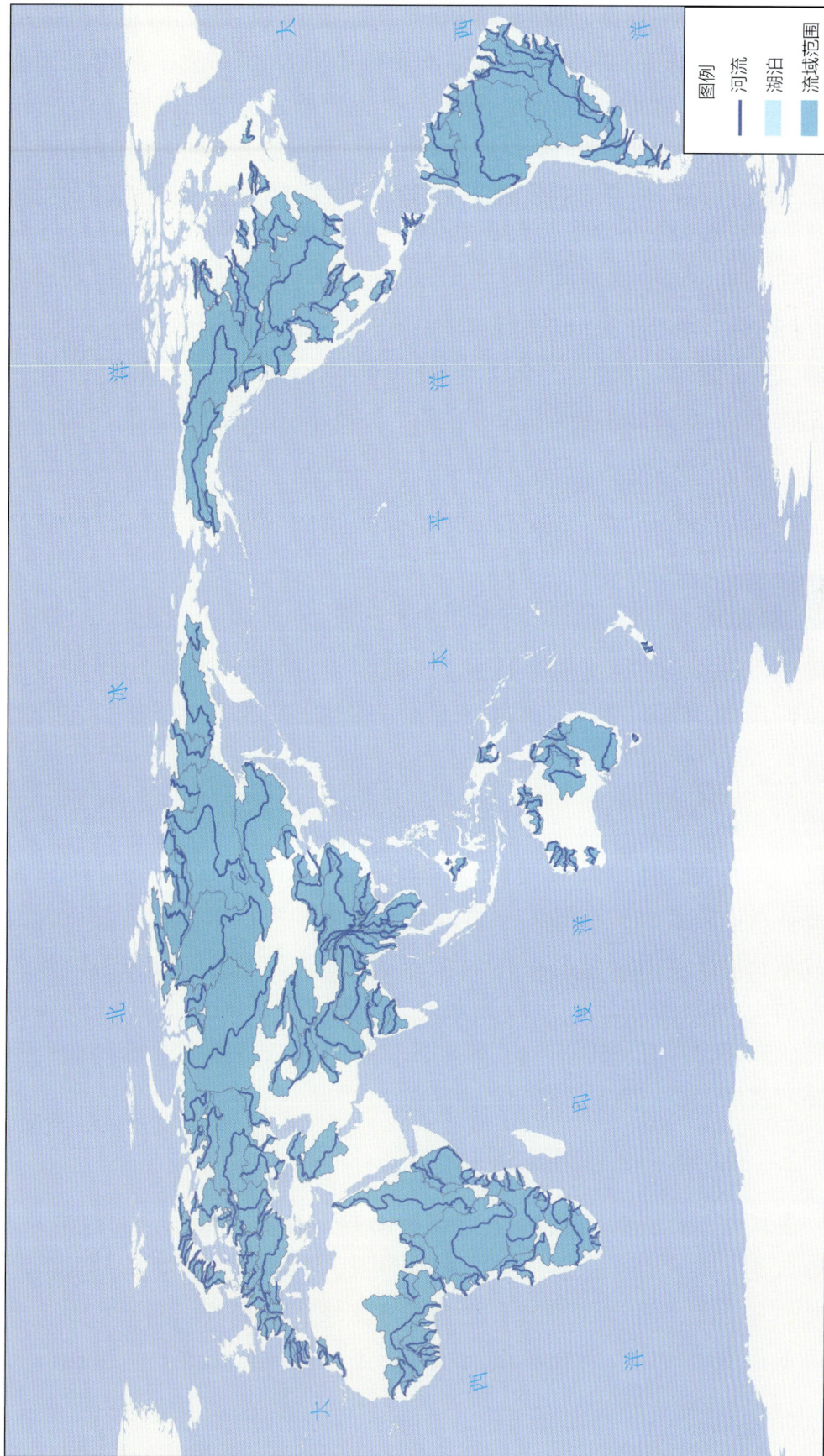

图 3-1 全球主要河流分布情况示意图

从各洲分布情况来看，**亚洲**拥有勒拿河、湄公河、恒河等世界著名河流，主要集中在北部、东南部和南部，大型河流有 42 条，流域面积占亚洲总面积的 56%；**欧洲**拥有多瑙河、莱茵河、易北河等世界著名河流，主要集中在南部和东南部，主要河流有 42 条，流域面积占欧洲总面积的 65%；**非洲**拥有尼罗河、刚果河、赞比西河等世界著名河流，主要集中在中部、东部和南部，主要河流有 43 条，流域面积占非洲总面积的 60%；**北美洲**水系众多，拥有密西西比河、哥伦比亚河、马更些河等世界著名河流，主要河流有 28 条，流域面积占北美洲总面积的 53%；**中南美洲**水系流域众多，拥有亚马孙河等世界著名河流，主要分布在南美洲的东部、西部和南部，主要河流有 30 条，流域面积约占中南美洲总面积的 84%；**大洋洲**主要河流有 26 条，流域面积占大洋洲总面积的 40%。

专栏 3-1　　　　全球河流之最

1. 亚马孙——全球水量最大的河

亚马孙河（Amazonas），位于南美洲北部，是世界水量最大的长河。亚马孙河流域的热带雨林大半位于巴西，流域内大部分地区为热带雨林气候，上游属于高原山地气候，年雨量 2000mm 以上。亚马孙河源头是在安第斯山脉区中一个海拔 5597m 的奈瓦多·米斯米峰的一条小溪，自西向东接纳了源自安第斯山脉东坡、圭亚那高原南坡、巴西高原西部与北部的 1000 多条河流，形成庞大的亚马孙河水系网。亚马孙河沉积下的肥沃淤泥滋养了 650 万 km^2 的地区，著名的亚马孙热带雨林就处于亚马孙河流域。

2. 多瑙河——流经国家最多的河

多瑙河（Danube）发源于德国西南部，自西向东流，流经奥地利、斯洛伐克、匈牙利、克罗地亚、塞尔维亚、保加利亚、罗马尼亚、摩尔多瓦、乌克兰，最后注入黑海。多瑙河流经 9 个国家，是世界上干流流经国家最多的河流。多瑙河干流从河源至维也纳为上游，从维也纳至铁门为中游，铁门以下为下游。多瑙河航运发达，沿岸有100多个码头，是沿岸各国的运输大动脉。为了连接其他航道，先后开凿了多条运河，德国修建了莱茵—美因—多瑙运河，把多瑙河和莱茵河两大水系联为一体。

3. 尼罗河——最长的河流

尼罗河（Nile）是一条流经非洲东部与北部的河流，自南向北注入地中海，是世界上最长的河流。尼罗河有两个源头；一个发源于2621m的热带中非山区，叫白尼罗河；另一个发源于海拔2000m的埃塞俄比亚高地，叫青尼罗河。尼罗河的主要支流还包括加扎勒河、索巴特河、阿特巴拉河等。尼罗河流域分为七个大区，即东非湖区高原、山岳河流区、白尼罗河区、青尼罗河区、阿特巴拉河区、喀土穆以北尼罗河区和尼罗河三角洲。

4. 伏尔加河——最长的内陆河

伏尔加河（俄语：Волга；英语：Volga River），位于俄罗斯西南部的高加索地区，是欧洲最长的河流，也是世界最长、流域最广的内陆河。伏尔加河发源于俄罗斯特维尔州奥斯塔什科夫区、瓦尔代丘陵东南的湖泊间，最后自北向南注入里海。伏尔加河河源海拔228m，河口处低于海平面28m，总落差小，是一条典型的平原河流。伏尔加河在俄罗斯的国民经济和人民的生活中起着非常重要的作用，因而，俄罗斯人将伏尔加河称为"母亲河"。伏尔加格勒（原斯大林格勒），是沿岸的重要城市，也是俄罗斯重要工业城市之一。

3.1.2 水文数据

水文数据用于描述河流、湖泊等水体的特征，包含降水、蒸发、下渗、水位、流量、泥沙、水质等内容，是涉水工程在规划、设计和施工阶段重要的基础资料，一般通过建立水文站点观测获取。

基于全球径流数据中心的基础数据，研究关注的全球各洲共计包含 9000 余座水文站的观测资料，主要水文站分布情况如图 3-2 所示。从各洲分布来看，**亚洲**共包含 2000 余座水文站的观测资料，除覆盖主要的 42 个流域外，还覆盖了太平洋沿岸、岛屿、中东地区的一些流域。**欧洲**共包含 2000 余座水文站的观测资料，除覆盖主要的 42 个流域外，还覆盖了英国、爱尔兰、冰岛的一些流域。**非洲**共包含 1500 余座水文站的观测资料，除覆盖主要的 43 个流域外，还覆盖了北非地中海沿岸及马达加斯加的一些流域。**北美洲**共包含 2000 余座水文站的观测资料，除覆盖主要的 28 个流域外，还覆盖了太平洋沿岸、大西洋沿岸及岛屿的一些流域。**中南美洲**共包含 800 余座水文站的观测资料，除覆盖 30 个流域外，还覆盖了太平洋沿岸、加勒比海地区的一些流域。**大洋洲**共包含 450 余座水文站的观测资料，除覆盖 26 个流域外，还覆盖了新西兰、新喀里多尼亚（法）、斐济的一些流域。

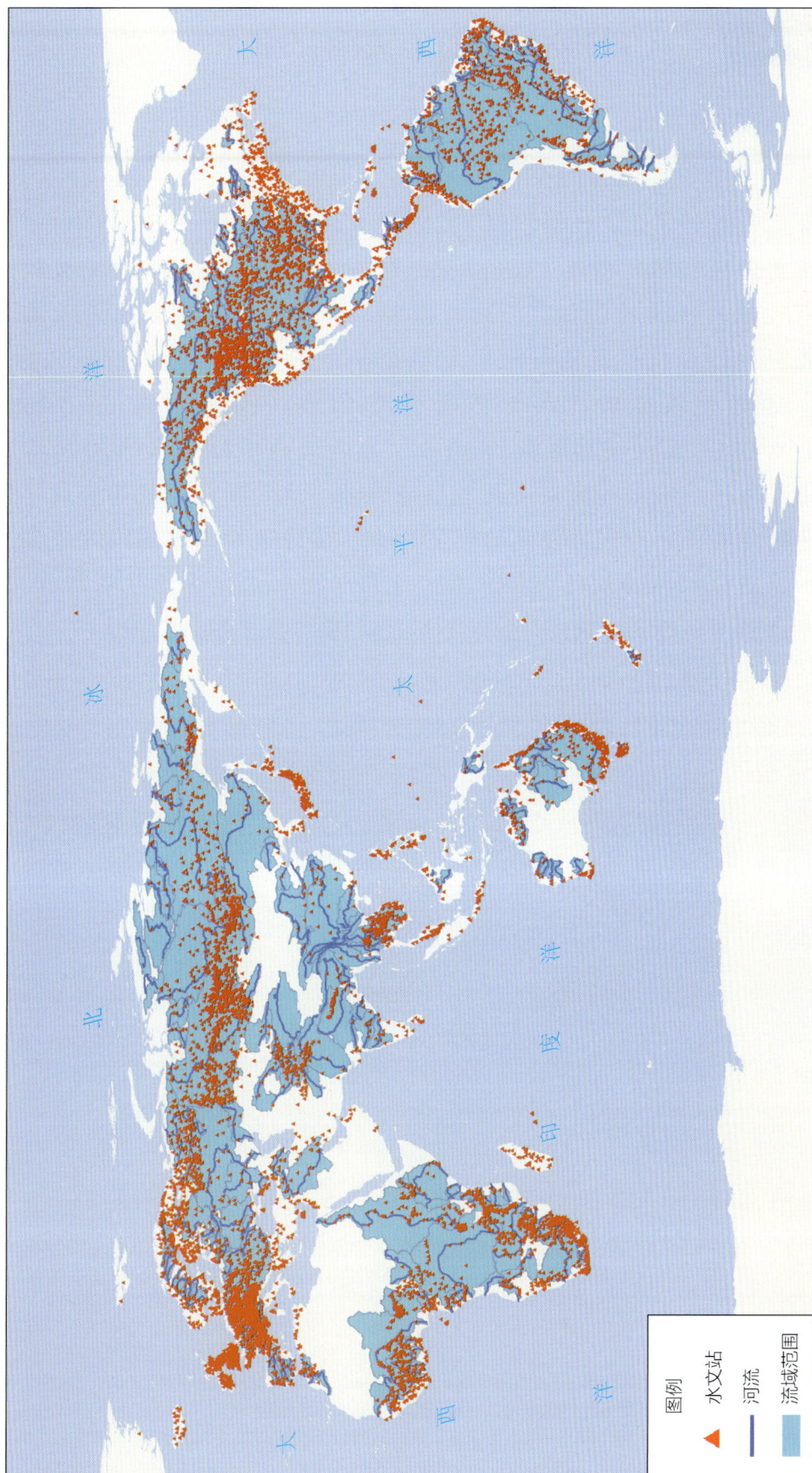

图 3-2　全球主要水文站分布示意图

图例

▲　水文站
│　河流
▨　流域范围

| 专栏 3-2 | 基于水文数据的河流特性分析 |

1. 全球复合径流场数据集

研究利用全球径流数据中心（Global Runoff Data Centre，GRDC）的全球复合径流场数据集（Composite Runoff Fields），获取除南极洲以外所有大陆的径流场数据 ❶。该数据集是基于全球径流数据中心收集的水文观测站资料和新罕布什尔大学发布的全球河网模拟数据（STN-30P），通过气候驱动的水量平衡模型（Climate-driven Water Balance Model，WBM）反向演算生成的 30 分（赤道处约 50km）空间分辨率的数据集，每一个格点可提供逐月与年径流量。这种复合径流场保留了流量测量的准确性，并模拟径流的时空分布，实现了对大范围内河流径流的统一、高分辨率的最佳模拟计算，适用于全球水能资源分析与建模。专栏 3-2 图 1 所示为 GRDC 全球年均径流深 ❷ 分布图。

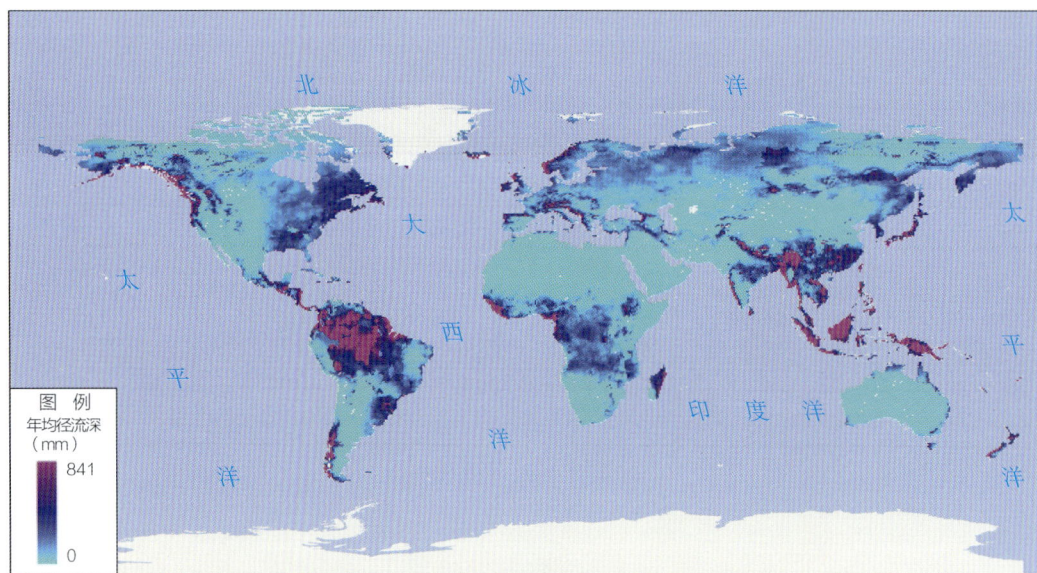

专栏 3-2 图 1　全球年均径流深分布图

---

❶ 资料来源：全球复合径流场数据集（Composite Runoff Fields）是由全球径流数据中心（Global Runoff Data Center，GRDC）和新罕布什尔大学（University of New Hampshire，UNH）于 2002 年联合发布。

❷ 径流深是指计算时段内某一过水断面上的径流总量平铺在断面以上流域面积上所得到的水层深度，年均径流深即为径流深的多年平均值。

2. 通过水文数据分析河流水文特性

通过多年、逐月的径流数据，可以分析一条河流的基本水文特性。例如，多年平均流量、径流量、枯水期与丰水期的起止月、最大流量、最小流量出现的月份等信息，用于河流水能资源开发技术指标的计算。

专栏 3-2 图 2 展示了刚果河金沙萨 (Kinshasa) 水文站多年径流观测数据，可以看出该河段流量大且流量稳定。

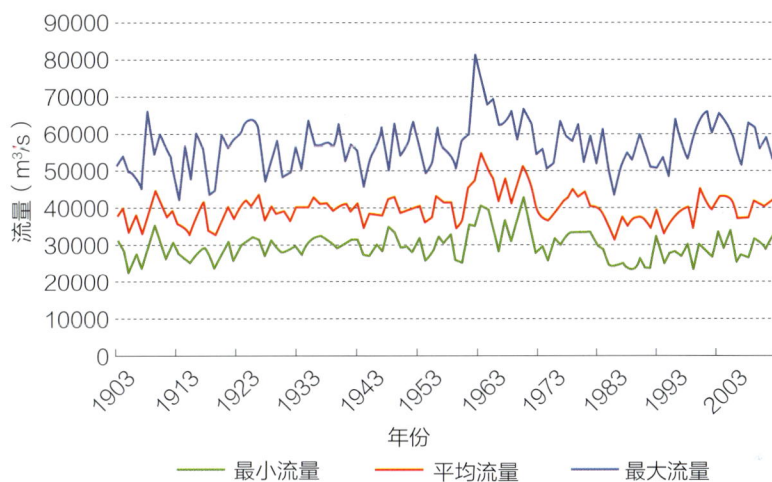

（a）金沙萨水文站多年径流观测数据

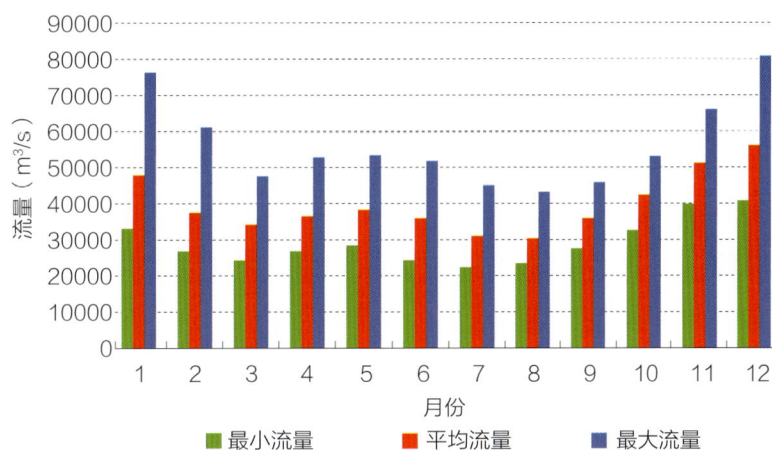

（b）金沙萨水文站逐月径流观测数据

专栏 3-2 图 2 金沙萨水文站流量数据图

在全球各洲多条河流上选取全球径流数据中心提供的水文站实测年均径流数据与全球复合径流场数据集的模拟径流数据进行对比，见表 3-1。模拟数据和降水数据有较强的相关性，降水数据误差会影响模拟数据的精度；且模拟数据难以准确反映人类活动对径流造成的影响，如灌溉、供水、跨流域引水等，都是造成误差的主要来源。研究将对误差较大区域内 GRDC 水文站观测数据进行还原处理，将观测径流数据最大限度地还原为河道天然状况下的径流数据，并采用还原后的水文站观测流量资料对径流场数据计进行修正。

表 3-1　全球各洲河流径流数据对比

序号	洲别	河流名称	年均径流量观测值（m³/s）	年均径流量模拟值（m³/s）	误差（%）
1	亚洲	阿姆河	104.36	102.38	1.90
2		恒河	12105.94	12086.88	0.16
3		叶尼塞河	11396.9	11932.49	-4.70
4	欧洲	伏尔加河	995.59	971.71	2.40
5		莱茵河	118.77	117.20	1.32
6		道加瓦河	242.65	241.35	0.54
7		维斯瓦河	12.87	12.70	1.32
8	非洲	刚果河	39849.45	39588.23	-0.7
9		奥果韦河	4688.69	4495.11	-4.1
10	南美洲	亚马孙河	178492.35	175741.24	-1.54
11		托坎廷斯河	863.7	883.98	2.35

3.1.3　地面覆盖物

地表覆盖决定了地表的辐射平衡、水流和其他物质搬运、地表透水性能等，其空间分布与变化是全球变化研究、地球系统模式研究、地理国（世）情监测和可持续发展规划等的重要基础性数据。在中国政府的支持下，国家基础地理信息中心联合 18 家单位，研制出世界上首套 30m 分辨率的全球地表覆盖数据产品，包含耕地、森林、草地、城市、冰川等 10 个主要覆盖物分类[1]。2014 年 9 月，中国政府将这一产品赠送给联合国，供国际社会免费使用，以支持全球开展应对气候变化和可持续发展研究。

大型水电基地的开发建设应避免淹没大面积耕地及人口密集的城市村庄，保护生态环境。因此，耕地和城市分布是影响水电资源开发的主要地面覆盖物限制性因素，其分布情况如图 3-3 所示。

---

[1] 资料来源：陈军，廖安平，陈晋，等. 全球 30m 地表覆盖遥感数据产品 -GlobaLand30[J]. 地理信息世界，2017，24（1）：1-8.

图3-3　全球耕地和城市分布情况示意图

耕地方面，从全球来看主要分布在亚洲的印度半岛、中国东北平原和华北平原、中南半岛，欧洲的东欧平原、西欧及南欧的伊比利亚半岛和亚平宁半岛，北美洲的中部大平原，南美洲的巴西高原及潘帕斯草原，其中，亚洲分布最为广泛，约占全球耕地总面积的 1/3。**亚洲**耕地覆盖率较高，主要分布于东亚、南亚和东南亚地区。**欧洲**耕地覆盖率高，主要分布于欧洲西部、中部、东部和南部地区。**非洲**耕地主要分布于西部非洲的尼日利亚与尼日尔，东部的埃塞俄比亚、苏丹、肯尼亚、坦桑尼亚等国。**北美洲**耕地主要分布于美国中部和加拿大南部地区。**中南美洲**耕地主要分布于南美大陆东部及东南部地区。**大洋洲**耕地覆盖率较低，主要分布于澳大利亚西南和东南部地区。

城市方面，作为研究采用的主要地面覆盖物类型之一，泛指由人工建造活动所形成的地表，包括城市、村镇等各类居民地。全球城市面积主要分布在亚洲的东部沿海地区、欧洲的西部地区与北美洲的东、西部沿海地区和中部平原地区，约占全球城市总面积的 80% 以上。城市分布一定程度上反映了人口的聚集情况，在广域空间内城市与耕地的分布往往具有较好的趋同性。

全球各洲耕地与城市面积占比如图 3-4 所示。总体上，欧洲耕地与城市面积总和超过全洲地表总面积的 35%，洲内占比位居全球首位，适宜大型水电基地的开发建设用地相对较少；非洲的占比约为 7%，水电开发的限制性因素相对较少。

图 3-4　全球各洲耕地与城市面积占比

3.1.4 地质条件

地质断层分布和历史地震频率数据是大型水电基地的开发与选址研究的重要参考因素。一般情况，构造板块边界、地质断层及历史地震发生频率较高的区域不宜建设大型水电项目。全球主要地质断层分布和历史地震情况如图 3-5 所示。

全球来看，历史地震高发区域主要集中在大陆板块交界处，地质构造稳定性较差，水电基地选址开发需要规避相关区域。

亚洲吉尔吉斯斯坦、塔吉克斯坦等中亚地区，巴基斯坦、印度东北部等南业地区及日本等东亚地区历史地震高发，蒙古、俄罗斯西伯利亚、哈萨克斯坦、中国西南部、越南等部分地区地质构造较不稳定。**欧洲**意大利、希腊等欧洲南部地中海沿岸地区历史地震高发，瑞士、奥地利、意大利北部、法国南部等部分地区地质构造较不稳定。**非洲**摩洛哥、阿尔及利亚等北部地中海沿岸地区历史地震高发，埃塞俄比亚、乌干达、刚果民主共和国、赞比亚等东部的部分区域地质构造较不稳定。**北美洲**美国、加拿大西部沿海地区、墨西哥南部沿海地区历史地震高发，洲内西部和东部部分地区地质构造较不稳定。**中南美洲**安第斯山以西太平洋沿岸地区历史地震高发，地质断层主要分布于沿海地区，地质构造较不稳定。**大洋洲**巴布亚新几内亚东北部及东部、新西兰北岛及南岛北部等地区历史地震高发，澳大利亚及新西兰阶梯式断层及陆地板块构造接触较多，部分地区地质构造较不稳定。上述区域的水电基地选址开发需要重点关注地震的影响。

岩层类型及分布情况对于大型水电基地的开发与选址研究同样重要，一般情况，选取地质条件稳定，坝址与厂房附近无大型滑坡等地质灾害，大坝的建基面选取稳定、承载力强的基岩，如变质岩、火山岩等。全球主要岩层分布情况如图 3-6 所示。

亚洲北部以基性深成岩和硅质碎屑沉积岩为主，西部以混合沉积岩为主，南部以松散沉积岩为主，东部主要以酸性深成岩为主。**欧洲**北部以酸性深成岩和变质岩为主，东部主要以混合沉积岩为主，中部以松散沉积岩为主，西部以

图 3-5 全球主要地质断层分布和历史地震情况示意图

图3-6 全球主要岩层分布情况示意图

图例

岩浆岩－酸性深成岩
岩浆岩－基性深成岩
岩浆岩－中深成岩
岩浆岩－酸性火山岩
岩浆岩－基性火山岩
岩浆岩－中间火山岩
沉积岩－火焰碎屑岩
沉积岩－松散沉积岩
沉积岩－硅质碎屑沉积岩
沉积岩－碳酸盐沉积岩
沉积岩－蒸发岩
沉积岩－混合沉积岩
变质岩
冰和冰川

混合沉积岩和碳酸盐沉积岩为主，南部以碳酸盐沉积岩和松散沉积岩为主。**非洲**北部与南部以松散沉积岩为主，西部、中部与东部非洲主要以变质岩为主。**北美洲**北部以混合沉积岩和硅质碎屑沉积岩为主，西部以基性火山岩为主，南部以松散沉积岩为主，东部则主要以酸性深成岩和变质岩为主。**中南美洲**岩层以松散沉积岩和硅质碎屑沉积岩为主，变质岩主要分布在南美洲北部和东部地区，火山岩主要分布在南美洲西部安第斯山脉附近。**大洋洲**澳大利亚以松散沉积岩和混合沉积岩为主，新西兰北岛以混合沉积岩为主，南岛以变质岩和混合沉积岩为主，巴布亚新几内亚以混合沉积岩和变质岩为主。

专栏 3-3	岩层性质与水电开发

岩石（Rock）是固体地壳的主要组成物质，岩石的坚硬程度和强度取决于成因类型、矿物成分和结构构造，其中稳定性好、强度高的岩体常作为建筑物地基、地下洞室围岩等的介质。

1. 岩浆岩

岩浆岩又称火成岩，是由地壳内的岩浆上升或喷发冷凝固化而成的岩石。深成岩形成于地表以下 3km，强度高、岩性均一、大岩体较完整、透水性小，常是较好的高坝坝基。火山岩是岩浆岩的一种，由火山喷出地表形成，岩性较复杂，强度差别大，作为高坝地基需要进行详细的勘察研究。

2. 沉积岩

沉积岩是地壳演变过程中，在地表或接近地表的常温、常压条件下，各类先成母岩的风化产物经搬运、沉积和成岩作用形成的岩石。按其成分和搬运、沉积方式的不同，可分为碎屑岩、化学岩和生物岩。

（1）碎屑岩。按碎屑物粒径的不同，可细分为砾岩、砂岩、泥岩等，其强度取决于成分、固结程度等，硅质、钙质胶结的岩石强度一般较高；泥质胶结的岩石强度较低。泥岩、页岩等一般不含水且隔水，可利用作为大坝的防渗依托。

（2）化学岩。经化学作用溶解物质的溶液经搬运、富集后沉积形成，硅质碎屑沉积岩、碳酸盐沉积岩和蒸发岩属于常见的化学岩。化学岩多具有可溶性，会造成水库、坝基渗漏，削弱地基强度甚至破坏地基，不宜建设水电工程。

（3）生物岩。生物作业形成或由生物残骸组成的岩石，在沉积岩中占比很少，一般强度低，不宜建设水电工程。

3. 变质岩

变质岩是原始岩层经过物理化学改变生成的新岩石。变质岩一般由岩浆岩和沉积岩经变质作用形成，强度较高，是较好的地基岩体。

3.2 资源评估

3.2.1 水能资源总述

研究完成了全球除南极洲外全部河流水能蕴藏量的测算，共计46181TWh/a，其中具有较好水电开发价值的205个流域的资源量39561TWh/a，约占85%。在此基础上，基于数字化平台开展了6大洲64个流域的水能资源详细评估，其理论蕴藏量共计28076TWh/a，各洲分布情况如图3-7所示。具体的，欧洲和北美洲水电资源开发程度较高，**亚洲**水能的待开发潜力主要集中在恒河、布拉马普特拉河、伊洛瓦底江、萨尔温江、勒拿河、马哈坎河等流域，**非洲**主要集中在刚果河、尼罗河、赞比西河等流域，**中南美洲**主要集中在亚马孙河、托坎廷斯河、奥里诺科河等流域，**大洋洲**主要集中在普拉里河、弗莱河、克鲁萨河等流域。

3.2.2 评估结果

报告对全球6大洲64个流域开展了水能资源的数字化评估和详细的干支流及国别分析，其分布如图3-8所示。完成数字化详细评估的流域面积总计5285万 km²，占全球主要河流的68%，覆盖了各洲主要待开发的水能资源，经过数字化平台测算，64个流域的理论蕴藏量总和约28076TWh/a，各洲分布占比如图3-9所示，详细评估结果见表3-2。

全球主要流域的水能资源量主要集中在亚洲、中南美洲和非洲，分别占全球总量的47%、23%和13%，未来大型水电基地的开发重点多集中在这些地区，开发潜力巨大。

图 3-7 全球主要流域水能理论蕴藏量分布情况示意图

图例

理论蕴藏量（TWh）

- 0-0.1
- 0.1-1
- 1-10
- 10 以上

流域范围

图 3-8 全球主要流域分布情况示意图

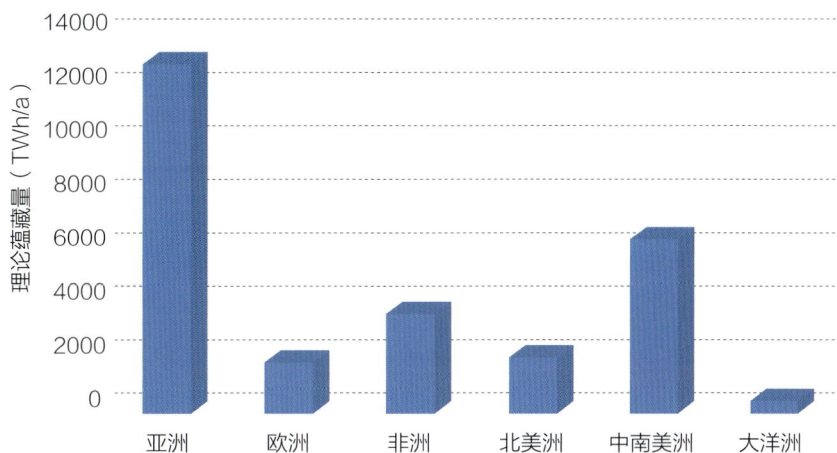

图 3-9　全球各洲主要流域水能理论蕴藏量占比

具体分洲来看，**亚洲**主要集中在勒拿河、叶尼塞河、鄂毕河、布拉马普特拉河、恒河、印度河、阿姆河、锡尔河、湄公河、伊洛瓦底江、萨尔温江、马哈坎河、拉让江、马利瑙河 14 个流域 ❶，流域面积 1438 万 km²。**非洲**主要集中在刚果河、尼罗河、赞比西河、尼日尔河、萨纳加河、奥果韦河、宽扎河、沃尔特河、鲁菲吉河 9 个流域，流域面积 1183.06 万 km²。**中南美洲**主要集中在亚马孙河、圣弗朗西斯科河、托坎廷斯河、巴拉那河、奥里诺科河、内乌肯—内格罗河、科科河、帕图卡河、莫塔瓜河 9 个流域，流域面积约 1210 万 km²。**大洋洲**主要集中在墨累河、塔马尔河、德文特河、克鲁萨河、怀塔基河、普拉里河、弗莱河、塞皮克河 8 个主要流域，流域面积 162 万 km²。上述流域基本覆盖了全球主要的待开发水能资源。

表 3-2　全球 64 个流域水能资源理论蕴藏量

序号	洲别	流域名称	流域面积（万 km²）	理论蕴藏量（TWh/a）
1	亚洲	勒拿河	246	792.6
2	亚洲	叶尼塞河	250	783.47
3	亚洲	鄂毕河	302	954.59
4	亚洲	印度河	172	1235.38
5	亚洲	雅鲁藏布江－布拉马普特拉河	68	3245.55
6	亚洲	恒河	123	1460.4

❶ 长江、黄河、淮河等河流是中国的国内河流，水能资源开发比例较高，上游高原地区的水能资源也已纳入中国未来水电开发建设规划，因此不作为报告研究重点。

续表

序号	洲别	流域名称	流域面积（万 km²）	理论蕴藏量（TWh/a）
7	亚洲	锡尔河	56	146.25
8	亚洲	阿姆河	34	1771.94
9	亚洲	澜沧江－湄公河	92	788.83
10	亚洲	伊洛瓦底江	48	1135.48
11	亚洲	怒江－萨尔温江	33	700.9
12	亚洲	马哈坎河	8	48.51
13	亚洲	拉让江	4.6	40.95
14	亚洲	马利瑙河	1.6	22.55
15	欧洲	翁厄曼河	3.1	66.35
16	欧洲	维斯瓦河	172	123.21
17	欧洲	伏尔加河	19	77.37
18	欧洲	塔古斯河	7.1	68.78
19	欧洲	顿河	44	33.78
20	欧洲	道加瓦河	8.6	6.78
21	欧洲	第聂伯河	49	69.87
22	欧洲	德涅斯特河	7.2	50.03
23	欧洲	多瑙河	80	1083.49
24	欧洲	易北河	13	79.21
25	欧洲	莱茵河	16	106.7
26	欧洲	卢瓦尔河	12	100.89
27	欧洲	波河	7.5	77.5
28	非洲	刚果河	373	2384.86
29	非洲	赞比西河	136	283.88
30	非洲	尼罗河	325	231.13
31	非洲	尼日尔河	238	313.17
32	非洲	萨纳加河	13	149.12
33	非洲	奥果韦河	22	157.17
34	非洲	宽扎河	16	182.55
35	非洲	沃尔特河	42	20.9
36	非洲	鲁菲吉河	17	67.4
37	北美洲	密西西比河	315	508.79
38	北美洲	科罗拉多河	63	112.61

序号	洲别	流域名称	流域面积（万 km²）	理论蕴藏量（TWh/a）
39	北美洲	哥伦比亚河	71	533.61
40	北美洲	格兰德河	54	29.02
41	北美洲	弗雷泽河	23	177.61
42	北美洲	马更些河	175	527.16
43	北美洲	纳尔逊河	112	135.51
44	北美洲	丘吉尔河	26	27.86
45	北美洲	伊斯特梅恩河	4.4	29.83
46	北美洲	鲁珀特河	4.5	24.36
47	北美洲	诺特韦河	6.6	30.39
48	中南美洲	亚马孙河	611	4487.47
49	中南美洲	奥里诺科河	100	803.03
50	中南美洲	巴拉那河	323	714.84
51	中南美洲	托坎廷斯河	81	243.22
52	中南美洲	圣弗朗西斯科河	68	175.74
53	中南美洲	内乌肯—内格罗河	21	101.69
54	中南美洲	帕图卡河	2.5	8.24
55	中南美洲	科科河	2.6	8.25
56	中南美洲	莫塔瓜河	2	9.4
57	大洋洲	墨累河	134	31.38
58	大洋洲	塔马尔河	1.8	2.28
59	大洋洲	德文特河	1.5	6.21
60	大洋洲	克鲁萨河	4.1	26.07
61	大洋洲	怀塔基河	2.3	26.7
62	大洋洲	普拉里河	3.3	177.67
63	大洋洲	弗莱河	6.5	141.84
64	大洋洲	塞皮克河	8.1	113.88
合计	—		5285	28076.2

按照流域涉及国家开展国别统计，研究详细评估的 64 个流域的水能理论蕴藏量主要分布在刚果民主共和国、中国、巴西、奥地利、加拿大、巴布亚新几内亚等 99 个国家。其中水能理论蕴藏量超过 1000TWh/a 的国家有中国、巴西、俄罗斯、印度、刚果民主共和国、缅甸、美国和加拿大 8 个国家。

3.2.3　流域评估案例

以刚果河流域为例，详述其干、支流水能资源评估的过程与结果，展示评估方法的系统性和全面性。其他流域的详细评估成果，读者可参阅相应分洲报告的有关内容。

刚果河（Congo River）流域水能资源非常丰富。基于基础数据和算法模型，建立了刚果河数字化河网，河网总长 161689km，流域面积 373 万 km^2，蕴藏总量 2384.86TWh/a。分析流域内具有水能开发价值（理论蕴藏量达 5TWh/a 以上）的河流（河段）60 条，共计 8589km；其中具有丰富水能资源（理论蕴藏量达 30TWh/a 以上）的河流（河段）5 条，流域分布如图 3-10 所示。

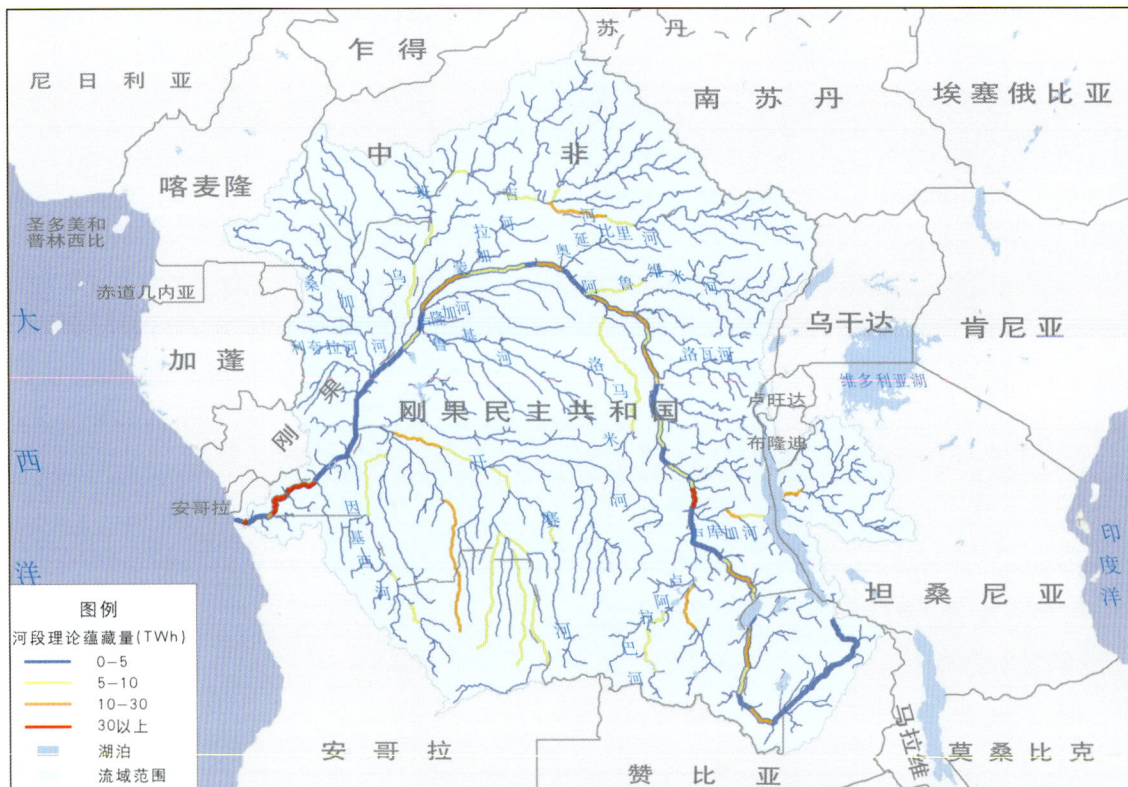

图 3-10　刚果河主要河流理论蕴藏量分布示意图

刚果河干流与主要支流河流长度、集雨面积及水能理论蕴藏量的计算结果见表 3-3。刚果河流域水能资源主要分布于其干流，理论蕴藏量为 1365.39TWh/a，占比约 57.25%；其次为开赛河（Kasai River），理论蕴藏量为 380.66TWh/a，占比 15.96%。

表 3-3 刚果河干流与主要支流理论蕴藏量

序号	河流名称	长度（km）	集雨面积（km²）	理论蕴藏量（TWh/a）
1	刚果河干流（Congo River）	4640	3732973	1365.39
2	开赛河（Kasai River）	2045	895421	380.66
3	乌班吉河（Ubangi River）	2250	654235	154.82
4	卢库加河（Lukuga River）	940	269427	107.65
5	卢阿拉巴河（Lualaba River）	917	171139	59.62
6	桑加河（Sangha River）	1240	213208	50.87
7	阿鲁维米河（Aruwimi River）	1196	120219	48.99
8	洛瓦河（Lowa River）	568	52026	37.97
9	乌林迪河（Ulindi River）	657	30993	36.18
10	埃利拉河（Elila River）	610	29403	30.45
11	鲁基河（Ruki River）	769	189385	29.82
12	洛马米河（Lomami River）	1798	116940	27.35
13	林迪河（Lindi River）	831	40592	16.22
14	卢隆加河（Lulonga River）	769	82215	10.01
15	阿利马河（Alima River）	521	34532	7.82
16	利夸拉河（Likouala River）	529	75455	7.68
17	因基西河（Inkisi River）	384	14451	5.09
18	卢阿马河（Luama River）	549	25260	3.27
19	伊廷比里河（Himbiri River）	539	49435	2.64
20	蒙加拉河（Mongala River）	592	49123	2.36
刚果河总计				2384.86

从流域河段看，刚果河流域丰富的水能资源主要集中在其干流中下游河段上。按照河流流向，第一段位于上游，刚果民主共和国加丹加省境内孔戈洛（Kongelo），河段长约 86km，理论蕴藏量 31.82TWh/a；第二段位于刚果河下游，流经刚果民主共和国省博科（Boko）、卢奥济（Luozi）与基本济（Kibunzi），地势变化较大，河段长约 76km，理论蕴藏量 385.37TWh/a；第三段位于英加（Inga）与马塔迪（Matadi）附近，河段长约 141km，理论蕴藏量 552.68TWh/a；第四段位于河口处，水能可利用性较低，河段长约 16km，理论蕴藏量 38.08TWh/a。

刚果河流域主要国家水能理论蕴藏量见表 3-4，刚果河流域水能蕴藏量最丰富的国家是刚果民主共和国，理论蕴藏量 1795.01TWh/a，占比 75.27%；其次为刚果，理论蕴藏量 239.37TWh/a，占比 10.04%。

刚果民主共和国、刚果、卢旺达、中非等国家开发刚果河流域水电资源，在干流及其支流已建水电站 19 座，装机规模 3205.3MW，开发比例约 1%。

表 3-4　刚果河流域主要国家水能理论蕴藏量

序号	国家名称	河流名称		河流长度（km）	理论蕴藏量（TWh/a）
1	刚果民主共和国	刚果河干流（Congo River）		3796	1066.84
		卢阿拉巴河（Lualaba River）		917	59.62
		洛马米河（Lomami River）		1798	27.35
		鲁基河（Ruki River，包含布西拉河及楚阿帕河）		1113	29.82
		卢隆加河（Lulonga River，包含洛波里河）		769	10.01
		开赛河（Kasai）	开赛河干流（Kasai River）	1292	145.42
			菲米（Fimi River）	1079	9.11
			桑库鲁（Sankuru River）	1280	52.66
			卢武阿（Luvua River）	1084	32.96
			卢恩贝（Luembe River）	44	2.56
			洛安盖（loange River）	422	10.07
			宽果（Kwango River）	741	34.30
		因基西河（Inkisi River）		195	4.14
		卢阿马河（Luama River）		550	3.27
		埃利拉河（Elila River）		610	30.45
		乌林迪河（Ulindi River）		657	36.18
		洛瓦河（Lowa River）		568	37.97
		林迪河（Lindi River）		832	16.22
		阿鲁维米河（Aruwimi River）		1196	48.99
		伊廷比里河（Himbiri River）		539	2.64
		蒙加拉河（Mongala River）		593	2.36
		乌班吉河（Ubangi River）		2250	73.65
		卢库加河（Lukuga River）		355	58.42

序号	国家名称	河流名称		河流长度（km）	理论蕴藏量（TWh/a）
2	刚果	刚果河干流（Congo River）		420	189.26
		乌班吉河（Ubangi River）		470	21.55
		桑加河（Sangha River）		718	13.07
		利夸拉河（Likouala River）		529	7.68
		阿利马河（Alima River）		521	7.82
3	安哥拉	刚果河干流（Congo River）		98	69.22
		开赛河（Kasai）	开赛河干流（Kasai River）	860	39.75
			卢恩贝（Luembe River）	530	8.30
			洛安盖（Ioange River）	335	8.33
			宽果（Kwango River）	961	37.21
		因基西河（Inkisi River）		189	0.95
4	赞比亚	刚果河干流（Congo River）		1309	40.07
5	中非	桑加河（Sangha River）		615	17.38
		乌班吉河（Ubangi River）		521	59.62
6	喀麦隆	桑加河（Sangha River）		155	20.42
7	坦桑尼亚	卢库加河（Lukuga River）		585	49.23

3.2　资源评估

3.3 基地开发

3.3.1 开发现状

2011—2018 年全球水电装机容量持续上涨，2018 年总装机规模达到 1192GW，年平均增速 2.7%。其中，亚洲水电装机容量最大，为 543.8GW，其次是欧洲 221.2GW，北美洲 196.5GW，中南美洲 180.6GW，非洲 35.7GW，大洋洲 14.19GW。全球历年水电总装机容量如图 3-11 所示。

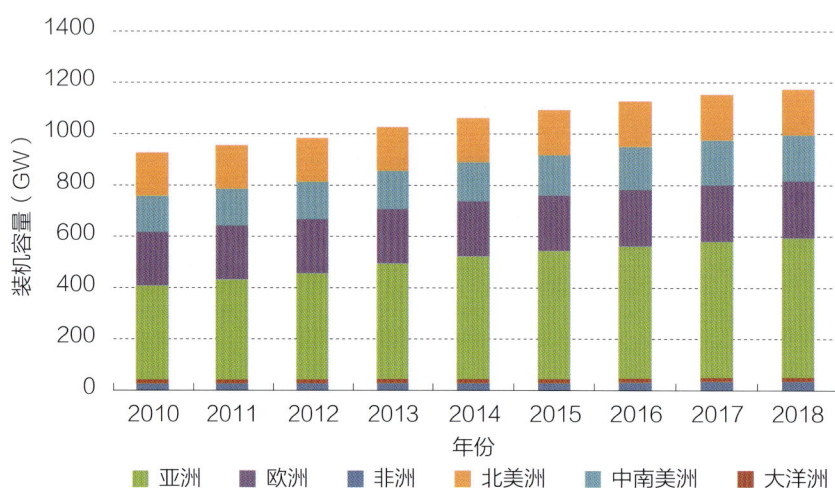

图 3-11　全球历年水电总装机容量（2010—2018 年）[1]

水电装机容量最大的国家是中国，约 322GW，年发电量约 1233TWh；其次是巴西，装机容量约 103.5GW，年发电量约 389TWh；美国装机容量约 102.8GW，年发电量约 296.9TWh。抽水蓄能装机容量占总水电装机比例较高的国家有日本（占比约 55.4%）、法国（占比约 19.6%）和意大利（占比约 17.3%）。2018 年全球主要国家水电开发情况见表 3-5。

---

[1] 资料来源：International Renewable Energy Agency. Renewable capacity statistics 2019[R]. Abu Dhabi: IRENA, 2019.

表 3-5　2018 年全球主要国家水电开发情况 ●

国家	水电装机容量（GW）	水电发电量（TWh）
中国	322（抽水蓄能 28.8）	1232.9
巴西	103.6	389.0
美国	102.8（抽水蓄能 19.1）	296.9
加拿大	81.0（抽水蓄能 0.2）	382.1
印度	49.9（抽水蓄能 4.8）	139.5
日本	49.6（抽水蓄能 27.5）	103.0
挪威	34.2（抽水蓄能 1.4）	139.0
法国	25.6（抽水蓄能 5.0）	77.2
意大利	22.8（抽水蓄能 3.9）	49.0
西班牙	20.4（抽水蓄能 3.3）	45.7

　　根据 IRENA 统计，2010—2018 年，全球水电的加权平均初投资水平有所上涨，从 1232 美元 / kW 升至 1492 美元 / kW。水电的平均初始投资与项目所在国家或地区及项目开发条件等因素密切相关，同一年份的水电初始投资上下限差别较大。目前，全球水电的单位容量投资范围在 1000~2500 美元 / kW，水电的平准化度电成本在 4~6 美分 /kWh 范围内波动。全球水电历年平准化度电成本如图 3-12 所示，2018 年全球各洲水电经济性见表 3-6。

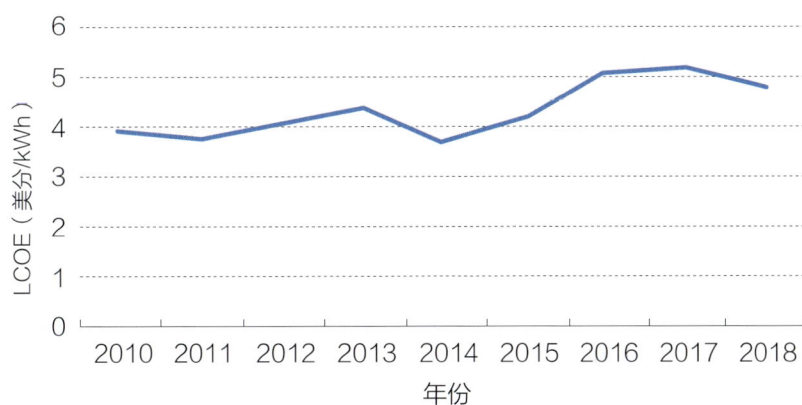

图 3-12　全球水电历年平准化度电成本（2010—2018 年）

● 资料来源：彭博社．全球装机和发电量统计 [EB/OL]，2020-02-24.

表 3-6　2018 年全球各洲水电经济性 ❶

洲别	平均初投资水平（美元 / kW）	度电成本（美分 / kWh）
亚洲	1600	5.6
欧洲	1900	13.0
非洲	2000	6.5
北美洲	2800	9.0
中美洲	2800	9.0
南美洲	2000	6.0
大洋洲	3850	18.5

3.3.2　基地布局

综合考虑资源特性和开发条件，北美洲和欧洲水能开发起步早，开发比例相对较高，未来主要开发非洲刚果河、亚洲布拉马普特拉河、中南美洲亚马孙河支流、大洋洲弗莱河等 21 个流域。基于数字化平台对各洲主要基地完成了开发方案研究，提出了待开发河段的梯级布置方案和主要大型水电项目的选址成果。全球大型水电基地布局如图 3-13 所示，涉及的主要待开发流域水能资源指标见表 3-7。

分洲来看，**亚洲**未来主要开发布拉马普特拉河、恒河、马哈坎河、拉让江、马利瑙河、伊洛瓦底江、萨尔温江、湄公河、锡尔河、勒拿河 10 个流域的共 10 个水电基地。**非洲**未来主要开发刚果河、尼罗河、赞比西河、尼日尔河 4 个流域的 8 个水电基地。**中南美洲**未来主要开发奥里诺科河、托坎廷斯河、亚马孙塔帕若斯河、亚马孙马拉尼翁河、亚马孙马代拉河、亚马孙乌卡亚利河、莫塔瓜河等 4 个流域的 14 个水电基地。**大洋洲**未来主要开发普拉里河、弗莱河、克鲁萨河 3 个流域的 3 个水电基地。

---

❶ 资料来源：彭博社. 全球装机和发电量统计 [EB/OL]，2020-02-24.

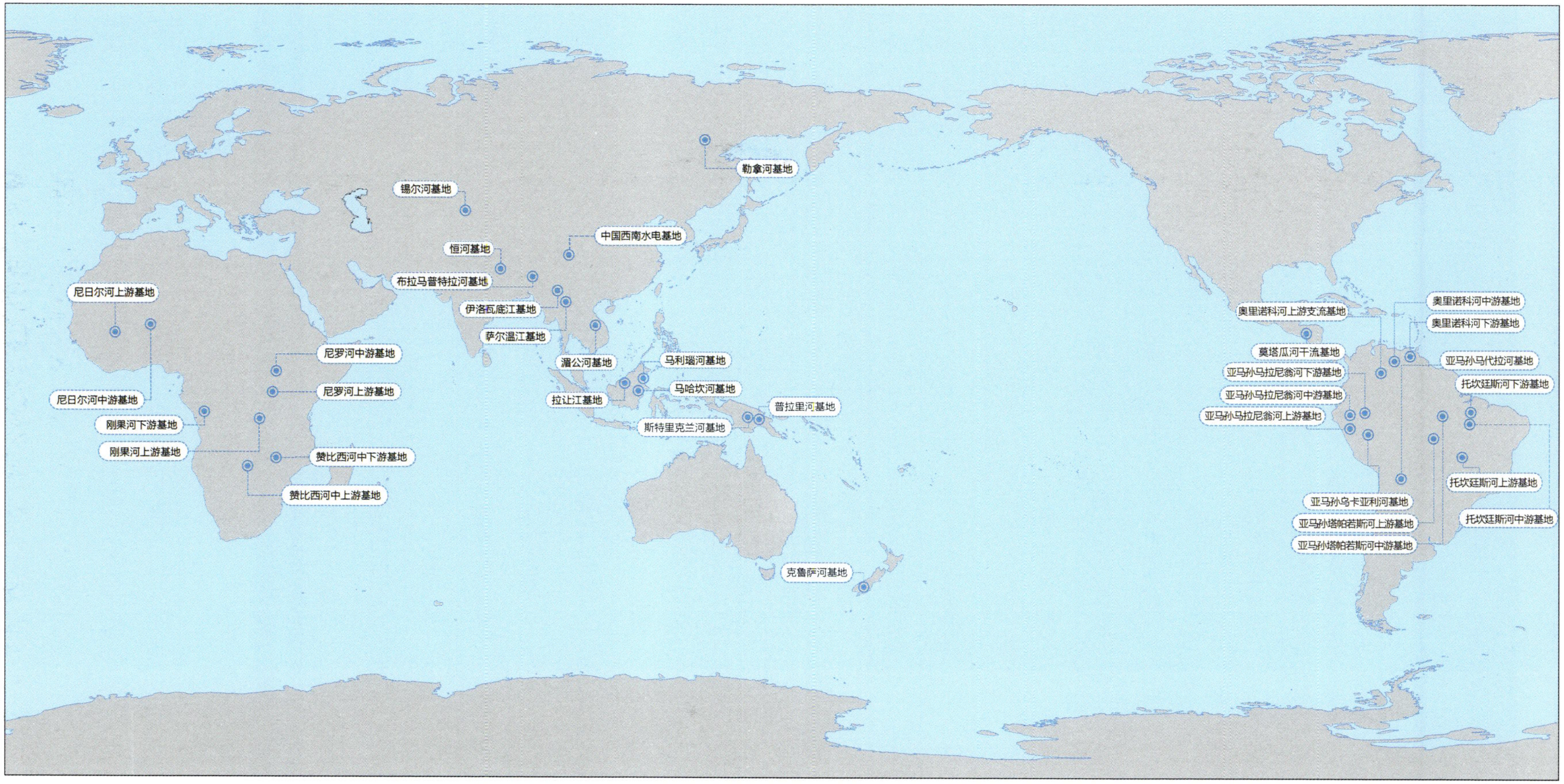

图3-13　全球大型水电基地布局示意图

表 3-7　全球主要待开发流域的水能资源指标

序号	洲别	河流名称	理论蕴藏量 (TWh/a)	待开发梯级方案	
				水电站数目(座)	年发电量 (GWh)
1	亚洲	恒河支流科西河	133.73	6	62225
2	亚洲	布拉马普特拉河支流普纳昌河	8.44	5	40860
3	亚洲	马哈坎河干流	29.79	8	12983
4	亚洲	拉让江干流	37.45	4	5770
5	亚洲	马利瑙河干流	18.34	9	13197
6	亚洲	伊洛瓦底江干流	296.75	6	99349
7	亚洲	萨尔温江干流	436.38	6	90285
8	亚洲	湄公河干流	453.73	8	54490
9	亚洲	锡尔河支流纳伦河	35.77	21	13333
10	亚洲	勒拿河支流阿尔丹河	109.59	15	39357
11	非洲	刚果河干流	1365.39	9	721454
12	非洲	尼罗河干流	152.72	16	41283
13	非洲	赞比西河干流	147.46	18	59595
14	非洲	尼日尔河干流	104.56	5	4338
15	中南美洲	奥里诺科河流域	164.48	7	105307
16	中南美洲	托坎廷斯河流域	134.62	8	24785
17	中南美洲	亚马孙河流域	1739.58	51	197727
18	中南美洲	莫塔瓜河流域	9.4	8	2409
19	大洋洲	普拉里河干流	75.6	8	66857
20	大洋洲	弗莱河支流斯特里克兰河	56.99	7	38982
21	大洋洲	克鲁萨河干流	10	4	3769
合计				229	1698355

经测算分析，全球 35 个水电基地共涉及 229 个待开发梯级，总装机规模 319.8GW，年发电量 1698TWh，全球大型水电基地梯级开发技术指标见表 3-8。

表 3-8 全球大型水电基地梯级开发技术指标

序号	洲别	水电基地	所属流域	装机容量（MW）	年发电量（TWh）
1	亚洲	恒河支流科西河基地	恒河支流科西河	14205	62.23
2	亚洲	布拉马普特拉河支流普纳昌河基地	布拉马普特拉河支流普纳昌河	9275	40.86
3	亚洲	马哈坎河基地	马哈坎河	2909	12.98
4	亚洲	拉让江基地	拉让江	1355	5.77
5	亚洲	马利瑙河基地	马利瑙河	2831	13.20
6	亚洲	伊洛瓦底江基地	伊洛瓦底江	18700	99.35
7	亚洲	萨尔温江基地	萨尔温江	16310	90.29
8	亚洲	湄公河基地	湄公河	12582	54.49
9	亚洲	锡尔河支流纳伦河基地	锡尔河支流纳伦河	4036	13.33
10	亚洲	勒拿河支流阿尔丹河基地	勒拿河支流阿尔丹河	9808	39.36
11	非洲	刚果河上游基地	刚果河	8100	40.45
12	非洲	刚果河下游基地	刚果河	110000	681
13	非洲	尼罗河上游基地	尼罗河	5979	30.04
14	非洲	尼罗河中游基地	尼罗河	2245	11.24
15	非洲	赞比西河中上游基地	赞比西河	6245	31.28
16	非洲	赞比西河中下游基地	赞比西河	5350	28.32
17	非洲	尼日尔河上游基地	尼日尔河	250	1.11
18	非洲	尼日尔河中游基地	尼日尔河	640	3.22
19	中南美洲	奥里诺科河上游基地	奥里诺科河	2810	14.56
20	中南美洲	奥里诺科河中游基地	奥里诺科河	10870	55.21
21	中南美洲	奥里诺科河下游基地	奥里诺科河	7000	35.54
22	中南美洲	托坎廷斯河上游基地	托坎廷斯河	839	3.87
23	中南美洲	托坎廷斯河中游基地	托坎廷斯河	620	3.5
24	中南美洲	托坎廷斯河下游基地	托坎廷斯河	3590	17.42
25	中南美洲	亚马孙河支流塔帕若斯河上游基地	亚马孙河	2420	12.05
26	中南美洲	亚马孙河支流塔帕若斯河中游基地	亚马孙河	21150	105.96

序号	洲别	水电基地	所属流域	装机容量（MW）	年发电量（TWh）
27	中南美洲	亚马孙河支流马拉尼翁河上游基地	亚马孙河	8955	44.69
28	中南美洲	亚马孙河支流马拉尼翁河中游基地	亚马孙河	2035	10.22
29	中南美洲	亚马孙河支流马拉尼翁河下游基地	亚马孙河	1610	8.05
30	中南美洲	亚马孙河支流马代拉河基地	亚马孙河	2105	12.09
31	中南美洲	亚马孙河支流乌卡亚利基地	亚马孙河	942	4.66
32	中南美洲	莫塔瓜河基地	莫塔瓜河	486	2.41
33	大洋洲	普拉里河基地	普拉里河	14350	66857
34	大洋洲	弗莱河支流斯特里克兰河基地	弗莱河	8390	38982
35	大洋洲	克鲁萨河基地	克鲁萨河	840	3769

具体的，**亚洲**共涉及 88 个待开发梯级，总装机规模 92.01GW，年发电量 431.85TWh，根据远景规划，未来开发总规模有望超过 130GW。**非洲**共涉及 48 个待开发梯级，总装机规模 138.81GW，年发电量 826.67TWh，根据远景规划，未来开发总规模有望超过 190GW。**中南美洲**共涉及 74 个待开发梯级，总装机规模 65.43GW，年发电量 330.23TWh，根据远景规划，未来开发规模有望超过 140GW。**大洋洲**共涉及 19 个待开发梯级，总装机规模 23.58GW，年发电量 109.61TWh，根据远景规划，未来开发总规模有望超过 130GW。

3.3.3 基地选址案例

报告选取技术经济指标相对较好的刚果河水电基地及待开发的皮奥卡水电站项目，给出了重点河段分析及水电站开发方案的研究成果，可为有关项目开发提供参考。其他大型水电基地的详细评估成果，读者可参阅相应分洲报告的有关内容。

1. 重点河段分析

根据数字平台测算，刚果河落差 1510m，平均比降 0.033%，河口处多年平均流量约 4 万 m^3/s，水量充沛，水能资源丰富，是世界著名的大河，其主要水能资源集中于上游及下游。

刚果河干流以赞比亚境内的谦比西（Chambeshi）河为源头，由卢阿普拉（Luapula）河、卢武阿（Luvua）河、卢阿拉巴（Lualaba）河组成。刚果河上游河段流经多处高原及陡坡地带，水流湍急，全长约 2590km，落差约 1130m，河道平均比降 0.044%，流域面积约 47 万 km^2。河流折向西流，进入中游河段。

中游河段主要位于刚果盆地中部，水流平稳，河面较宽，水量丰富，长度约 1650km，落差约 100m，河道平均比降 0.006%，流域面积约 20 万 km^2。

刚果河下游较短，位于金沙萨至大西洋入海口附近的姆安达（Moanda）小镇之间。河道窄，水流急，长约 400km，落差达 280m，河道平均比降 0.07%，流域面积约 10 万 km^2，有世界罕见的利文斯顿（Livingstone）瀑布群，水能资源极为集中。

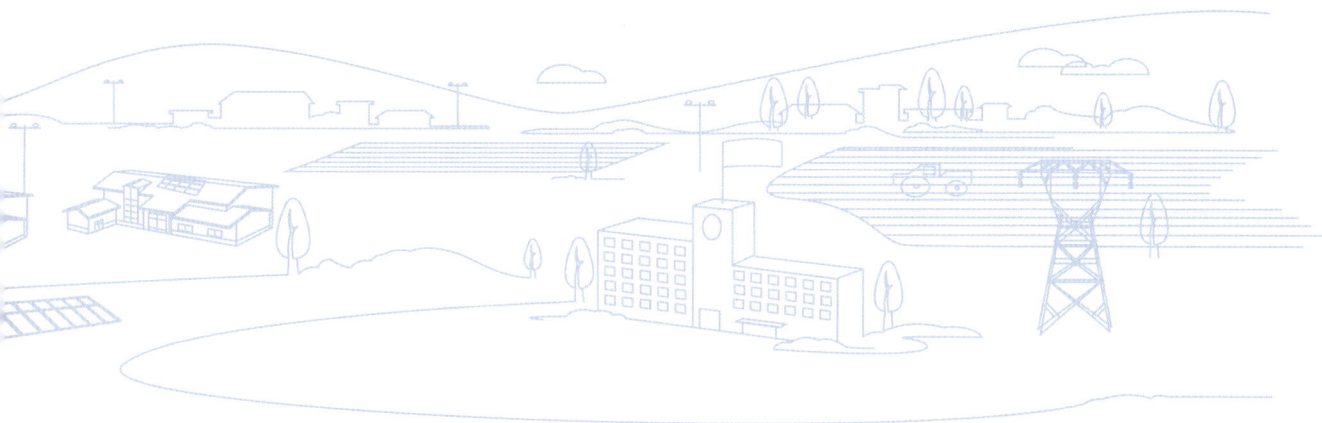

刚果河干流水能富集河段为上游和下游区域，各河段水能理论蕴藏量见表3-9。其中下游金沙萨（Kinshasa）以下河段，理论蕴藏量965.86TWh/a，占总蕴藏量的70.74%，适宜开发。

表3-9　刚果河干流分河段水能理论蕴藏量

TWh/a

序号	河段	理论蕴藏量
1	上游卢武阿河干流河段	92.06
2	上游孔戈洛至尼扬圭（Nyangwe）河段	45.34
3	中游基龙杜（Kirundu）至姆班达卡（Mbandaka）河段	137.60
4	下游金沙萨（Kinshasa）以下河段	965.86
5	其余河段	124.53
合计		1365.39

综上分析，报告重点研究刚果河干流上游卢武阿河段，以及下游金沙萨以下河段。

2. 梯级水电站布置方案

刚果河上游卢武阿河干流河段。河段全长约410km，落差368m，河道平均比降约0.089%。卢武阿河水能资源主要集中在姆韦鲁湖出口—基安比河段。河段两岸地形以丘陵为主，河谷宽窄相间，沿途多急流、跌水、瀑布。根据地形条件，可在姆韦鲁湖下游约20km的峡谷出口处布置普韦托（Pweto）梯级水电站，正常蓄水位925m，利用落差42m。在普韦托坝址下游30~40km河段多跌水瀑布，落差约63m，比降达0.9%，水能资源集中，可利用地形条件布置一座引水式水电站卡伦巴（Kalumba），其正常蓄水位880m，与普韦托水电站首尾相接，共利用落差85m，引水线路长约5km。卡伦巴厂房以下约75km河段可在峡谷收窄处布置两座首尾相接的梯级水电站浪度（Nondo）和基瓦尼（Kilwani），正常蓄水位分别为795m和700m，共利用落差112m。基瓦尼坝址以下河段，河道展宽，河谷左右岸山体不对称，建坝条件相对较差。根据地形条件，可在基瓦尼坝址下游约18km处筑坝挡水，并利用左岸山体地形布置一座引水式水电站皮亚纳（Piana），正常蓄水位680m，水位与基瓦尼尾水相接，共利用落差74m。在基安比镇（Kiambi）上游约1.8km处可布置一座梯级水电站基班巴（Kibamba），正常蓄水位605m，水位与皮亚纳厂址尾水相接，共利用落差36m。6个梯级水电站的位置如图3-14所示，河段梯级水电站纵剖面如图3-15所示，共利用落差349m。经测算，梯级水电站总规模8100MW，年发电量40.45TWh。6个梯级水电站的主要技术指标测算结果见表3-10。

图3-14　刚果河上游卢武阿河干流河段梯级位置示意图

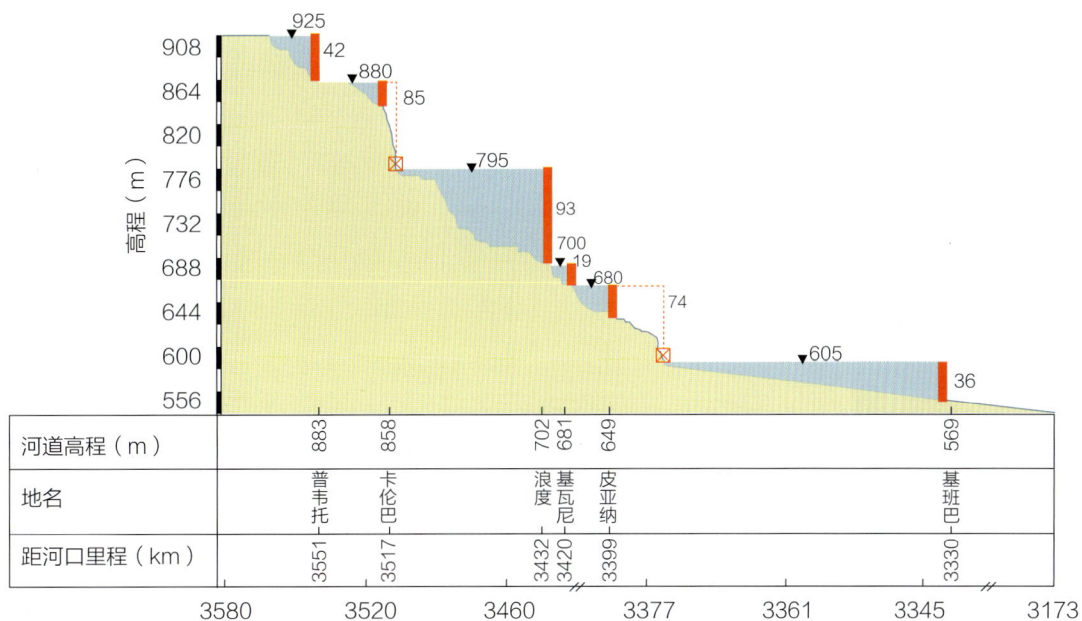

图3-15　刚果河上游卢武阿河梯级水电站纵剖面图

表 3-10　刚果河干流研究河段梯级水电站开发方案主要技术指标

项目	刚果河上游卢武阿河干流河段						刚果河下游金沙萨以下河段		
	Pweto 普韦托	Kalumba 卡伦巴	Nondo 浪度	Kilwani 基瓦尼	Piana 皮亚纳	Kibamba 基班巴	Pioka 皮奥卡	Inga 英加	Matadi 马塔迪
坝址控制流域面积（km²）	225030.59	239125.31	245307.45	245869.26	247726.07	253066.37	3707275.07	3727715.64	3728465.14
坝址多年平均流量（m³/s）	1743.99	1759.96	1791.97	1823.12	1862.90	1903.06	42511.32	42745.72	42754.31
开发方式	坝式	引水式	坝式	坝式	引水式	坝式	坝式	坝式	坝式
初估坝长（km）	0.91	1.14	0.96	0.18	1.88	1.95	2.45	1.76	0.99
正常蓄水位（m）	925.00	880.00	795.00	700.00	680.00	605.00	250.00	170.00	45.00
死水位（m）	923.00	878.00	790.00	698.00	678.00	603.00	245.00	165.00	43.00
坝址水面高程（m）	883.00	858.00	702.00	681.00	649.00	569.00	177.00	47.00	15.00
坝壅水高（m）	42.00	22.00	93.00	19.00	31.00	36.00	73.00	123.00	30.00
厂址水面高程（m）	883.00	793.00	702.00	681.00	606.00	569.00	177.00	47.00	15.00
利用落差（m）	42.00	85.00	93.00	19.00	74.00	36.00	73.00	123.00	30.00
正常蓄水位以下库容（万 m³）	15042.84	19638.08	1166079.99	6837.81	71143.95	63791.14	702785.12	538881.52	34593.55
调节库容（万 m³）	1402.16	4972.86	147857.15	1133.44	8866.63	9765.42	82577.31	80504.63	3838.13

续表

项目		刚果河上游卢武阿河干流河段					刚果河下游金沙萨以下河段			
		Pweto 普韦托	Kalumba 卡伦巴	Nondo 浪度	Kilwani 基瓦尼	Piana 皮亚纳	Kibamba 基班巴	Pioka 皮奥卡	Inga 英加	Matadi 马塔迪
调节能力		日调节	日调节	日调节	日调节	日调节	日调节	日调节	日调节	日调节
发电引用流量（m³/s）		3067.67	2723.50	3158.73	3184.43	2897.49	3361.34	59723.78	59900.79	58076.23
引水线路（km）		0	5.05	0	0	31.71	0	0	0	0
装机容量（MW）		1020.00	1750.00	2350.00	450.00	1580.00	950.00	35000.00	60000.00	15000.00
年发电量（GWh）	单独	5089	8779	11705	2258	7896	4724	221366	367780	91857
	联合	5089	8779	11705	2258	7896	4724	221366	367780	91857
枯期平均出力（MW）	单独	215.10	303.86	494.54	95.56	272.96	199.51	19417.75	31835.82	8033.10
	联合	215.10	303.86	494.54	95.56	272.96	199.51	19417.75	31835.82	8033.10
装机利用小时数（h）	单独	4989.59	5016.47	4981.03	5018.01	4997.16	4972.61	6325	6130	6124
	联合	4989.59	5016.47	4981.03	5018.01	4997.16	4972.61	6325	6130	6124

刚果河下游金沙萨以下河段。刚果河下游金沙萨以下河段全长约 400km，落差 280m，平均比降 0.70%。金沙萨—卢奥济河段两岸地貌以丘陵为主，无大面积城镇和田地分布，有较好的建坝条件和成库条件。

可在皮奥卡（Pioka）处布置一座梯级水电站，拟按坝式开发，利用落差 73m。经测算，水电站装机容量 35GW，年发电量 221.30TWh。卢奥济—英加（Inga）河段坡降较大，沿途多跌水、瀑布，两岸以山体为主，河谷收窄。其中英加镇北部有一山间盆地，地形开阔，具有较好的成库条件，可在英加镇东北方向约 8km 处的河道上筑坝，将刚果河水引致该山间盆地中，同时在英加镇西南部约 4.5km 的垭口处修建约 123m 高的副坝拦水，与周边山体闭合形成水库。经测算，正常蓄水位以下库容可达到 54 亿 m^3，可开发装机容量 60GW，年发电量 367.78TWh。

英加镇—马塔迪（Matadi）河段两岸以丘陵为主，河谷狭长，成库条件较好，可在马塔迪镇附近河段布置一座梯级水电站，拟按坝式开发，利用落差 30m。经测算，水电站装机容量 15GW，年发电量 91.86TWh。马塔迪以下河段较为平缓，两岸地形平坦，开发条件差，基本不具备水电开发条件。

下游 3 个梯级水电站的位置如图 3-16 所示，河段梯级水电站纵剖面如图 3-17 所示，3 个梯级水电站的主要技术指标测算结果见表 3-10。

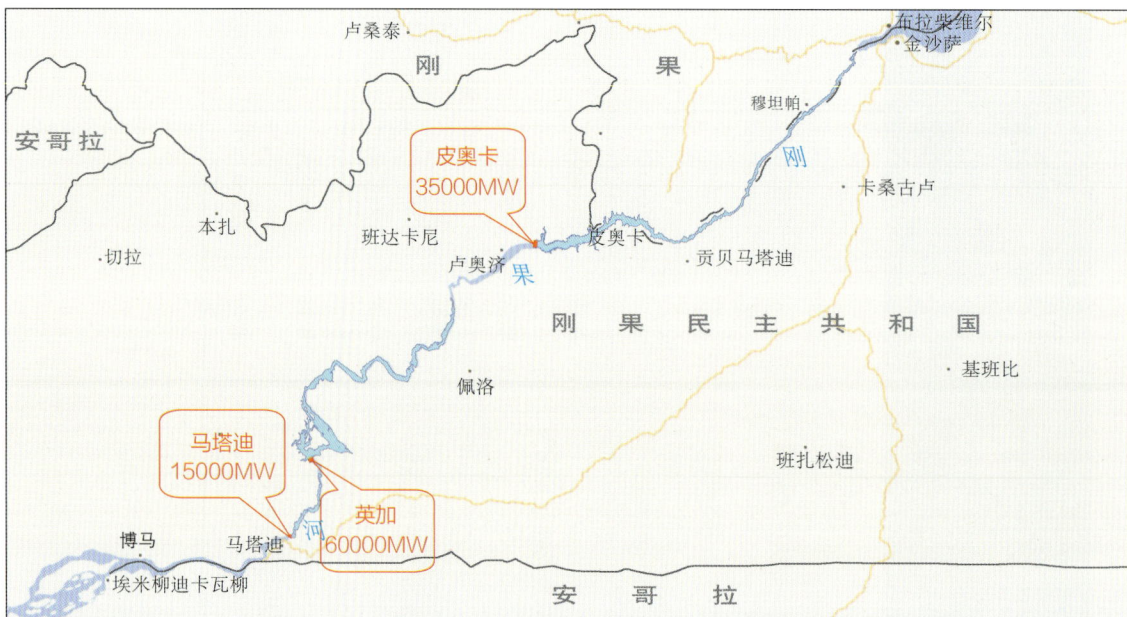

图 3-16　刚果河下游金沙萨以下河段梯级位置示意图

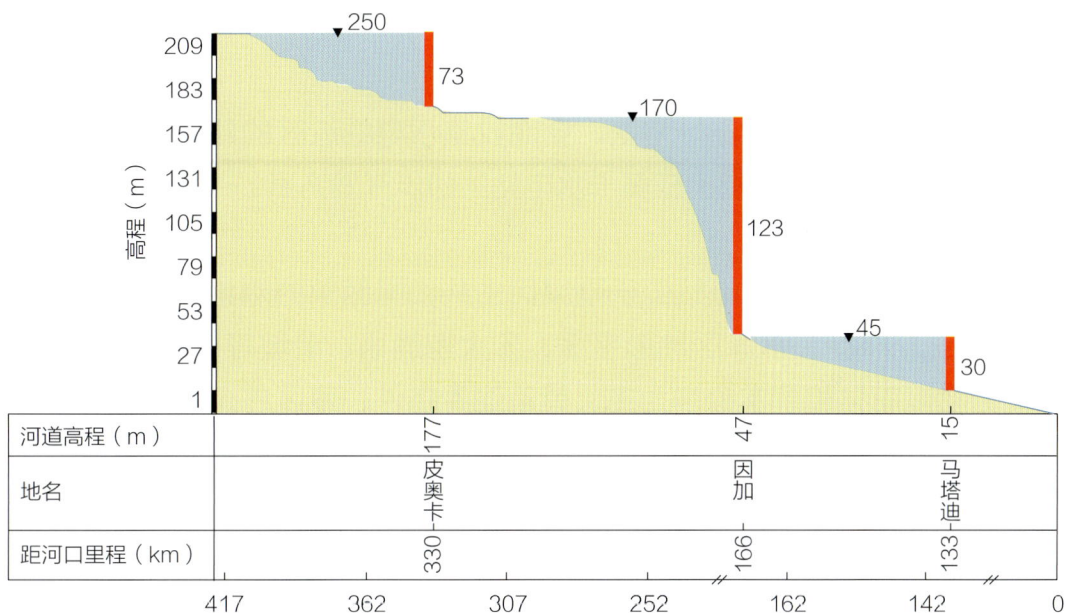

图 3-17　刚果河下游金沙萨以下梯级水电站纵剖面图

综上分析，刚果河上游卢武阿河干流河段采用 6 级开发，总装机容量 8100MW；刚果河下游金沙萨以下河段采用 3 级开发，总装机容量 110GW。9 个梯级水电站的开发方案和主要技术指标测算结果见表 3-10。

在 9 个梯级水电站中，下游的英加水电站资源条件最好，关于开发方案已有大量研究成果。下游的皮奥卡和马塔迪 2 个梯级水电站装机规模大，技术指标较好，具备集中式开发利用的资源条件。报告以皮奥卡水电站为例，给出了数字化水电站宏观选址研究的成果。

3. 皮奥卡水电站开发方案

基于数字化水电宏观选址方法，全面收集水电站近区的建站制约性因素基础数据，经过对比分析，提出皮奥卡水电站的初步开发方案。

建设条件。皮奥卡水电站位于刚果民主共和国西部的刚果河上，坝址距首都金沙萨约 140km。水库区地形平缓，无大型崩塌、滑坡等不良地质体分布，地面覆盖物以森林和草本植被为主，具备建库条件，库区内无村庄等人工建筑物，库区主要地面覆盖物分布情况如图 3-18 所示。库区面积约 191km^2，涉及淹没的林地、灌丛面积约 80km^2。水库区域避让自然保护区，库尾距离最近的自然生态系统类保护区预留约 20km 缓冲区，如图 3-19 所示。

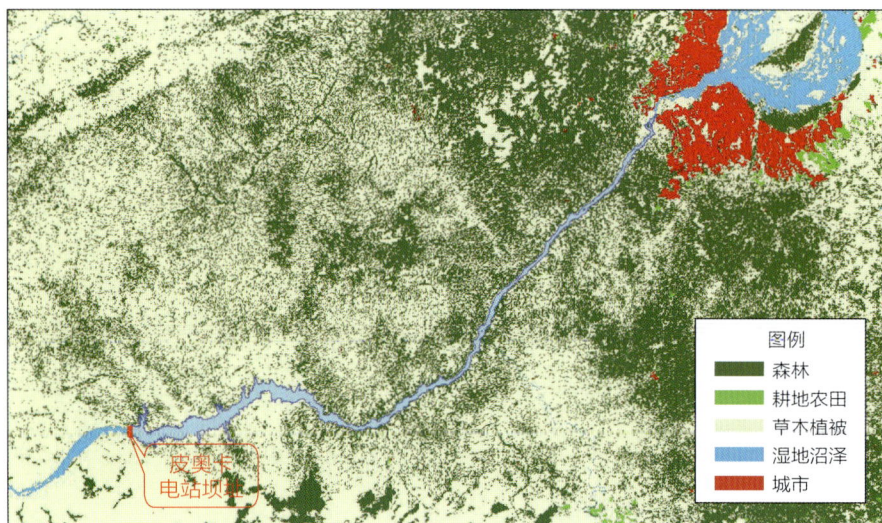

图 3-18　皮奥卡水电站库区主要地面覆盖物分布情况示意图

水库库尾上游有两座大型城市，刚果民主共和国首都金沙萨和刚果首都布拉柴维尔，预留 15km 缓冲区。库区范围内人口密度约为 30 人 / km^2，估算淹没影响人口约 2400 人。

皮奥卡水电站坝址及库区地质主要岩层分布如图 3-20 所示，周边范围内变质岩、松散沉积岩和硅质碎屑沉积岩主要发育，区域构造稳定性好，坝址距离最近断裂带 37km。从历史统计来看，坝址无大的历史地震记录。

图 3-19 皮奥卡水电站周边主要保护区分布示意图

图 3-20 皮奥卡水电站周边主要岩层分布示意图

水电站初拟的重力坝建基于基岩上，推测基础整体承载力及变形满足要求，局部软弱岩体经过适当的基础处理后可作为大坝的建基面。初步拟定采用坝后式厂房建基于基岩。坝址及水库区域有主干公路通过，运输条件较好。

工程设想与投资估算。初步拟定采用坝式开发方案。水电站正常蓄水位高程 250m，坝顶高程 252m，拦河大坝坝轴线总长约 1900m，最大坝高 90m

（考虑覆盖层厚度），总库容 70.20 亿 m^3。水电站枢纽主要建筑物由混凝土重力坝和坝后式厂房组成，采用坝身泄洪，为便于下泄洪水归槽，溢流坝段布置于主河道，厂房布置于地形相对较缓的左岸。

水电站发电水头 70.50m，发电引用流量 59723m^3/s。采用 50 台机组，单机容量 700MW，单机引用流量 1195m^3/s，初步拟定水电站总装机规模 35GW。工程三维效果如图 3-21 所示。

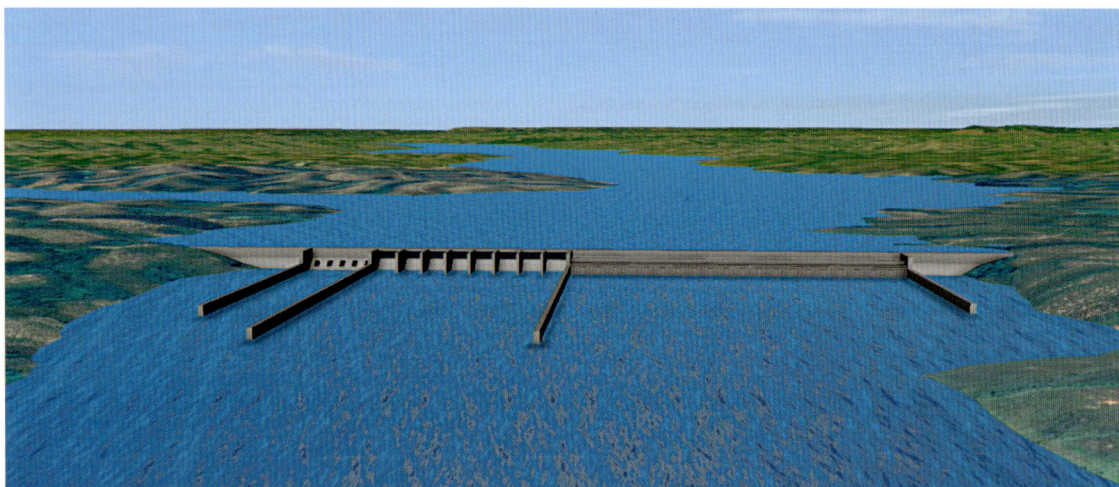

图 3-21　皮奥卡水电站工程三维效果示意图

经测算，皮奥卡水电站年发电量 221.30TWh，估算总投资约 890 亿美元，其中机电设备投资约 280 亿美元。参照非洲水电工程建设工期、财务参数（具体见 1.1.3 的有关内容），结合项目技术指标，测算其综合度电成本，为 4.34 美分 / kWh，项目经济性较好。

4 风能资源评估与开发

全球风能资源丰富，开发潜力大。受大气环流、地形等因素的影响，全球风能资源分布不均匀，多集中在沿海地区（如非洲东部、北部沿海、南美洲南部沿海等）和易形成狭管效应的开阔大陆的收缩地带（如肯尼亚北部、阿富汗西部等）。综合资源特性和开发条件，东非红海沿岸、南美洲南部地区和欧洲北海风电集中式开发条件极佳，是全球的"风极"。肯尼亚、阿根廷等国风能资源优异，风电开发潜力大。

报告对全球 200 个国家和地区进行了评估，风能理论蕴藏量 2000PWh/a，适宜集中式开发的装机规模超过 130TW，主要集中在亚洲西部、欧洲北部、非洲北部、北美洲北部、南美洲南部，以及大洋洲西部等区域，年发电量 347PWh。综合考虑资源特性和开发条件，采用数字化平台，完成了 6 大洲总计 94 个大型风电基地的选址和开发方案研究，总装机规模 719.9GW，并测算了基地的主要技术和经济性指标。按照 2035 年各洲风电造价测算，上述风电基地总投资约 8500 亿美元。研究成果给出了全球技术可开发的风能资源分布，各大洲大型风电基地的开发方案，将助力全球风能开发和利用，提振风电基础设施投资信心，推进全球清洁能源转型发展。

4.1　基础条件

风速、地面覆盖物、保护区分布影响开发利用风能的技术可行性，公路、电网等基础设施条件影响风能开发的经济性水平。报告基于覆盖全球的数据、信息，采用统一标准和参数完成了全球风能资源的评估研究。

4.1.1　风速分布

报告采用 Vortex 公司计算生产的风能资源数据开展资源评估测算，资源数据包括风速、风向、空气密度和温度等。地球距地面 100m 高度全年风速范围为 2~14m/s，格陵兰岛与阿根廷南部的最大风速均超过 13m/s，是世界上风速最高的地区。全球年平均风速分布情况如图 4-1 所示。

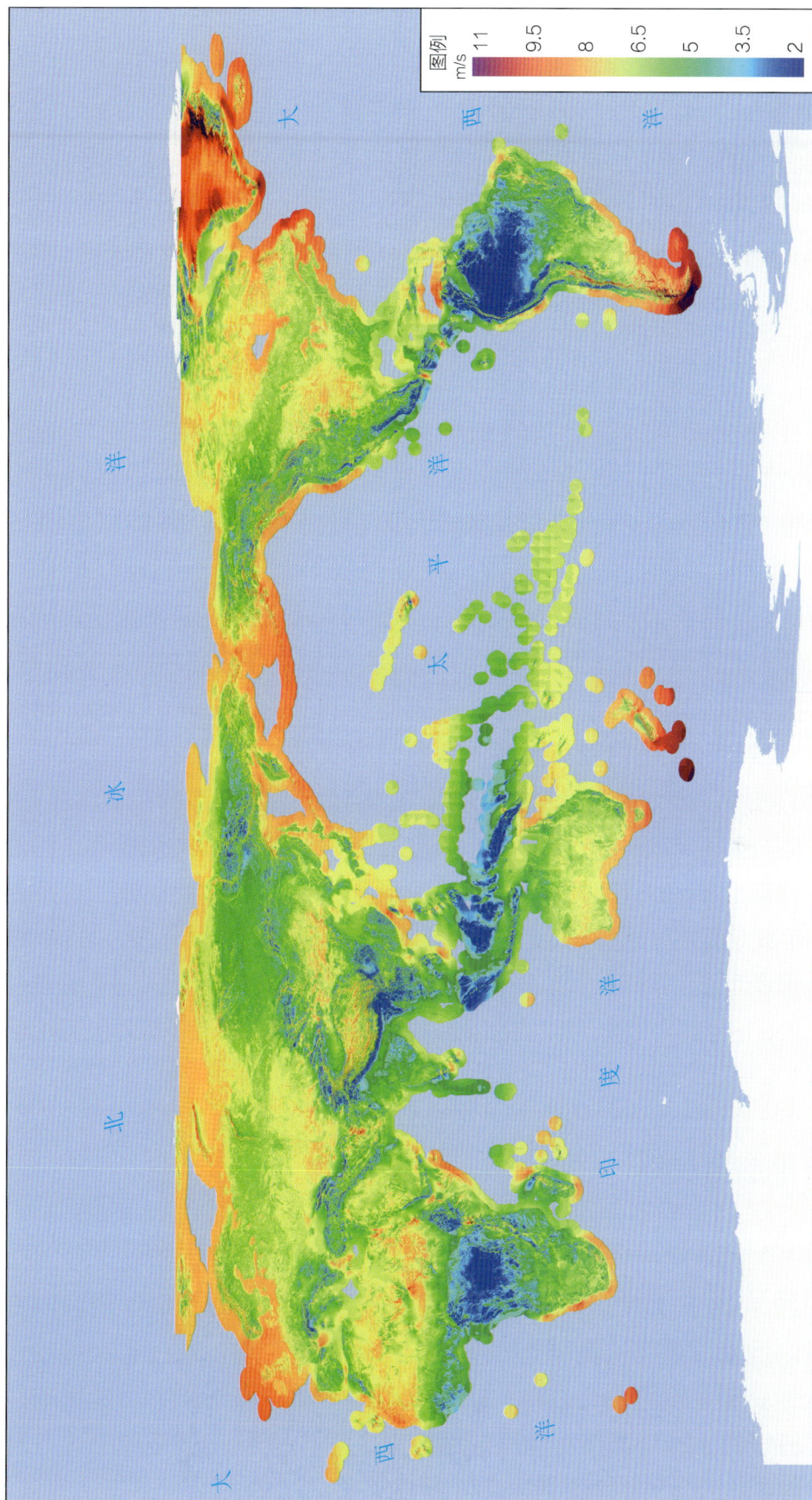

图4-1 全球年平均风速分布示意图

总体上，全球年平均风速大于 7m/s 的区域较多，广泛分布在亚洲东部蒙古高原（Mongolian Plat.）和青藏高原（Qingzang Gaoyuan）、中部里海（Caspian Sea）沿岸和北部尼谢伊斯卡亚高地（Nisayskaya Highlands）及喀拉海（Kara Sea）沿岸地区，欧洲北海（North Sea）沿岸与巴伦支海（Barents Sea）沿岸及格陵兰岛地区，非洲北部沿海和环撒哈拉沙漠地区，北美洲中部大平原（Great Plains）、东北部拉布拉多高原（Labrador Plateau）及西部白令海（Bering Sea）沿岸地区，南美洲南部的巴塔哥尼亚高原（Batagonia），大洋洲的西南部沙漠地区。

而位于亚洲南部的喜马拉雅山脉南缘、东南部的中南半岛与马来群岛（Malay Archipelago），非洲中部的刚果盆地（Congo Basin）、南美洲北部的亚马孙平原（Amazon Plain）等区域年均风速低于 4m/s，风能资源禀赋较差。

一般认为，年平均风速在 6m/s 以上的区域具备集中式开发大型风电基地的条件。从各大洲来看，开发风电基地的区域主要集中在**亚洲**东部的蒙古和中国，南亚的印度和巴基斯坦，中亚的哈萨克斯坦及西亚的阿富汗、伊朗、阿曼等国部分地区；**欧洲**北部的丹麦、挪威、冰岛、瑞典和芬兰，东部的俄罗斯、波罗的海周边的波兰、爱沙尼亚、拉脱维亚和立陶宛，西部的英国和爱尔兰、荷兰、比利时、德国、卢森堡和法国等国，以及北海、波罗的海、挪威海、巴伦支海等海域；**非洲**北部沿海和环撒哈拉的埃及、利比亚、阿尔及利亚、突尼斯、西撒哈拉、毛里塔尼亚、尼日尔、乍得、苏丹，东部沿海的索马里、埃塞俄比亚、肯尼亚、坦桑尼亚，南部的南非等国；**中南美洲**南部的阿根廷、乌拉圭、玻利维亚、东部的巴西及中美洲地区的尼加拉瓜等国；**大洋洲**的澳大利亚和新西兰等国。

4.1.2 地面覆盖物

地球上的陆地和海洋总面积约 5.1 亿 km^2，其中海洋面积约 3.61 亿 km^2，陆地面积约 1.49 亿 km^2，占全球总面积的 29%。对于陆上风能资源的开发利用，区域内地面覆盖物的类型与分布情况具有重要影响。从适宜大规模集中式开发的土地资源角度分析，森林、耕地、湿地水体、城市和冰川是影响风电资源集中式开发的主要地面覆盖物限制性因素。图 4-2 给出了全球上述 5 种主要限制风电集中式开发的地面覆盖物分布情况。

图 4-2 全球森林、耕地、水体湿地、城市和冰川分布情况示意图

4.1 基础条件

森林。 从全球来看，森林一方面多分布在南美洲亚马逊平原、非洲刚果盆地和几内亚湾沿岸、亚洲的马来群岛大部和马来半岛南部等赤道附近的热带雨林气候地区，该区域终年高温多雨，年平均气温在 20℃ 以上，树林密布、植被种类丰富；另一方面，欧亚大陆北部西伯利亚和北美的亚寒带针叶林气候地区，气温年差较大，生长着落叶松、云杉等不同类型的针叶林，是地球上分布最北的树林；中国长江流域、美国东南部、澳大利亚东南部等亚热带地区，四季分明、雨热同期，也广泛分布着壳斗科、樟科、山茶科、木兰科等常绿阔叶林。上述区域受森林分布制约，不适宜进行大规模风能资源的集中式开发利用。

具体的，地面覆盖物以森林为主的区域包括**亚洲**的俄罗斯远东、中亚等地区，**欧洲**的东部和北部地区，**非洲**中部与东部地区，**北美洲**北部地区，**中南美洲**的中美洲大部分地区及南美洲的西北地区，**大洋洲**的澳大利亚的东部和南部沿海及绝大部分太平洋海岛。

专栏 4-1   **世界城市发展**

随着人类社会的发展，人口数量不断上升，特别是近 200 年以来，世界人口的增长速度不断加快。城市是以非农业活动和非农业人口为主的聚落，一般具有人口数量大、密度高的特征，是一定地域范围内的政治、经济、文化中心。早期的城镇多数都是自然扩展的，发展速度缓慢。18 世纪中叶，在工业革命的推动下，城市数目显著增加，规模持续扩大。

城市化（Urbanization）也称为城镇化，是随着一个国家或地区社会生产力的发展、科学技术的进步及产业结构的调整，其社会由以农业为主的传统乡村型社会向以工业和服务业等非农产业为主的现代城市型社会逐渐转变的历史过程。21 世纪以来，城市所具有经济与生活方式的某些特征正逐步向农村扩展，并且农村转向城市的过程和趋势都在不断加快，即城市化进程加快。城市化已经成为一个世界性的潮流，改善了地区产业结构、实现了物质生活水平的提升并有助于提高工业化水平。城市化进程加快。

　　亚洲与非洲城市化进程不断加快，工业化水平不断提高，同时也带来用电负荷的集中与电力消费的增长。对于风能和太阳能资源的开发利用，城市、城镇等人口密集地区的土地资源紧张，应避免采用集中方式建设大型基地，而分散式风电与分布式光伏发电具有占地面积小、安装形式灵活等特点，适宜利用农田、工业园区、山地间散落分布的开阔地带开展风电、屋顶光伏发电等，并积极采用农光互补、渔光互补等方式，提高土地资源利用效率。

　　全球各洲不适宜集中式风电开发的地面覆盖物类型的面积占比如图4-3所示。可见，欧洲将近80%的地表面积均被森林、耕地、冰雪等覆盖，大型风电基地的建设条件较差；中南美洲、北美洲及亚洲均有约50%的地表面积不适宜集中式开发风电资源；非洲和大洋洲从土地性质方面来看制约相对较少，开发条件更好。

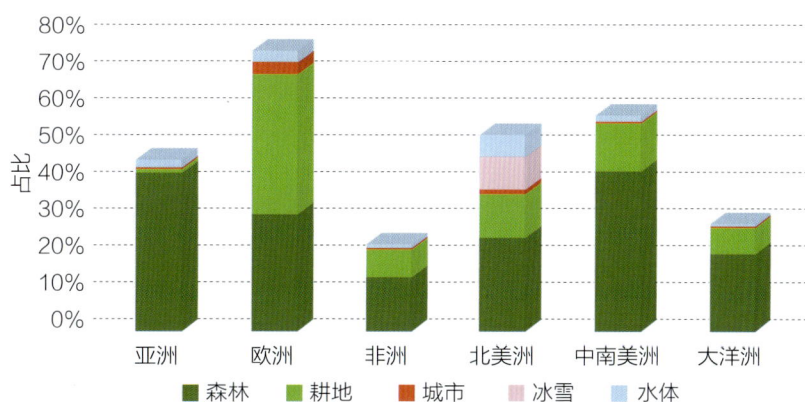

图4-3　各洲森林、耕地、城市、冰雪和水体面积占比示意图

4.1.3　保护区分布

　　保护区是影响风电资源开发的重要限制性因素。一般情况下，大型风电基地的选址开发应规避所有类型的保护区。图4-4给出了全球主要保护区分布情况。

图 4-4　全球主要保护区分布情况示意图

图例

- 自然生态系统类保护区
- 野生生物类保护区
- 自然遗迹类保护区
- 自然资源类保护区
- 其他类型保护区

全球来看，保护区总数量超过 22 万个，总面积约 1900 万 km^2，其中海上保护区个数约 3500 个，以自然生态系统类和自然资源类为主，主要分布在太平洋、印度洋及临近欧洲大陆的大西洋等海域。中南美洲、欧洲和大洋洲保护区面积位居世界前列，总占比超过全球的 60%。中南美洲超过 20% 的陆地面积纳入保护区范围，居全球首位，集中式风电开发受保护区的制约相对较大；亚洲的保护区面积占比不足 10%，保护区对于大型风电基地选址的制约因素较小。全球各洲主要保护区面积占比如图 4-5 所示。

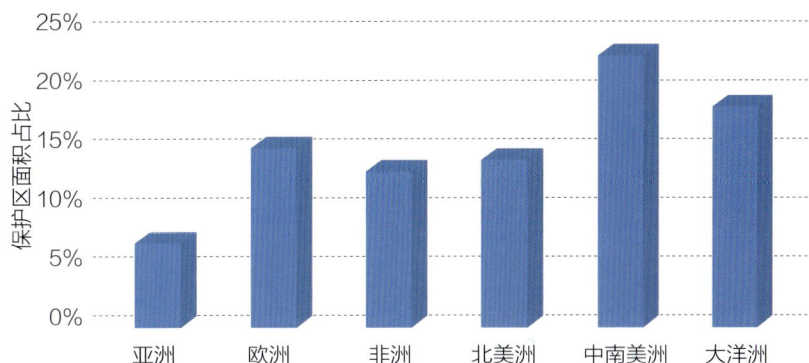

图 4-5　全球各洲主要保护区的面积占比示意图

从各洲来看，**亚洲**俄罗斯远东地区分布着众多的自然资源类、自然生态系统类和自然遗迹类保护区，蒙古分布着许多自然生态系统类和自然遗迹类保护区，全洲保护区总面积超过 350 万 km^2。**欧洲**东部、西部和南部广泛分布着众多的自然生态系统类、野生生物类和自然资源类保护区，北海海域及临近欧洲大陆的大西洋东部海域和地中海海域也分布着大量的自然生态系统类保护区，全洲陆上保护区总面积 167 万 km^2，海上保护区总面积 231 万 km^2。**非洲**东部广阔的热带草原为各种动物栖息提供了天然场所，野生动物种类繁多，分布着众多自然生态系统类、野生生物类、自然资源类保护区，全洲保护区总面积高达 424 万 km^2。**北美洲**大部分地区拥有众多地质景观及人类、古生物化石和活动遗迹，广阔的森林为各种动植物提供了合适的环境，分布着众多自然遗迹类、自然生态系统类、自然资源类保护区，全洲保护区总面积 347 万 km^2（含格陵兰岛）。**南美洲**亚马孙热带雨林是世界上最大的热带雨林，为各种动物栖息提供了天然场所，野生动物种类繁多，分布着众多野生生物类、自然生态系统类、自然资源类保护区，全洲保护区总面积高达 442 万 km^2。**大洋洲**澳大利亚中部大部分地区属于热带干旱、半干旱气候区，分布着众多自然生态系统类和自然资源类保护区，全洲保护区总面积 165 万 km^2。

4.1.4 交通设施

交通设施发达程度越高、公路干网等分布越广泛，越有利于大型风电基地的建设，工程设备与材料的进场运输，提高基地开发经济性。开展风电资源开发经济性研究，需结合交通设施的分布情况进行综合分析和测算。图 4-6 与图 4-7 所示为全球高等级公路分布情况及各洲公路里程对比。

公路方面， 全球高等级公路的总里程超过 170 万 km，公路总里程约 1200 万 km，基本遍布各洲全境。**亚洲** 公路总里程超过 350 万 km，居世界首位，约占全球公路总里程的近 30%，占洲内公路总里程约 10%。**北美洲** 高等级公路总里程超过 56 万 km，居世界首位，占洲内公路总里程约 35%。**欧洲** 高等级公路与洲内公路总里程占比也超过 20%，居世界前列。

具体来看，**亚洲** 东部与东南部、**北美洲** 东南部沿海及 **欧洲** 西部、中部和南部等大部分区域，人口稠密、公路密布，是世界上公路分布最密集的地区。北部非洲撒哈拉腹地、中部非洲的刚果盆地热带雨林地区、东北亚的俄罗斯远东地区、南美洲北部的亚马孙雨林地区和大洋洲澳大利亚中部，鲜有公路穿越，多数地区距离最近的高等级公路超过 200km，基地开发的运输条件相对较差。

铁路方面， 全球铁路总里程约 130 万 km，主要分布在欧洲与北美洲的大部分地区，以及亚洲的东部与南部地区。其中，欧洲铁路里程约占全球铁路总里程的 40%，居各洲首位，亚洲铁路里程占比近 30%，居于次位。图 4-8 与图 4-9 所示为全球铁路分布情况及各洲铁路里程对比。

具体来看，**亚洲** 铁路主要分布在东亚的中国、日本、韩国，南亚的印度和巴基斯坦，中亚的哈萨克斯坦，西亚的伊朗与叙利亚等国，洲内铁路里程相对较短，发展空间较大。**欧洲** 铁路密布，中部和西部地区是世界上铁路分布最密集的地区之一。**非洲** 铁路主要分布在南部的南非、赞比亚和纳米比亚，东部的埃塞俄比亚与坦桑尼亚，北部地中海沿岸及西部的科特迪瓦与尼日利亚等国，洲内铁路里程短，发展空间巨大。**北美洲** 铁路覆盖广泛，主要分布在加拿大南部、美国和墨西哥全境。**中南美洲** 铁路主要分布在南美洲南部的阿根廷与智利、东部大西洋沿岸的巴西、西部大西洋沿岸的哥伦比亚与厄瓜多尔、加勒比海北部的古巴等国，洲内铁路里程较短，发展空间较大。**大洋洲** 铁路主要分布在澳

图4-6　全球高等级公路分布情况示意图

4.1　基础条件

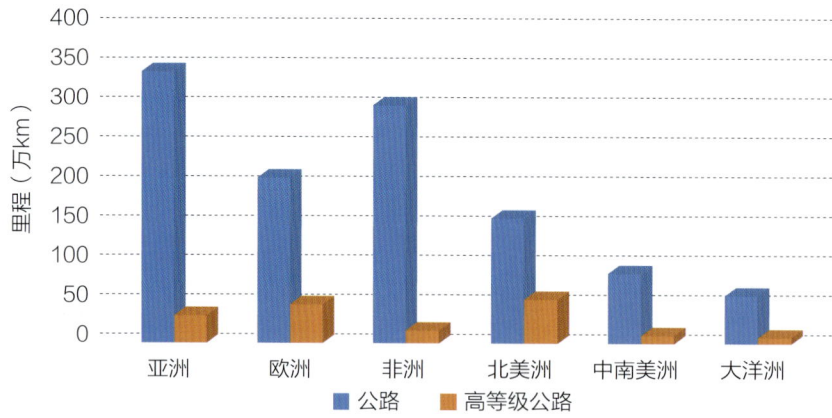

图 4-7　各洲公路与高等级公路的里程对比图

大利亚南部和东部沿海地区，新西兰北岛和南岛东部沿海地区，大洋洲总体铁路里程最短。

　　总体来看，欧洲的公路和铁路交通发达，北美洲与亚洲的交通基础设施覆盖广泛，开展大型清洁能源发电基地工程建设的交通运输条件较好。

图4-8 全球铁路分布情况示意图

4.1 基础条件

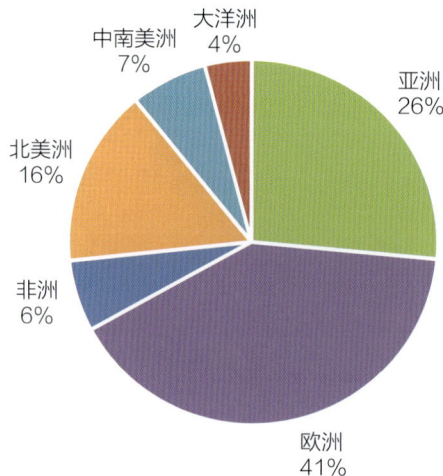

图 4-9　各洲铁路的里程对比图

4.1.5　电网设施

电网基础设施条件越好，大型风电基地的并网成本越小，越有利于开展集中式风电开发。全球风能资源开发经济性的评估考虑了并网条件的影响，在平准化度电成本中增加了并网成本。全球电网 110kV 及以上基础设施热力分布情况如图 4-10 所示。

全球交流电网的高压线路总长超过 300 万 km，主要分布在亚洲与欧洲，其中 380kV 以上线路总长约 140 万 km，约 50% 集中在亚洲，20% 在欧洲；全球直流工程总长超过 10 万 km，亚洲占比超过 60%，居于世界首位，其中 ±800kV 以上线路总长超过 3 万 km，主要分布在亚洲与中南美洲，±1100kV 以上线路全部在中国。图 4-11 与图 4-12 所示为全球各洲不同电压等级交流与直流电网线路情况对比。

具体来看，**亚洲**电网基础较好，但西伯利亚北部、青藏高原部分地区和阿拉伯半岛东南部部分地区没有高压电网覆盖。**欧洲**电网基础设施完善，覆盖欧洲绝大部分地区。**非洲**电网基础设施薄弱，撒哈拉沙漠和刚果盆地热带雨林腹地，以及安哥拉西部没有高压电网覆盖[1]。**北美洲**电网基础较好，基本覆盖了除北部极地之外的大部分地区。**中南美洲**电网基础设施较好，但中南美洲大陆的

---

[1] 因为资料获取原因，暂不含索马里电网的信息。

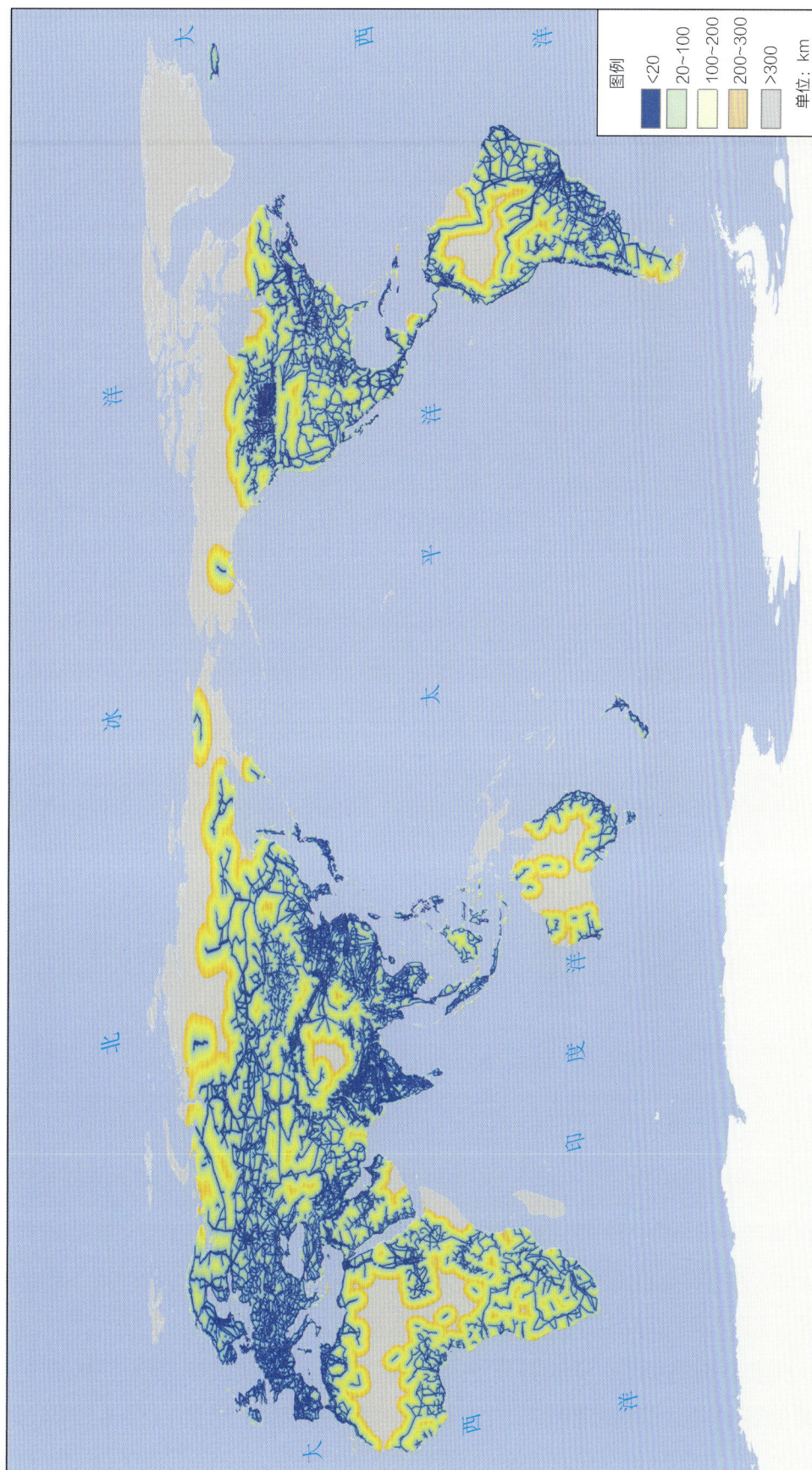

图4-10　全球电网设施热力分布示意图

4.1　基础条件

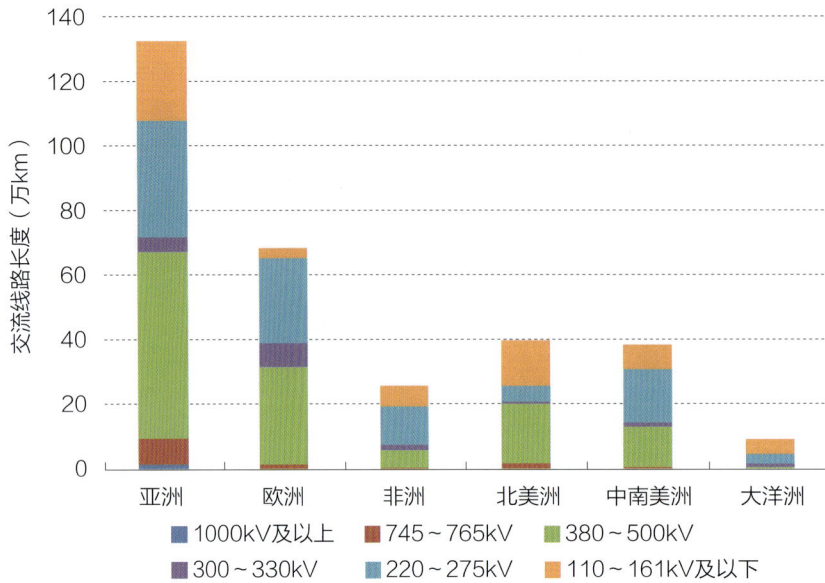

图 4-11　各洲交流线路的长度对比图

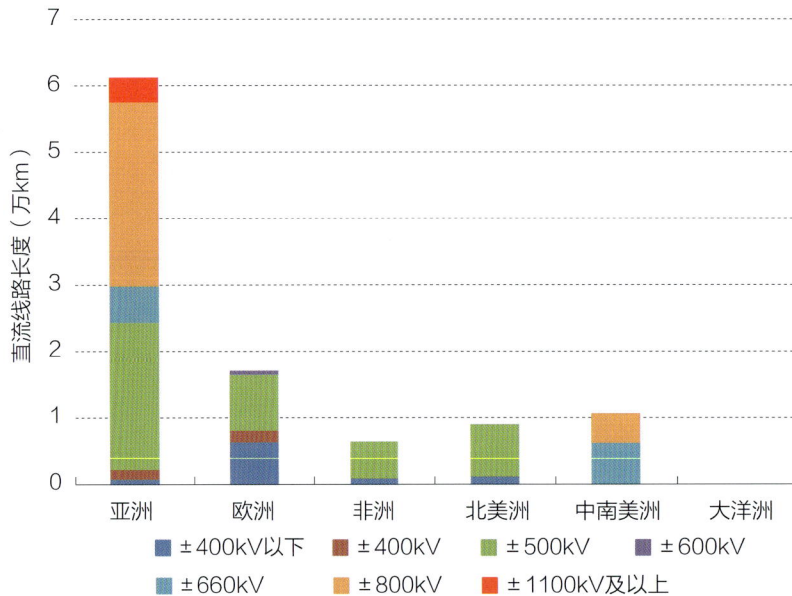

图 4-12　各洲直流线路的长度对比图

亚马孙热带雨林，哥伦比亚、秘鲁和玻利维亚三国安第斯山以东没有高压电网覆盖。**大洋洲**电网基础设施薄弱，澳大利亚中部及巴布亚新几内亚、所罗门群岛、斐济、瓦努阿图等岛国没有高压电网覆盖。上述区域在 300km 以内没有高压电网，大型风电基地开发的并网条件相对较差，多数风电资源只能就近汇集后远距离外送消纳，需要建设新的大容量、远距离输电通道，综合度电成本将升高。

专栏4-2 全球电网设施现状

1. 亚洲电网基础设施较好，整体电力普及率较高

一方面，亚洲各国电网发展水平差异较大，跨国电网互联有一定基础。中国已建成世界上规模最大、配置能力最强的特高压交直流混合电网。日本、印度、泰国、马来西亚、哈萨克斯坦等国已形成比较坚强的400/500/750kV 交流电网主网架。东亚、东南亚、南亚、中亚、西亚各区域国家间均建成多条跨国输电通道，亚洲各国电网具有一定程度的互联基础。

另一方面，亚洲电力需求占全球比重最大，约49%。近年来，亚洲用电量年均增速4.7%，呈现较快增长趋势。电力消费主要分布在东亚和南亚区域，分别占亚洲总用电量的69.5%和11.9%。亚洲整体电力普及率约95%，仍有约2.4亿无电人口，主要分布在南亚和东南亚。亚洲年人均用电量2500kWh，不到世界平均水平的一半。

2. 欧洲电网整体发展水平较高，已形成跨国互联电网

欧洲共有36个国家的43家运营商加入了欧洲输电运营商联盟（Entso-E），形成世界最大的跨国互联电网，其中欧洲大陆、北欧、英国及爱尔兰电网主网架为400kV，波罗的海国家电网主网架为330kV，相互之间通过直流互联。欧洲大陆电网通过西班牙—摩洛哥的两回400kV线路与北非互联；在东部与乌克兰电网互联；在东南部与西亚电网互联。波罗的海国家电网与俄罗斯电网互联。以上为海上风电等清洁能源开发送出等提供了良好电网基础。

欧洲电力消费总量较高，人均用电量处于世界领先水平，全洲总用电量占全球总量的21%，其中35%、25%的电力消费分别集中在西欧、俄罗斯及周边区域。欧洲电力普及率100%，人均用电量5885kWh，约为世界平均水平的1.9倍。

3. 非洲电网基础设施薄弱，电力普及有待提升

一方面，各国普遍存在电网覆盖程度低、输送能力弱、供电可靠性不高等问题。南非是非洲电网基础最好的国家，最高电压等级达到交流

765kV、直流±533kV；北部非洲各国形成 500/400kV 交流主网架。除北部非洲和南非等少数国家外，多数国家最高电压等级在 330kV 及以下，部分国家甚至尚无高压输电网，且设施年久失修、老化严重，给风能、太阳能等清洁能源的集中式开发与外送带来较大挑战。

另一方面，非洲整体电力普及率不高，北部非洲部分边远区域、广大撒哈拉以南非洲，尚存约 6 亿无电人口，占全世界的一半以上。

4. 北美洲人均用电量和电网发展水平较高，电网互联基础较好

一方面，北美洲电网发展水平较高，跨国电网互联基础较好。经历 100 余年发展，北美洲电网电压等级不断提高、互联范围和规模不断扩大。目前，北美洲主要地区已形成比较坚强的 500kV（墨西哥为 400kV）交流电网主网架，以 5 个交流同步电网运行。

另一方面，电力消费趋于稳定，人均用电量是世界平均水平的 3.2 倍。从国家分布来看，目前电力发展较不均衡，墨西哥与美国、加拿大发展差距较大。美国用电量占北美洲总量的 80% 以上，美国东部地区用电量占全美的 70% 以上，呈现出显著的区域性集中特点。

5. 中南美洲电网基础设施较好，整体电力普及率较高

一方面，中南美洲部分国家电网发展水平较高，跨国电网互联基础较好。巴西、阿根廷、委内瑞拉、哥伦比亚、乌拉圭等国已形成比较坚强的 500kV（委内瑞拉为 400kV）交流电网主网架。南美巴西最高电压等级达到交流 750kV、直流 ±800kV；委内瑞拉最高电压等级达到交流 765kV；秘鲁和智利初步形成了 500kV 交流主网架，其他国家以 230kV 及以下交流主网架为主。中美洲形成了从危地马拉至巴拿马贯穿 6 国的 230kV 交流联网。

另一方面，中南美洲整体电力普及率较高。中南美洲人均用电量约为世界平均水平的 60%，其中智利最高，已经超过 4000kWh。中南美洲近 60% 的电力消费集中在巴西和阿根廷，中美洲和加勒比地区部分国家和地区仍存在不同程度的电力供应短缺问题，需大力开发风能、太阳能等清洁能源，提高电力供应能力。

6. 大洋洲各国电网发展差异较大

一方面，澳大利亚、新西兰电网基础条件较好，但其他太平洋岛国尚未形成覆盖全国的输电网，各国发展水平差异大。澳大利亚除了北领地外，东部和西部建成了330/275kV交流同步电网，新南威尔士州和维多利亚州形成了500kV主网架。新南威尔士州和维多利亚州实现了330kV交流联网，维多利亚州和南澳大利亚州实现了275kV交流联网，昆士兰州与新南威尔士州实现了330kV交流联网，塔斯马尼亚州和维多利亚州实现了±400kV直流联网。新西兰北岛和南岛分别建成了220kV交流主网架，北岛建成了哈卡马鲁—奥塔胡的400kV交流输电通道。新西兰还建成了连接南北岛的本莫尔—海沃德±350kV直流工程。巴布亚新几内亚和斐济输电网最高电压等级为132kV，电网以66/33kV为主网架。所罗门群岛等国仅在局部地区建设了6.6~13.8kV中低压配电网和小型微电网。

另一方面，大洋洲电力消费水平发展不均衡。澳大利亚和新西兰的电力消费分别占全洲的84%和14%。澳大利亚、新西兰、斐济等国的电力普及率达到100%，巴布亚新几内亚、瓦努阿图等国的电力普及率较低，平均水平在30%左右。

4.1 基础条件

4.2 资源评估

报告基于覆盖全球的数据、信息，采用统一标准和参数完成了全球风能资源的评估研究。

4.2.1 理论蕴藏量

根据 100m 高度的风速数据测算，全球风能资源理论蕴藏量总计 2000PWh/a[1]，全球各洲占比如图 4-13 所示。

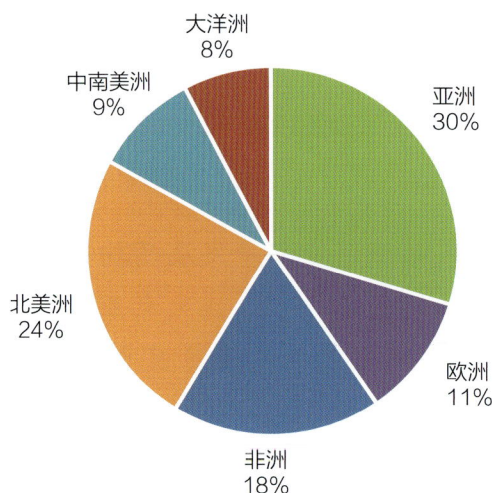

图 4-13 各洲风能资源理论蕴藏量占比图

从各洲分布来看，**亚洲**风能资源理论蕴藏量 595PWh/a，占全球总量的 30%，东北亚、中亚及西亚部分地区的风能资源较好。**欧洲**为 213PWh/a，占全球总量的 11%，欧洲西部、北部和东部部分地区的风能资源较好。**非洲**为 366PWh/a，占全球总量的 18%，非洲东部、北部及南部部分地区风能资源较好。**北美洲**为 488PWh/a，占全球总量的 24%，北美洲东部和中部部分地区风能资源较好。**中南美洲**为 185PWh/a，占全球总量的 9%，南美洲南部地区风能资源较好。**大洋洲**为 155PWh/a，占全球总量的 8%，大洋洲西南部的澳大利亚和南部的新西兰风能资源较好。

---

[1] 全球风能资源评估结果不包含南极地区。

4.2.2 技术可开发量

综合考虑资源和各类技术限制条件后，经评估测算，全球适宜集中式开发的风电规模约 131.2TW，年发电量约 346.6PWh，各洲占比如图 4-14 所示。非洲集中式开发条件最好，总装机规模占比约 40%，居各洲首位；亚洲装机规模占比 28%，位居世界前列。

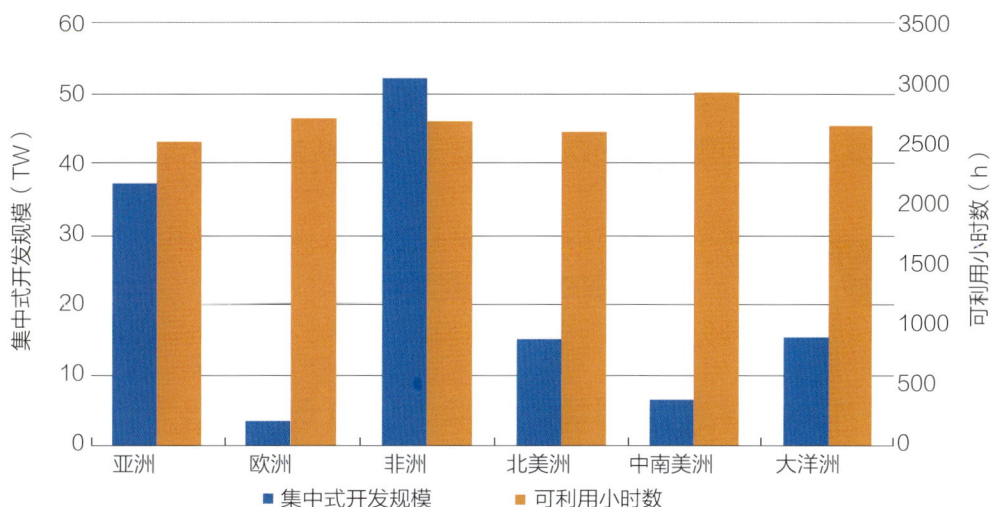

图 4-14 各洲适宜集中式开发的风电规模占比图

亚洲适宜集中式开发的风电规模约 37.3TW，年发电量约 93.9PWh。从分布上看，亚洲技术可开发的风能资源主要集中在东亚的中国和蒙古，中亚的哈萨克斯坦，西亚的阿富汗、伊朗、沙特阿拉伯及阿曼等，占到全洲总量的 70% 以上。上述地区海拔基本在 2000m 以下，主要是草本植被、裸露地表和少量灌丛，除蒙古和伊朗境内的保护区之外，绝大部分地区非常适合建设大型风电基地。中国东部南部大部分地区、日本、朝鲜半岛、印度和孟加拉国人口稠密，农业发达，耕地广泛分布，基本不具备集中建设大型风电基地的条件；中国西部的青藏高原及位于中亚帕米尔高原的吉尔吉斯斯坦、塔吉克斯坦等国家，海拔高、地形起伏大，集中式开发风电的条件较差；东南亚的缅甸、泰国、老挝、印度尼西亚等国，虽然部分区域风资源条件较好，但绝大部分国土覆盖茂密的热带雨林，无法建设集中式风电基地。总体来看，受地面覆盖物、地形地貌等因素影响，亚洲仅 20% 的陆上区域具备集中式开发建设风电基地的条件，日本、印度、缅甸等部分国家更适宜采用分散式开发方式，利用乡村和森林周边、田间地头的空闲土地开发风电资源。

欧洲适宜集中式开发的陆上风电规模约 3.91TW，年发电量约 10.6PWh。从分布上看，欧洲技术可开发的陆上风能资源主要集中在英国、冰岛、挪威和俄罗斯等国，占到全洲总量的 70% 以上。上述地区海拔基本在 2000m 以下，主要是草本植被和灌丛。欧洲西部、中部和南部大部分地区人口稠密，农业发达，耕地广泛分布，基本不具备集中建设大型风电基地的条件；位于阿尔卑斯山脉地区的瑞士、意大利北部、奥地利西部等国家和地区海拔高、地形起伏大，集中式开发风电的条件较差；欧洲北部和东部的瑞典、芬兰、俄罗斯等国森林覆盖广泛，无法建设集中式风电基地。总体来看，受地面覆盖物、地形地貌等因素影响，欧洲仅 9% 的陆上区域具备集中式开发建设风电基地的条件，欧洲部分国家更适宜采用分散式开发方式，利用乡村和森林周边、田间地头的空闲土地开发风电资源。

专栏 4-3　分散式风电资源评估

　　全球各洲部分国家与地区风能资源的集中式开发条件较差，研究结合地区实际情况，评估合理利用森林、耕地等区域进行分散式风电开发的资源潜力。

　　以欧洲为例，欧洲共有 31 个国家和地区基本不具备陆地集中式风电开发条件。其中法国、德国、波兰等国家因为森林、耕地、城市等地面覆盖物的限制，集中式风电开发条件差；意大利、罗马尼亚、希腊、塞尔维亚、克罗地亚等国家，因为风速低，集中式风电开发条件差。上述国家和地区宜结合具体情况采用分散式开发利用低风速资源。经测算评估，德国、波兰、罗马尼亚、塞维利亚、法国等国的分散式风电开发规模分别为 90.5、102.9、39.2、17.6、158.4GW，远超其集中式开发的规模。欧洲适宜分散式开发风能资源国家的评估结果见专栏 4-3 表 1。

专栏 4-3 表 1　欧洲适宜分散式开发风能资源国家的评估结果

序号	国家	分散式开发规模（GW）	年发电量（TWh）	可利用面积比例（%）
1	德国	90.5	243.1	7.0
2	波兰	102.9	288.7	7.3
3	罗马尼亚	39.2	72.7	5.0
4	克罗地亚	7.0	13.0	4.4
5	塞尔维亚	17.6	32.4	6.9

续表

序号	国家	分散式开发规模（GW）	年发电量（TWh）	可利用面积比例（%）
6	希腊	6.9	14.8	2.5
7	法国	158.4	406.0	8.5
8	意大利	28.8	61.4	4.1
总计		451.3	1132.1	6.4

非洲适宜集中式开发的风电规模约 52.21TW，年发电量约 140.9PWh。从分布上看，非洲技术可开发的风能资源主要集中在撒哈拉至地中海沿岸的北部地区，阿尔及利亚、利比亚、苏丹、毛里塔尼亚、马里、尼日尔和埃及，占到全洲总量的 70% 以上。上述地区海拔基本在 1000m 以下，主要是裸露地表和少量灌丛，除摩洛哥、突尼斯、尼日尔和阿尔及利亚境内的保护区之外，绝大部分地区非常适合建设大型风电基地。非洲中部大部分地区，如喀麦隆、刚果民主共和国、安哥拉等国，风能资源条件较差且多分布茂密的热带雨林，无法建设集中式风电基地；撒哈拉沙漠南缘的尼日利亚及东部的埃塞俄比亚、坦桑尼亚等国家农业耕地广泛分布，部分地区不具备集中建设大型风电基地的条件；非洲东部野生动植物资源丰富、保护区众多，部分地区不适宜建设集中式风电基地。总体来看，在综合考虑资源禀赋、地面覆盖物、保护区等因素影响后，非洲大部分陆上区域仍具备集中式开发建设风电基地的条件。

北美洲适宜集中式开发的风电规模约 15.4TW，年发电量约 40.2PWh。从分布上看，北美洲技术可开发的风能资源主要集中在美国中部、加拿大东部和北部。上述地区海拔基本在 1500m 以下，主要是草本植被和灌丛，除美国和加拿大的城市、耕地和保护区之外，绝大部分地区非常适合建设大型风电基地。美国南部的部分地区人口稠密，农业发达，耕地广泛分布，基本不具备集中建设大型风电基地的条件；墨西哥南部地区森林覆盖密集，并有较大面积的农田，集中式开发风电的条件较差。总体来看，受地面覆盖物、地形地貌等因素影响，北美洲仅 10% 的陆上区域具备集中式开发建设风电基地的条件，墨西哥更适宜采用分散式开发方式利用风电资源。

中南美洲适宜集中式开发的风电规模约 6.78TW，年发电量约 19.8PWh。从分布上看，中南美洲技术可开发的风能资源主要集中在阿根廷南部、巴西东北部和乌拉圭东南沿海地区，占到全洲总量的 80% 以上。上述地区除阿根廷南部处于高原地带外，其余地区海拔基本在 1000m 以下，主要是草本植被、裸露地表和少量灌丛，除巴西东北部的少量保护区之外，绝大部分地区非常适合建设大型风电基地。南美洲中部和西部大部分地区，如巴西西北部、秘鲁东北部、厄瓜多尔东部地区、哥伦比亚和委内瑞拉南部地区，风资源条件较差且多分布茂密的热带雨林；阿根廷东北部及巴西西南部地区农业耕地广泛分布；中美洲尼加拉瓜南部有较丰富的风能资源，但地形陡峭，多覆盖热带雨林，上述国家和地区建设集中式风电基地的条件较差。总体来看，中南美洲具备集中式开发建设风电基地的陆上区域相对有限，但阿根廷南部地区综合各种技术条件，风电集中式开发的条件优异。

大洋洲适宜集中式开发的风电规模约 15.55TW，年发电量约 41.2PWh。从分布上看，大洋洲技术可开发的风能资源主要集中在澳大利亚中西部地区，以及新西兰东部沿海地区，占到全洲总量的 99% 以上。上述地区海拔基本在 1000m 以下，主要是草木植被和少量裸露地表，除澳大利亚和新西兰境内的保护区及耕地之外，绝大部分地区适合建设大型风电基地。

单位国土面积的风电装机容量及其年发电量是表征一个区域风电技术可开发资源条件的重要指标，但是装机容量受地形坡度影响较大，相比而言，采用年发电量与装机容量的比值，即装机利用小时数（容量因子，Capacity Factor）更能够反映区域风电资源技术开发条件的优劣。全球风电技术可开发区域及其利用小时数分布情况如图 4-15 所示。经测算，全球陆上风电技术可开发装机的平均利用小时数约 2642h（平均容量因子约 0.27），全球最大值出现在非洲肯尼亚北部的北霍尔（North Horr）附近，超过 5500h，资源条件极为优异。

从各洲分布来看，**亚洲**风电技术可开发装机的平均利用小时数约 2517h（平均容量因子约 0.29），其中蒙古南部、中国北部、哈萨克斯坦南部、伊朗与阿富汗交界处、阿曼的印度洋沿岸、也门西南部红海沿岸，风电利用小时数在 3000h 以上，最大值出现在阿富汗西部与伊朗交界的赫拉特（Herat），超过 4500h。

欧洲陆上风电技术可开发装机的平均利用小时数约 2707h（平均容量因子约 0.31），其中冰岛东部和西部、英国北部、挪威北部和俄罗斯北部地区，风电利用小时数在 3000h 以上，最大值出现在冰岛的西部地区，超过 4000h。欧洲的北海地区风能资源丰富，据测算，区域风电的平均利用小时数超过 4500h（平均容量因子超过 0.51）；北海海域的海深基本在 50~100m，风电基地建设条件优越。

图4-15 全球风电技术可开发区域及其利用小时分布示意图

非洲陆上风电技术可开发装机的平均利用小时数约 2699h（平均容量因子约 0.31），其中肯尼亚北部、乍得北部、利比亚南部与乍得和尼日尔的交界处、苏丹东部的红海沿岸、索马里东部的印度洋沿岸、西撒哈拉的大西洋沿岸、利比亚东北部的地中海沿岸，风电利用小时数在 4000~4500h，最大值出现在肯尼亚北部的北霍尔（North Horr）附近，超过 5500h。

北美洲陆上风电技术可开发装机的平均利用小时数约 2609h（平均容量因子约 0.30），其中加拿大北部和东部、美国本土中部、美国阿拉斯加西南部、墨西哥东北部，风电利用小时数在 3000~3500h，最大值出现在加拿大东南部的纽芬兰（Newfoundland）附近，超过 4500h。

中南美洲陆上风电技术可开发装机的平均利用小时数约 2916h（平均容量因子约 0.33），其中阿根廷南部、智利南部太平洋沿岸、巴西东北部、哥伦比亚北部加勒比海沿岸、委内瑞拉北部加勒比海沿岸、环加勒比海近海，风电利用小时数在 3500~4500h，最大值出现在阿根廷南部的圣克鲁斯（Santa Cruz）附近，超过 5400h。

大洋洲陆上风电技术可开发装机的平均利用小时数约 2650h（平均容量因子约 0.3），其中澳大利亚西部、新西兰北岛南部和南岛东部沿海地区，风电利用小时数在 3500~4500h，最大值出现在新西兰北岛的惠灵顿（Wellington）附近，超过 5000h。

4.2.3　开发成本

按照陆上风电装备 2035 年造价水平测算，综合考虑交通和电网基础设施条件，报告研究了全球 200 个国家和地区的集中式风电的平均开发成本，全球平均开发成本[1]为 4.08 美分，全球分布情况如图 4-16 所示。风电开发成本的高低与技术开发条件的优劣，绝大多数情况下在空间上的分布是一致的，但在部分地区存在一定差异。极地高纬度地区、撒哈拉沙漠腹地、澳大利亚内陆等地区虽然局部风能资源较好，但由于交通、电网基础设施条件较差，远离负荷中心，风电开发成本高。图 4-17 给出了全球各洲集中式风电的平均开发成本对比。经过评估测算，全球风能经济可开发量规模 96.9TW，占技术可开发量的 73.9%。

---

[1] 全球集中式风电的平均开发成本为全球各国家与地区的平均开发成本及其年发电量的加权平均值。

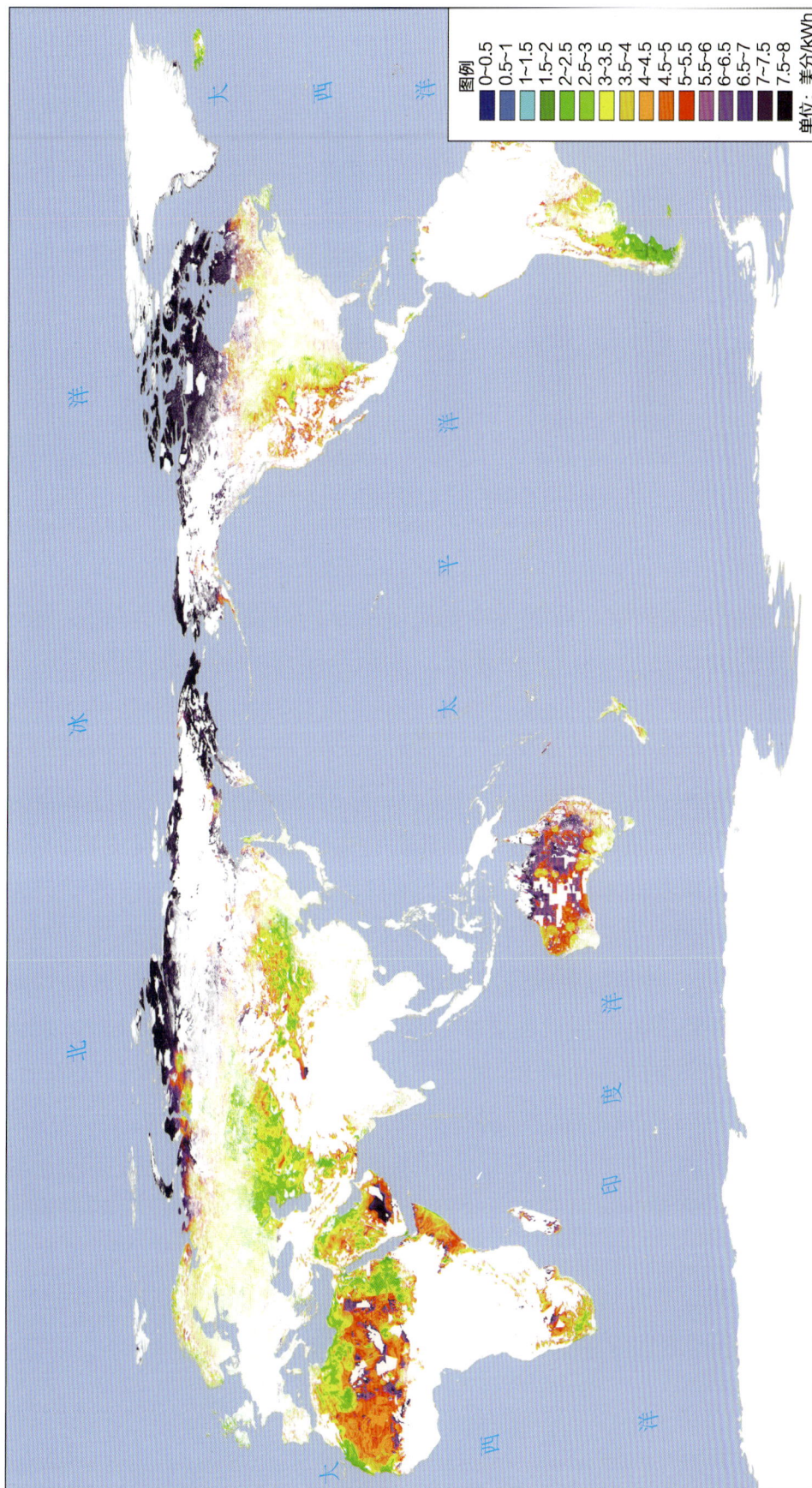

图4-16 全球风电开发成本分布示意图

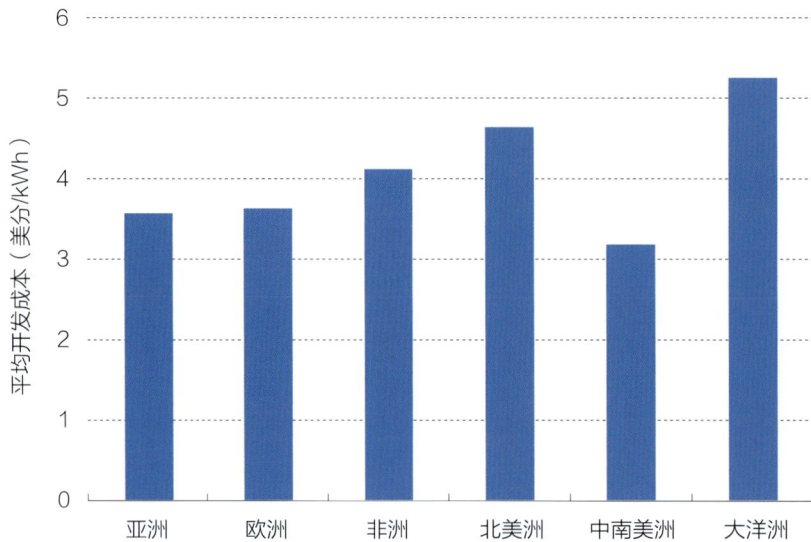

图 4-17　全球各洲集中式陆上风电的平均开发成本对比图

从各洲开发成本来看，**亚洲**集中式风电的平均开发成本 ❶ 为 3.57 美分，各国的平均开发成本在 2.65~6.99 美分。按照当前全球约 5 美分的平均电价水平评估，除去远东西伯利亚远离公路和电网的区域及风能资源条件相对较差且地形起伏大、建设条件差的区域外，亚洲约 84% 的技术可开发装机容量满足经济性要求，经济可开发规模约 31.5TW。东亚的蒙古南部、中国北部，中亚和西亚的部分地区开发成本较低。**欧洲**集中式风电的平均开发成本为 3.63 美分，各国的平均开发成本在 2.32~6.84 美分。欧洲约 86% 的技术可开发装机容量满足经济性要求，经济可开发规模约 3.4TW。**非洲**集中式风电的平均开发成本为 4.12 美分，各国的平均开发成本在 2.88~7.03 美分。非洲约 82% 的技术可开发装机容量都满足经济性要求，经济可开发规模约 42.6TW。**北美洲**集中式风电的平均开发成本为 4.55 美分，各国的平均开发成本在 2.03~6.31 美分。北美洲约 51% 的技术可开发装机容量满足经济性要求，经济可开发规模约 7.8TW。**中南美洲**集中式风电的平均开发成本为 3.18 美分，各国的平均开发成本在 1.98~7.72 美分。中南美洲约 95% 风电技术可开发装机容量满足经济性要求，经济可开发规模约 6.4TW。**大洋洲**集中式风电的平均开发成本为 5.26 美分，各国的平均开发成本在 3.45~7.30 美分。大洋洲约 34% 的技术可开发装机容量都满足经济性要求，经济可开发规模约 5.2TW。

---

❶ 亚洲集中式风电的平均开发成本为洲内各国家平均开发成本及其年发电量的加权平均值，下同。

从国别来看，资源条件优异，同时交通、电网基础设施条件相对较好的国家和地区风电开发成本低，经济性更好。

亚洲的印度、日本、乌兹别克斯坦、印度尼西亚等 13 个国家存在风电开发成本高于 8 美分的情况，标志这些国家存在因成本而限制开发的情况。从最经济的开发区域来看，中国、蒙古、哈萨克斯坦、巴基斯坦、斯里兰卡、阿富汗、伊朗、科威特、阿曼、沙特阿拉伯、也门等 15 国风电的最低开发成本低于 2.5 美分，其中最低成本出现在也门西南塔伊兹省（Ta'izz）沿海，为 1.71 美分。从平均水平来看，科威特的全国平均开发成本最低，为 2.65 美分。

欧洲的俄罗斯、法国、乌克兰、塞尔维亚等 11 个国家存在风电开发成本高于 8 美分的情况。从最经济的开发区域来看，挪威、瑞典、芬兰、冰岛、俄罗斯、波兰、希腊、英国、爱尔兰、葡萄牙等 19 国风电的最低升发成本低于 2.5 美分，其中最低成本出现在英国北部苏格兰（Scotland）爱丁堡市（Edinburgh）东南部，为 1.95 美分。从平均水平来看，丹麦的全国平均开发成本最低，为 2.32 美分。

非洲的阿尔及利亚、布基纳法索、苏丹、乍得等 22 个国家和地区存在风电开发成本高于 8 美分的情况。从最经济的开发区域来看，苏丹、埃及、肯尼亚、吉布提、摩洛哥、南非、埃塞俄比亚、乍得等 15 国风电的最低开发成本低于 2.5 美分，其中最低成本出现在苏丹东部红海州（Red Sea）陶卡尔（Tokar）西部，为 1.68 美分。从平均水平来看，西撒哈拉的全国平均开发成本最低，为 2.88 美分。

北美洲没有国家存在风电开发成本高于 8 美分的情况。从最经济的开发区域来看，加拿大、美国、墨西哥都存在最低开发成本均低于 2.5 美分的区域，其中最低成本出现在加拿大东部纽芬兰—拉布拉多省（Newfoundland and Labrador）福琼（Fortune）西南部，为 2.01 美分。

中南美洲的玻利维亚、圭亚那、苏里南、古巴等 17 个国家和地区风电开发的最高度电成本存在高于 8 美分的情况。从最经济的开发区域来看，哥伦比亚、巴西、智利、阿根廷、哥斯达黎加等 9 国风电的最低开发成本低于 2.5 美分，其中最低成本出现在阿根廷南部圣克鲁斯省（Santa Cruz）格雷戈雷斯省长镇（Gobernadorgregores）西部，为 1.63 美分。从平均水平来看，哥伦比亚的平均开发成本最低，为 2.41 美分。

大洋洲内 9 个国家和地区风电开发的最高度电成本均存在高于 8 美分的情况，标志着存在因成本而限制开发的情况。从最经济的开发区域来看，澳大利亚和新西兰风电的最低开发成本低于 2.5 美分，其中最低成本出现在新西兰北岛的惠林顿（Wellington）东南部，为 2.00 美分。从平均水平来看，新西兰的全国平准化度电成本最低，为 3.45 美分。

全球 6 大洲风能资源评估结果见表 4-1，包括理论蕴藏量、集中式开发规模及按国别平均的开发成本。其中，技术可开发量的评估结果是按照 1.4.3 给定的评估参数计算获得，是满足集中式开发条件区域的装机容量。

表 4-1　全球 6 大洲风能资源评估结果

序号	洲别	理论蕴藏量（TWh/a）	集中式开发规模（GW）	年发电量（TWh）	可利用小时数（h）	可利用面积比例（%）	平均开发成本（美分/kWh）
1	亚洲	594991.3	37316.9	93922.0	2517	21.39	3.57
2	欧洲	213172.3	3910.9	10585.2	2707	9.11	3.63
3	非洲	366136.3	52208.5	140911.8	2699	37.62	4.12
4	北美洲	487723.4	15394.2	40161.7	2609	10.30	4.55
5	中南美洲	184010.8	6783.5	19777.6	2916	9.94	3.18
6	大洋洲	154522.0	15554.4	41224.3	2650	38.87	5.26
—	总计[1]	2000556	131168.4	346582.6	2642[2]	23[3]	4.08[4]

注：1. 亚洲总计数据包含俄罗斯、埃及领土的亚洲部分的评估结果，不包含土耳其、阿塞拜疆、哈萨克斯坦领土欧洲部分的评估结果；欧洲总计数据包含土耳其、阿塞拜疆、哈萨克斯坦领土欧洲部分的评估结果，不包含俄罗斯领土的亚洲部分的评估结果，不包含格陵兰岛的评估结果；非洲总计数据不包含埃及亚洲部分的评估结果；北美洲的总计包括格陵兰岛。

2. 全球风电装机可利用小时数为全球年总发电量与总技术可开发量的比值。

3. 全球风电可利用面积比例为各洲总可利用面积与全球总面积的比值。

4. 全球风电平均开发成本为各洲平均开发成本及其年发电量的加权平均值。

4.2.4　国家评估案例

以阿根廷为案例，详述国家风能资源评估的主要成果，可供有关国家风电规划研究参考。全球 6 大洲主要国家的详细研究成果，读者可参阅相应分洲报告的有关内容。

阿根廷地处南美洲南部，国土总面积约 278 万 km²。据测算，境内最高海拔 6807m，最大地形坡度 72.6°。

阿根廷风能资源好，距地面 100m 高度全年风速范围为 2.1~13.0m/s，全国平均风速为 6.7m/s，主导风向为 WNW。全年风速大于 6m/s 的区域主要分布在南部及东部地区，西部及北部部分地区年平均风速均低于 3.5m/s，资源相对较差。

1. 主要限制性因素

阿根廷境内设有不同类型的保护区，包括自然生态系统类保护区面积 7.65 万 km²、野生生物类保护区面积 10.30 万 km²、自然遗迹类保护区面积 4117km²、自然资源类保护区面积 8.92 万 km² 等，保护区总面积为 28.15 万 km²，以上区域均不宜进行风能资源规模化开发。阿根廷主要保护区面积测算结果见表 4-2。

表 4-2　阿根廷主要保护区面积测算结果

万 km²

总面积	自然生态系统	野生生物	自然遗迹	自然资源	其他
28.15	7.65	10.30	0.41	8.92	0.87

阿根廷地面覆盖物类型以草本植被为主，地表草本植被覆盖面积 94.08 万 km²，占总陆地面积的 34.4%；耕地 61.28 万 km²，占 22.4%；灌丛面积 58.79 万 km²，占 21.5%。阿根廷主要地面覆盖物分析结果见表 4-3。草本植被和裸露地表适宜集中式开发风电，按照确定的土地利用系数测算，阿根廷可进行风能集中式开发的总面积约 138.6 万 km²，占比约 49.8%。

表 4-3　阿根廷主要地面覆盖物分析结果

万 km²

国土总面积	河流面积	陆地面积								
		总计	森林	灌丛	草本植被	耕地	湿地沼泽	裸露地表	城市	冰雪
278.02	4.45	273.57	31.52	58.79	94.08	61.28	9.44	16.29	1.16	1.01

2. 其他工程建设条件

阿根廷地震发生频率较高，历史发生的地震记录主要集中于西部和北部山区，风电开发应规避主要地层断裂带、地震带及地震高发区域。阿根廷岩层分布丰富，在风能资源丰富的地区以基性火山岩、松散沉积岩和硅碎屑沉积岩为主。

4.2　资源评估

阿根廷人口 4404 万人，人口密度超过 35000 人 /km² 的人口密集地区主要集中在东部及北部城市地区，西部及南部人口密度较低，规模化开发风电一般应远离人口密集地区。

3. 评估结果

据测算，阿根廷陆地风能资源的理论蕴藏量 76126.4TWh/a；集中式开发的技术可开发量 4029.1GW，年发电量 12712.9TWh，平均利用小时数 3155h（容量因子 0.36）。阿根廷南部及中部地区风能开发条件好，部分地区的装机能力可以达到 5MW/km²，全国风电技术可开发量分布和风电开发成本如图 4-18 所示。

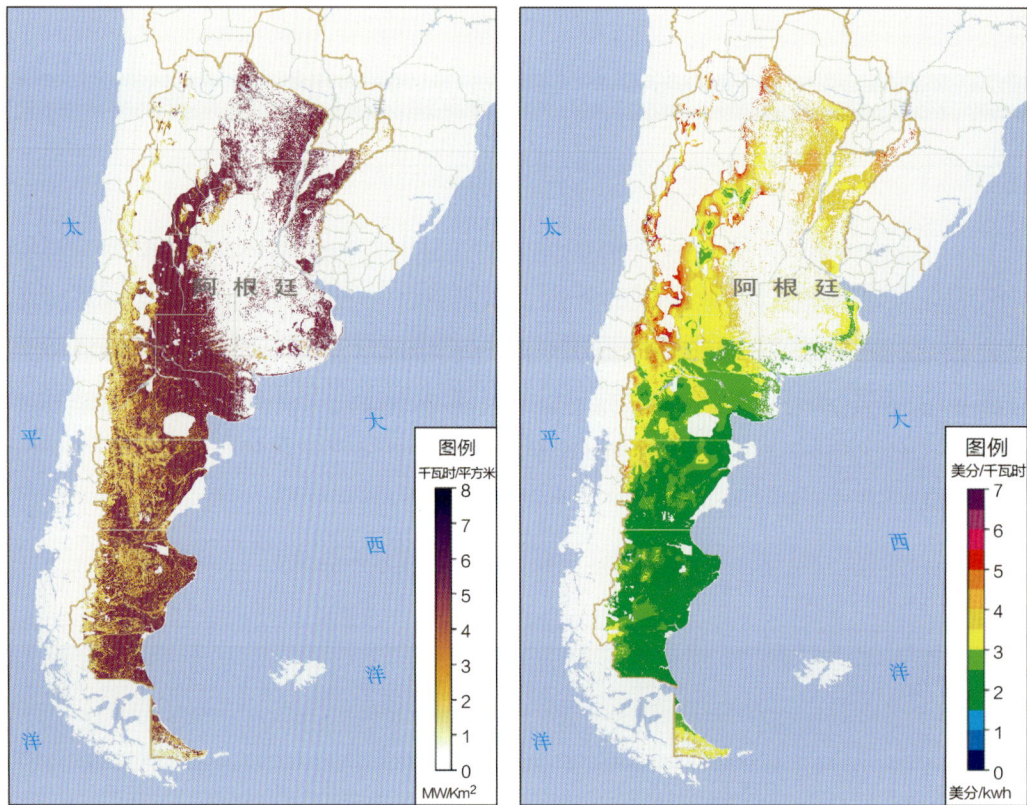

（a）技术可开发量分布　　　　　（b）开发成本分布

图 4-18　阿根廷风电技术可开发量及开发成本分布示意图

据测算，阿根廷陆地风电资源的平均开发成本为 2.93 美分 / kWh，其中开发条件最好的地区，开发成本低至 1.65 美分 / kWh。阿根廷适合风电大规模经济开发的区域主要分布于中部及南部地区。

4.3 基地开发

4.3.1 开发现状

2011—2018 年全球风电装机容量快速上涨，2018 年总装机规模达到 556.0GW，年平均增速 13.4%。其中，亚洲风电装机容量最大，为 229.2GW，其次是欧洲 181.9GW，北美洲 112.1GW，中南美洲 20.8GW，大洋洲 6.56GW，非洲 5.5GW。全球历年风电总装机容量如图 4-19 所示。

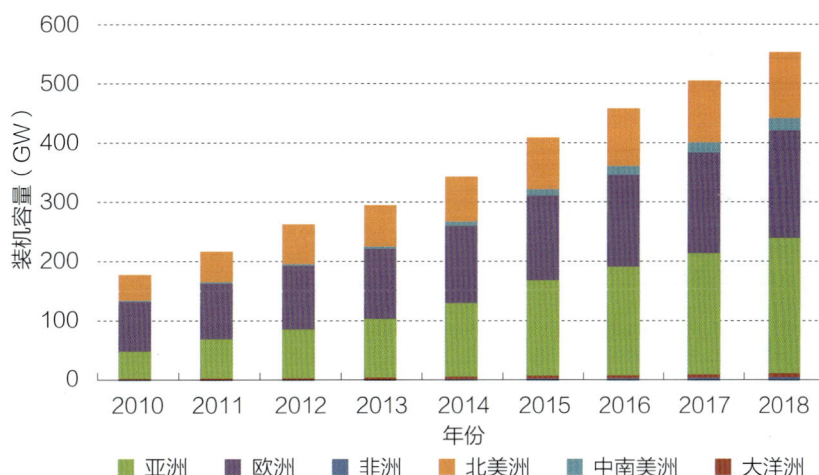

图 4-19　全球历年风电总装机容量（2010—2018 年）❶

风电装机容量最大的国家是中国，约 185.4GW，年发电量约 366TWh；其次是美国，装机容量约 94.4GW，年发电量约 273.6TWh；德国装机容量约 56.9GW，年发电量约 109.6TWh。2018 年全球主要国家风电开发情况见表 4-4。

表 4-4　2018 年全球主要国家风电开发情况 ❷

国家	风电装机容量（GW）	风电发电量（TWh）
中国	185.4	366
美国	94.4	273.6
德国	56.9（海上风电 5.8）	109.6
印度	35.3	61.2

❶ 资料来源：International Renewable Energy Agency. Renewable capacity statistics 2019[R]. Abu Dhabi: IRENA, 2019.

❷ 资料来源：彭博社 . 全球装机和发电量统计 [EB/OL]，2020-02-24.

续表

国家	风电装机容量（GW）	风电发电量（TWh）
西班牙	23.4	50.8
英国	20.3（海上风电 7.9）	56.9
法国	15.0	28.8
加拿大	12.8	32.9
意大利	9.7	17.5

根据 IRENA 统计，从 2010—2018 年，全球陆上风电的加权平均初投资大幅度下降，从 1913 美元 / kW 降至 1497 美元 / kW。全球海上风电的加权平均初投资下降幅度较小，从 4572 美元 / kW 降至 4353 美元 / kW。风电的平均初始投资与项目所在国家或地区，以及项目开发条件、技术水平等因素密切相关，同一年份的风电初始投资上下限差别较大。目前，全球陆上的单位容量投资范围在 1170~2430 美元 / kW，全球海上风电的单位容量投资范围在 2600~5500 美元 / kW。

据彭博新能源统计，2009—2019 年，全球陆上风电平准化度电成本为 5.2 美分 / kWh；全球固定式海上风电平准化度电成本在 2012 年之后开始大幅度下降，至 2018 年，平准化度电成本为 11.4 美分 / kWh，如图 4-20 所示。2018 年全球各洲风电经济性见表 4-5。

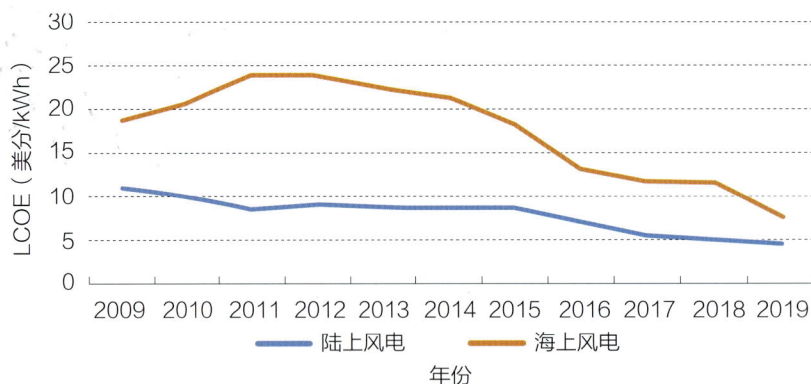

图 4-20　全球陆上风电和固定式海上风电历年度电成本（2010—2018 年）[1]

---

[1] 资料来源：彭博新能源财经（BNEF）：1H2020WIND LCOE UPDATE[R]NewYork: BNEF，2019.

表 4-5 2018 年全球各洲风电经济性 ❶

洲别	平均初投资水平（美元 /kW）	度电成本（美分 /kWh）
亚洲	2237（中国 1170）	10.5（中国 5.0）
欧洲	1950（海风 4000~5800）	7.5（海风 13.0~15.0）
非洲	1400	5.7
北美洲	1600	4.5
中美洲	1800	5.7
南美洲	1500（巴西 1800）	5.0（巴西 6.0）
大洋洲	1600	5.7

4.3.2 基地布局

根据全球风能资源评估结果，综合考虑资源特性和开发条件，大型风电基地宜在技术指标高、开发成本低的区域进行布局。综合各洲各区域用电需求，根据全球及各洲能源互联网主要战略输电通道研究成果，报告提出了全球 94 个风电基地的选址成果。

亚洲。 未来在东亚开发日本稚内、朝鲜吉州、韩国浦项、蒙古乔伊尔等 9 个风电基地，2035 年规模 45.00GW；在东南亚开发越南广义、菲律宾班吉等 5 个海上风电基地，2035 年规模 19.00GW；在南亚开发印度杰伊瑟尔梅尔、巴基斯坦噶罗等 6 个陆上风电基地，开发印度帕焦、斯里兰卡马纳尔等 6 个海上风电基地，2035 年规模 150.30GW；在中亚的哈萨克斯坦开发阿特劳、曼吉斯套等 5 个陆上风电基地，2035 年规模 23.00GW；在西亚开发沙特达曼、阿曼拉卡比、也门塔伊兹、阿富汗赫拉特等 8 个陆上风电基地，2035 年规模 51.10GW。

欧洲。 未来在英国开发安格斯陆上风电基地，在北海海域开发英国东部、德国西北和挪威南部等海域的 6 个海上风电基地，2035 年规模 81.46GW；在波罗的海海域开发立陶宛、拉脱维亚、爱沙尼亚等海域的 7 个海上风电基地，2035 年规模 45.30GW；在挪威海海域开发挪威海上风电基地，2035 年规模 5.10GW；在格陵兰岛和冰岛海域开发格陵兰岛海上风电基地，2035 年规模 14.00GW；在巴伦支海海域开发巴伦支海上风电基地，2035 年规模 12.30GW。

---

❶ 资料来源：彭博社 . 全球装机和发电量统计 [EB/OL]，2020-02-24.

非洲。未来在北部非洲开发埃及马特鲁、突尼斯加贝斯和摩洛哥扎格等 5 个陆上风电基地，2035 年规模 10.00GW；在东部非洲开发苏丹红海、埃塞俄比亚吉吉加和肯尼亚北霍尔 4 个陆上风电基地，2035 年规模 4.40GW；在南部非洲开发纳米比亚吕德里茨、南非弗雷泽堡和博茨瓦纳奥拉帕 3 个陆上风电基地，2035 年规模 7.00GW。

北美洲。未来在美国开发马丁、阿瑟等 5 个陆上风电基地，2035 年规模 67.06GW，开发俄勒冈州、马萨诸塞州周边、纽约州和新泽西州 4 个海上风电基地，2035 年规模 45.07GW；在加拿大开发克亚诺、尼切坤等 3 个陆上风电基地，2035 年规模 26.06GW。

中南美洲。未来在中南美洲东部开发巴西巴伊亚等 2 个陆上风电基地，2035 年规模 40GW；在西部开发哥伦比亚巴耶杜帕尔风电基地，2035 年规模 10GW；在南部开发巴拉圭库鲁瓜提、乌拉圭塔垮伦博、阿根廷圣克鲁斯等 5 个陆上风电基地，2035 年规模 49GW；在中美洲开发尼加拉瓜博阿科风电基地，2035 年规模 700MW。

大洋洲。未来在大洋洲开发澳大利亚西澳州、新西兰惠灵顿等 4 个陆上风电基地，开发澳大利亚塔斯马尼亚海上风电基地，2035 年规模 14.20GW。

全球大型风电基地总体布局见图 4-21。

基于数字化选址模型和软件，对上述 94 个风电基地的开发条件、装机规模、工程设想、发电特性和投资水平进行研究，提出初步开发方案。94 个风电基地的总装机规模约 719.9GW，年发电量 2505.8TWh，其中海上风电基地总装机规模约 307.6GW。按照 2035 年各洲陆上和海上风电造价预测成果，基于项目基本情况进行投资估算，计及交通运输和并网成本的风电基地总投资约 8500 亿美元，陆上风电基地的度电成本为 1.75~4.84 美分 / kWh，海上风电基地的度电成本为 4.01~7.40 美分 / kWh。

全球各洲风电基地投资规模与总投资占比如图 4-22 所示。其中，亚洲共计 39 个风电基地，总投资 2862 亿美元，位列全球第一；大洋洲开发 5 个风电基地，总投资 158.59 亿美元，全球占比 1.9%。

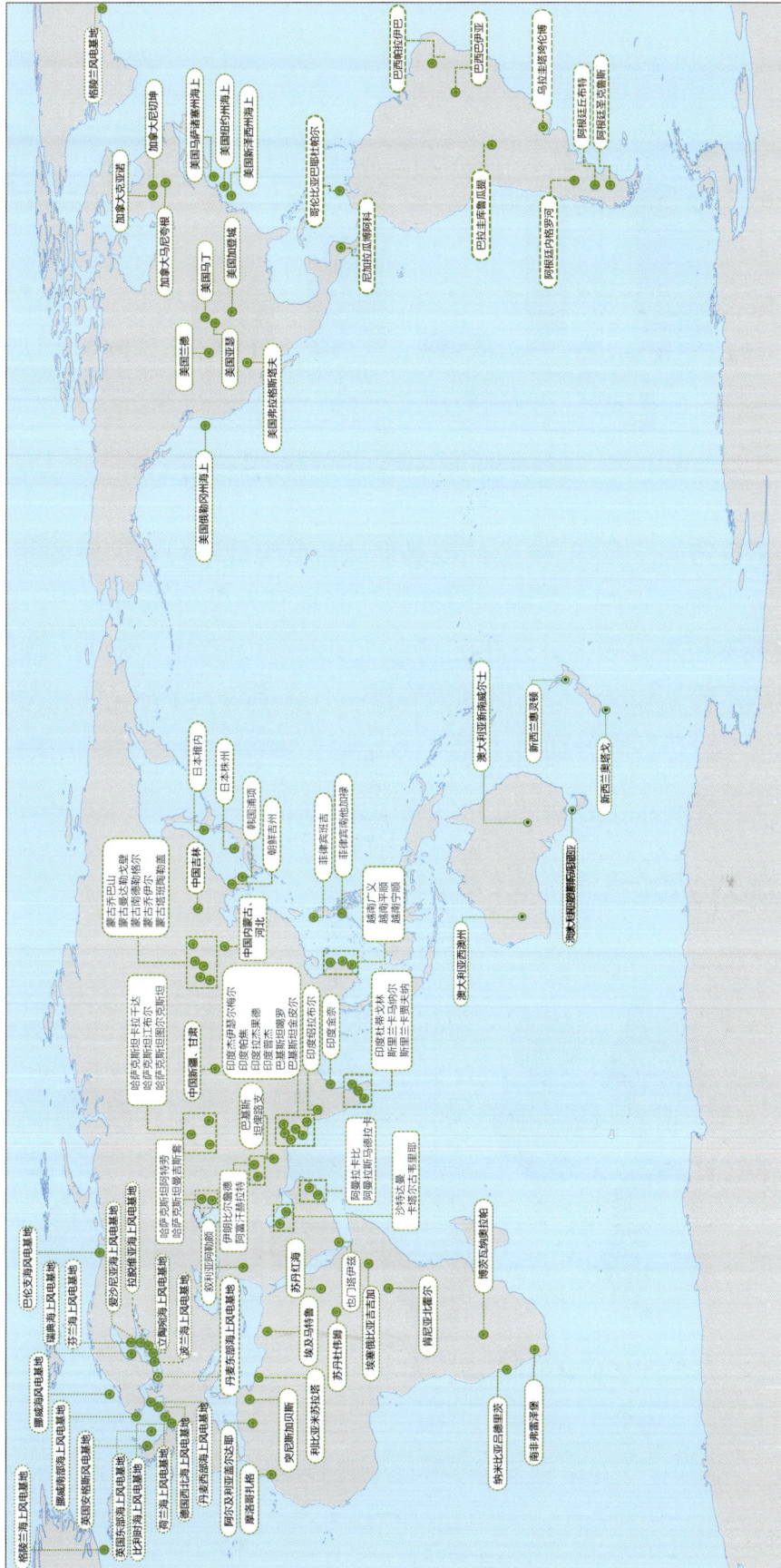

图4-21　全球大型风电基地布局示意图

4.3　基地开发

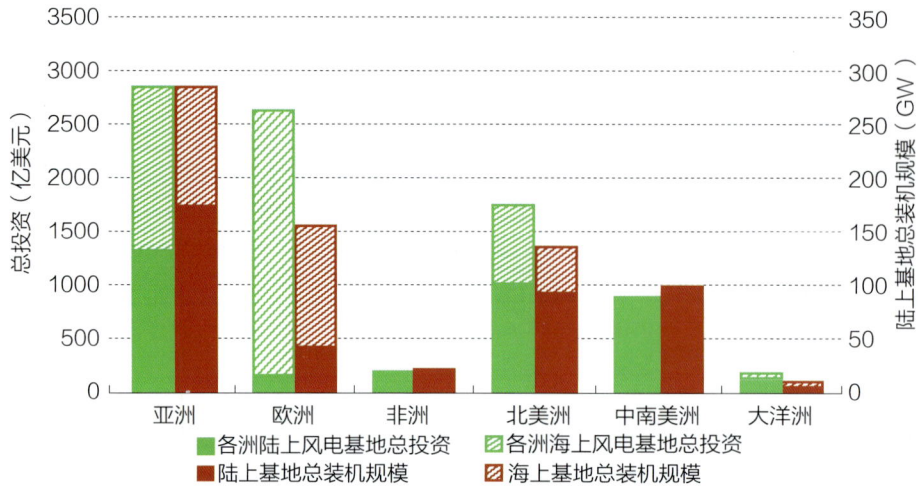

图 4-22　全球各洲风电基地装机规模与总投资占比图

　　基地经济性方面，全球 94 个风电基地综合度电成本分布情况如图 4-23 所示。其中，亚洲幅员辽阔，资源禀赋差异与当地开发条件差异较大，因此基地的综合度电成本也差异较大，分布区间为 1.98~7.40 美分/kWh；欧洲海上风电基地度电成本普遍较高，分布区间为 4.86~7.08 美分/kWh；非洲与中南美洲基地的度电成本分布区间分别为 1.75~3.61 美分/kWh、1.82~3.47 美分/kWh，具有较好的经济性。

　　全球主要大型风电基地的技术经济指标见表 4-6。

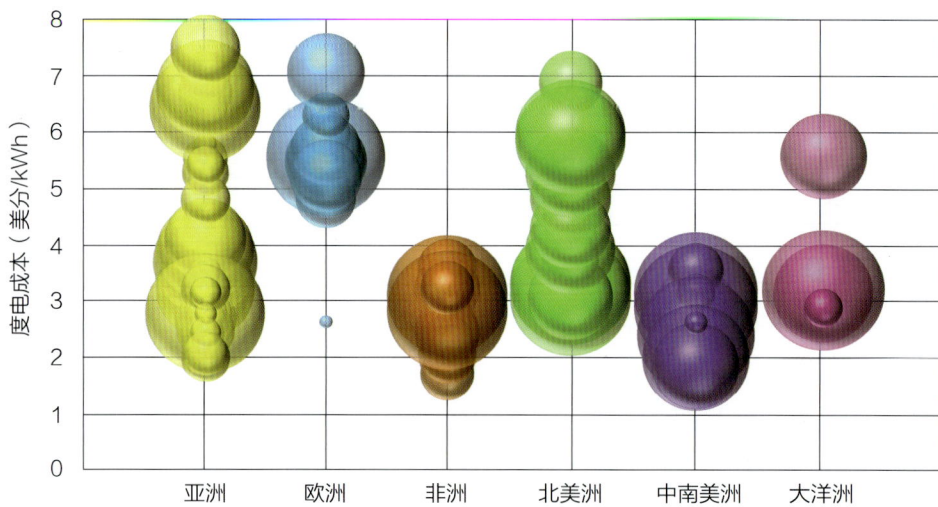

图 4-23　全球 94 个风电基地综合度电成本分布情况示意图

表 4-6　全球主要大型风电基地的技术经济指标

序号	洲别	基地名称	国家	占地面积（km^2）	主要地形	年均风速（m/s）	装机容量（MW）	年发电量（GWh）	总投资（亿美元）	度电成本（美分/kWh）
1	亚洲	稚内	日本	801	海洋	8.52	4000	15409	60.74	5.48
2	亚洲	珠州	日本	602	海洋	7.18	3000	9485	44.52	6.53
3	亚洲	吉州	朝鲜	803	海洋	6.76	4000	11825	54.42	6.40
4	亚洲	浦项	韩国	1209	海洋	7.25	6000	19069	86.36	6.65
5	亚洲	乔巴山	蒙古	256	高原平地和丘陵	6.35	1000	2781	7.02	2.89
6	亚洲	曼达勒戈壁	蒙古	345	高原山地	6.63	1000	2881	7.05	2.80
7	亚洲	南德格勒尔	蒙古	1195	高原山地	6.42	2000	5494	15.57	3.24
8	亚洲	乔伊尔	蒙古	5141	高原山地	6.27	16000	41348	114.19	3.15
9	亚洲	塔班陶勒盖	蒙古	1898	高原山地	7.63	8000	26103	60.69	2.66
10	亚洲	广义	越南	1002	海洋	6.44	5000	13542	67.54	6.94
11	亚洲	平顺	越南	1008	海洋	9.50	5000	23149	66.75	4.01
12	亚洲	宁顺	越南	698	海洋	9.59	3500	15962	48.82	4.26
13	亚洲	班吉	菲律宾	203	海洋	8.44	1000	3648	15.03	5.73
14	亚洲	南他加禄	菲律宾	1137	海洋	8.20	4500	17222	64.79	5.23
15	亚洲	杰伊瑟尔梅尔	印度	4865	平原和丘陵	5.74	23000	55357	177.28	3.66
16	亚洲	帕焦	印度	5194	海洋	6.37	26000	73646	338.29	6.39

续表

序号	洲别	基地名称	国家	占地面积(km²)	主要地形	年均风速(m/s)	装机容量(MW)	年发电量(GWh)	总投资(亿美元)	度电成本(美分/kWh)
17	亚洲	拉杰果德	印度	4023	海洋	6.78	20100	56502	272.55	6.71
18	亚洲	普杰	印度	8285	平原和山地	6.14	20300	52287	145.37	3.18
19	亚洲	绍拉布尔	印度	10114	山地	5.77	19900	44018	148.40	3.85
20	亚洲	金奈	印度	2006	海洋	6.20	10000	26590	124.64	7.40
21	亚洲	杜蒂戈林	印度	2799	海洋	8.89	14000	62683	182.75	4.06
22	亚洲	马纳尔	斯里兰卡	995	海洋	8.28	5000	19145	65.53	4.76
23	亚洲	贾夫纳	斯里兰卡	605	海洋	7.45	3000	10230	39.30	5.36
24	亚洲	噶罗	巴基斯坦	979	平原和山地	6.52	4000	12053	27.65	2.62
25	亚洲	金皮尔	巴基斯坦	448	平原和丘陵	5.89	2000	5034	15.32	3.48
26	亚洲	俾路支	巴基斯坦	726	高原山地	7.76	3000	10051	24.10	2.74
27	亚洲	阿特劳	哈萨克斯坦	1531	平原	7.27	7000	23428	50.20	2.45
28	亚洲	曼吉斯套	哈萨克斯坦	1434	平原和丘陵	7.00	6000	18245	43.37	2.72
29	亚洲	卡拉干达	哈萨克斯坦	1416	山地	7.17	4000	12413	29.72	2.74
30	亚洲	江布尔	哈萨克斯坦	2918	山地	7.61	3000	10010	23.68	2.70
31	亚洲	图尔克斯坦	哈萨克斯坦	1170	山地	8.18	3000	10772	22.44	2.38
32	亚洲	达曼	沙特阿拉伯	6166	平原和丘陵	6.34	30100	86405	208.98	2.76
33	亚洲	拉卡比	阿曼	1169	山地	7.93	5000	17031	47.43	3.18

续表

序号	洲别	基地名称	国家	占地面积(km²)	主要地形	年均风速(m/s)	装机容量(MW)	年发电量(GWh)	总投资(亿美元)	度电成本(美分/kWh)
34	亚洲	拉斯乌德拉卡	阿曼	407	平原	7.73	2000	6740	18.40	3.12
35	亚洲	古韦里耶	卡塔尔	406	平原	6.08	2000	5364	53.64	3.11
36	亚洲	塔伊兹	也门	1064	山地	8.78	5000	20867	36.17	1.98
37	亚洲	阿勒颇	叙利亚	198	平原	6.31	1000	2874	6.88	2.74
38	亚洲	比尔詹德	伊朗	421	高原平地和丘陵	8.48	2000	7344	15.49	2.41
39	亚洲	赫拉特	阿富汗	1134	高原山地	9.57	4000	17441	31.27	2.05
40	欧洲	英国安格斯风电基地	英国	298	山地	7.74	360	1237	3.49	2.66
41	欧洲	英国东部海域风电基地	英国	6707	海洋	9.29	33500	146776	557.31	5.59
42	欧洲	比利时海域风电基地	比利时	1265	海洋	9.00	6300	26513	101.87	5.65
43	欧洲	荷兰海域风电基地	荷兰	1707	海洋	9.84	8500	40249	155.79	5.70
44	欧洲	德国西北海域风电基地	德国	3181	海洋	9.85	15900	75779	283.18	5.50
45	欧洲	丹麦西部海域风电基地	丹麦	1702	海洋	10.03	8500	41502	137.16	4.86
46	欧洲	挪威南部海域风电基地	挪威	1682	海洋	10.23	8400	41916	160.02	5.62
47	欧洲	丹麦东部海域风电基地	丹麦	902	海洋	9.14	4500	19955	69.60	5.13
48	欧洲	波兰海域风电基地	波兰	2925	海洋	8.86	14600	60913	226.89	5.48

4.3 基地开发

163

续表

序号	洲别	基地名称	国家	占地面积(km²)	主要地形	年均风速(m/s)	装机容量(MW)	年发电量(GWh)	总投资(亿美元)	度电成本(美分/kWh)
49	欧洲	立陶宛海域风电基地	立陶宛	602	海洋	8.87	3000	12577	48.80	5.71
50	欧洲	拉脱维亚海域风电基地	拉脱维亚	701	海洋	8.73	3500	14333	54.10	5.55
51	欧洲	爱沙尼亚海域风电基地	爱沙尼亚	441	海洋	8.68	2200	8990	34.73	5.69
52	欧洲	芬兰海域风电基地	芬兰	1142	海洋	8.40	5700	21875	88.85	5.98
53	欧洲	瑞典海域风电基地	瑞典	2365	海洋	8.63	11800	47940	186.08	5.71
54	欧洲	挪威海域风电基地	挪威	1062	海洋	8.39	5100	18800	80.22	6.32
55	欧洲	格陵兰岛风电基地	丹麦、冰岛	2801	海洋	9.84	14000	55675	268.22	7.08
56	欧洲	巴伦支海风电基地	俄罗斯、挪威	4128	海洋、近海岸山地	7.79	12300	45223	173.90	5.24
57	非洲	马特鲁	埃及	1002	平原	6.69	5000	13201	43.85	3.13
58	非洲	米苏拉塔	利比亚	207	平原	6.48	1000	3024	8.76	2.73
59	非洲	加贝斯	突尼斯	278	平原和丘陵	7.51	1000	3338	8.78	2.48
60	非洲	盖尔达耶	阿尔及利亚	302	高原平地	6.78	1500	4169	14.29	3.23
61	非洲	扎格	摩洛哥	588	山地	8.12	1500	5335	14.02	2.47
62	非洲	红海	苏丹	315	山地	9.80	1000	4897	9.08	1.75
63	非洲	杜伟姆	苏丹	208	平原和丘陵	7.73	1000	3542	8.72	2.32
64	非洲	吉吉加	埃塞俄比亚	302	高原平地	7.75	1200	3995	15.33	3.61

续表

序号	洲别	基地名称	国家	占地面积(km²)	主要地形	年均风速(m/s)	装机容量(MW)	年发电量(GWh)	总投资(亿美元)	度电成本(美分/kWh)
65	非洲	北霍尔	肯尼亚	444	高原山区	10.68	1200	6784	15.09	2.09
66	非洲	吕德里茨	纳米比亚	208	高原平地和丘陵	6.59	1000	2798	9.52	3.20
67	非洲	弗雷泽堡	南非	1584	高原山区	7.21	5000	14481	43.99	2.86
68	非洲	奥拉帕	博茨瓦纳	252	高原平地	6.22	1000	2563	8.85	3.25
69	北美洲	马丁	美国	6485	高原山地	7.26	18000	55867	181.20	3.31
70	北美洲	阿瑟	美国	7585	高原山地	7.37	18000	56751	183.29	3.30
71	北美洲	加登城	美国	8483	平原和丘陵	7.22	18000	54544	165.68	3.10
72	北美洲	兰德	美国	2361	高原山地	7.82	9000	28874	86.97	3.08
73	北美洲	弗拉格斯塔夫	美国	1496	高原山地	6.42	4000	10193	37.69	3.78
74	北美洲	克亚诺	加拿大	5183	山地	7.27	10000	31561	121.55	3.93
75	北美洲	尼切坤	加拿大	7410	高原山地	7.57	8000	26236	124.10	4.84
76	北美洲	马尼夸根	加拿大	4869	高原山地	7.40	8000	25856	108.56	4.29
77	北美洲	俄勒冈州	美国	1003	海洋	8.05	5000	17570	88.18	6.88
78	北美洲	马萨诸塞州、罗得岛州、康涅狄格州	美国	2002	海洋	9.09	10000	42373	163.36	5.29

续表

序号	洲别	基地名称	国家	占地面积(km²)	主要地形	年均风速(m/s)	装机容量(MW)	年发电量(GWh)	总投资(亿美元)	度电成本(美分/kWh)
79	北美洲	纽约州	美国	3007	海洋	8.83	15000	61335	266.86	5.97
80	北美洲	新泽西州	美国	3002	海洋	8.62	15000	58960	252.45	5.87
81	中南美洲	巴耶杜帕尔	哥伦比亚	2558	平原	6.89	10000	31981	86.23	2.75
82	中南美洲	巴西巴伊亚	巴西	6140	平原	7.04	20000	59182	177.68	3.07
83	中南美洲	巴西帕拉伊巴	巴西	7184	平原	7.29	20000	62216	173.17	2.85
84	中南美洲	库鲁瓜提	巴拉圭	1019	平原	6.25	4000	10715	36.41	3.47
85	中南美洲	塔夸伦博	乌拉圭	638	平原	6.46	2000	5663	17.03	3.07
86	中南美洲	内格罗河	阿根廷	6170	高原	8.93	18000	70188	161.80	2.35
87	中南美洲	丘布特	阿根廷	8010	山地	10.58	15000	72899	139.74	1.96
88	中南美洲	圣克鲁斯	阿根廷	3857	平原	10.58	10000	49142	87.39	1.82
89	中南美洲	博阿科	尼加拉瓜	456	山地	7.68	700	2440	6.10	2.56
90	大洋洲	西澳	澳大利亚	1017	平原和丘陵	7.39	4000	13174	41.16	3.19
91	大洋洲	新南威尔士	澳大利亚	1924	山地和丘陵	7.21	6000	18673	59.31	3.24
92	大洋洲	塔斯马尼亚	澳大利亚	600	海洋	8.81	3000	12577	46.50	5.61
93	大洋洲	奥塔戈	新西兰	509	山地	7.73	600	2002	5.74	2.93
94	大洋洲	惠灵顿	新西兰	430	山地	7.96	600	2046	5.88	2.93
合计				—	—	—	719860	2505846	8516.87	—

4.3.3   基地选址案例

全球大型风电基地中，阿根廷圣克鲁斯风电基地经济性好，开发价值高，报告给出了基地宏观选址研究的详细结果，可供项目开发参考。全球 6 大洲其他大型风电基地的详细研究成果，读者可参阅相应分洲报告的有关内容。

1．基地选址

圣克鲁斯（Santa Cruz）风电基地位于阿根廷圣克鲁斯省东北部，距地面 100m 高度的全年平均风速范围为 8.97~11.49m/s，综合平均风速为 10.58m/s，区域主导风向 W，总体资源条件优越，适宜进行风能资源的规模化开发。圣克鲁斯风电基地风速分布情况如图 4-24 所示。

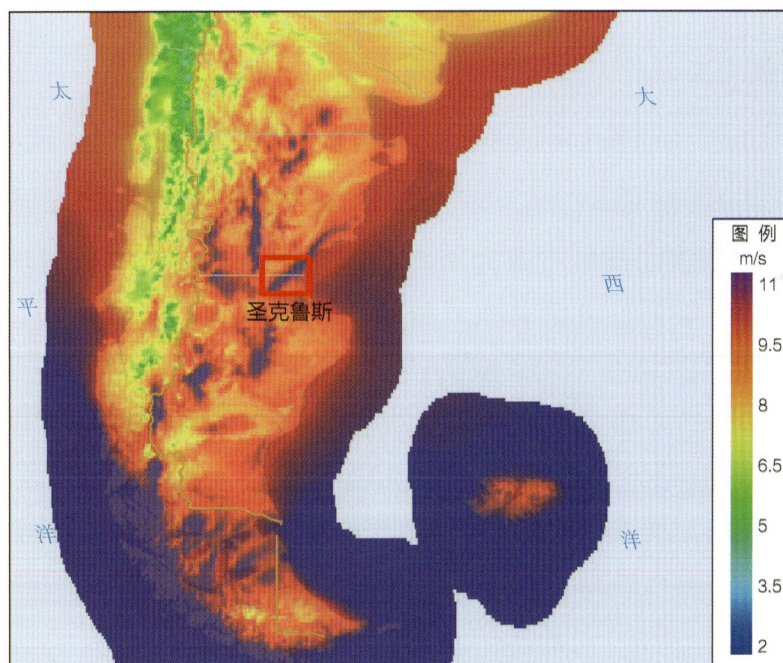

图 4-24   圣克鲁斯风电基地风速分布示意图

地形地貌。区域地处阿根廷南部平原地带，区域内的海拔为 51.5~777m，最大坡度 24.5°，基本为平原和山地，适宜开发大型风电基地。

主要限制性因素。圣克鲁斯风电基地占地总面积 3856.93km²，区域选址及其周边主要限制性因素分布如图 4-25 所示。

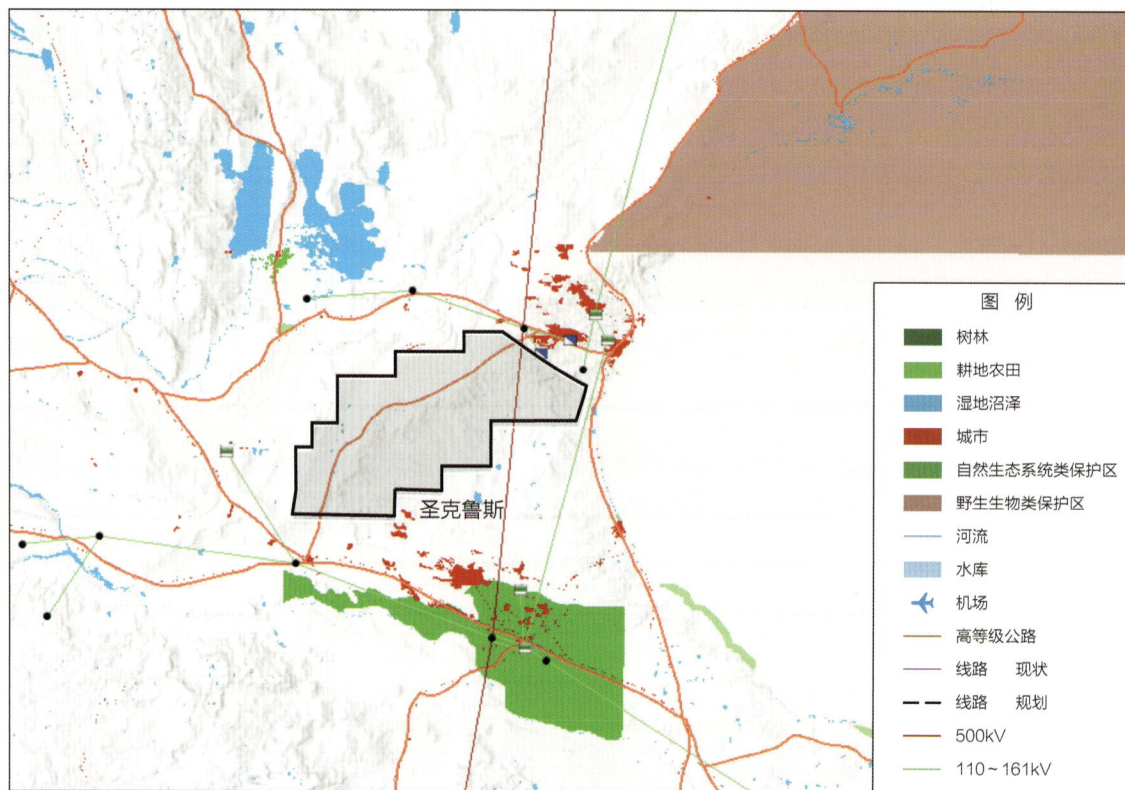

图 4-25 圣克鲁斯风电基地选址示意图

区域内地面覆盖物类型主要为草本植被和灌丛。区域内无自然保护区等限制性因素，选址主要避让北部 40km 处的野生动物保护区、南部 20km 处的自然生态类保护区及西北部 25km 处的自然资源类保护区。交通设施方面，区域西北部 209km 及西南部 205km 处分别有 Balmaceda 机场和 Chile Chico 机场。基地北部 5km 有公路通过，东部 3km 及南部 14km 处均有公路通过，交通便利。电网方面，基地东侧约 2km、北侧 4km 及南侧 7km 各有 1 条 110kV 交流输电通道，另有一条 500kV 交流通道穿过基地，接入电网条件较好。

基地范围内硅碎屑沉积岩和火焰碎屑岩主要发育。基地西北侧 200km 处接触断层分布，距离最近的存在历史地震记录的地区约 230km，地质结构稳定。基地岩层分布及地震情况如图 4-26 所示。基地区域内植被稀疏，无大型城镇等人类活动密集区，距离最近人口密集区域（3.5 万人 /km²）超过 500km，距离基地最近的大型城市为丹帕—德尔卡斯蒂约（Pampa-Delcastillo）。

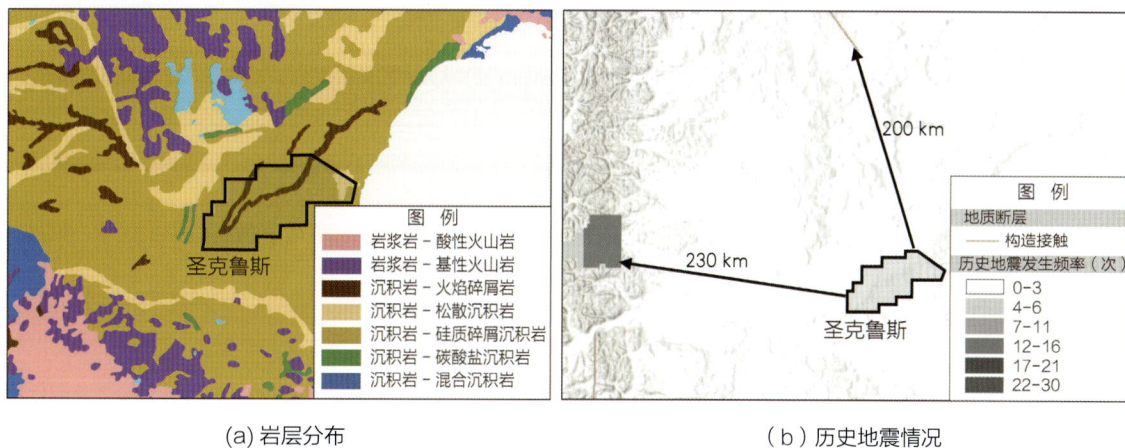

(a) 岩层分布　　　　　　　　　　（b) 历史地震情况

图 4-26　圣克鲁斯风电基地岩层分布及地震情况示意图

2. 开发规模与资源特性

经测算，圣克鲁斯风电基地风能资源理论蕴藏总量为 374.19TWh/a。装机容量 10.00GW，年发电量 49142GWh，利用小时数 4923h。基地风能年发电量的地理区域分布如图 4-27（a）所示；基地东部地形起伏相对较大，装机密度低于平原地区。基地 8760 逐小时出力系数热力分布如图 4-27（b）所示，其横坐标代表 24h，纵坐标代表 365 天，反映了 8760h 风电出力随时间变化的规律。

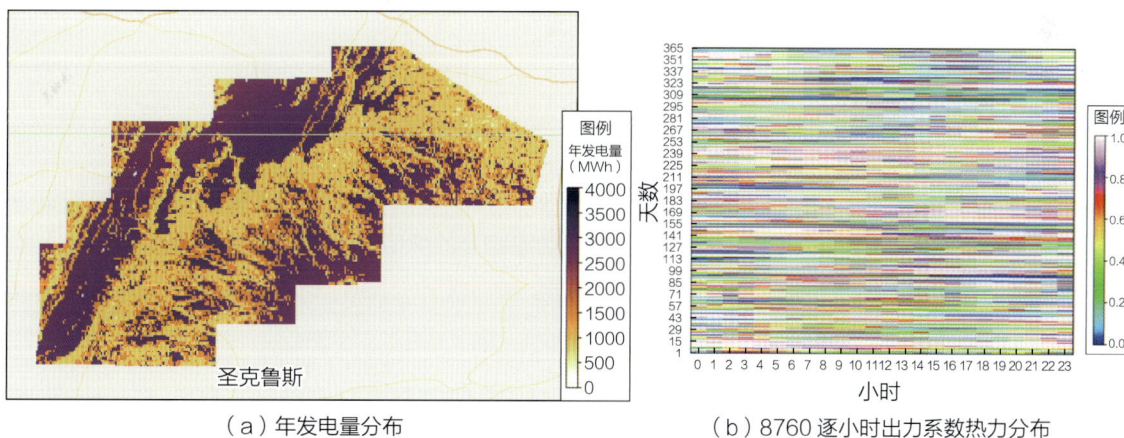

(a) 年发电量分布　　　　　　　（b) 8760 逐小时出力系数热力分布

图 4-27　圣克鲁斯风电基地年发电量分布和 8760 逐小时出力系数热力分布图

选择代表点对基地发电特性进行分析。圣克鲁斯风电基地的风向玫瑰图和风速威布尔分布图如图 4-28 所示，风速和风功率的典型日变化和年变化曲线如图 4-29 所示，对应风能发电出力的典型日变化和年变化曲线如图 4-30 所示。从风频率分布情况来看，主要风速分布集中在 9~12m/s。从日变化来看，大风时段主要集中在 18:00—21:00（世界标准时间，下同，折算到阿根廷当地时间为 15:00—18:00），中风速时段从 1:00—5:00 及 16:00—18:00，小风时段主要集中在 9:00—13:00。从月度变化来看，全年 4—6 月及 11 月至次年 1 月风速大，发电能力强，2 月风速小，发电能力低。

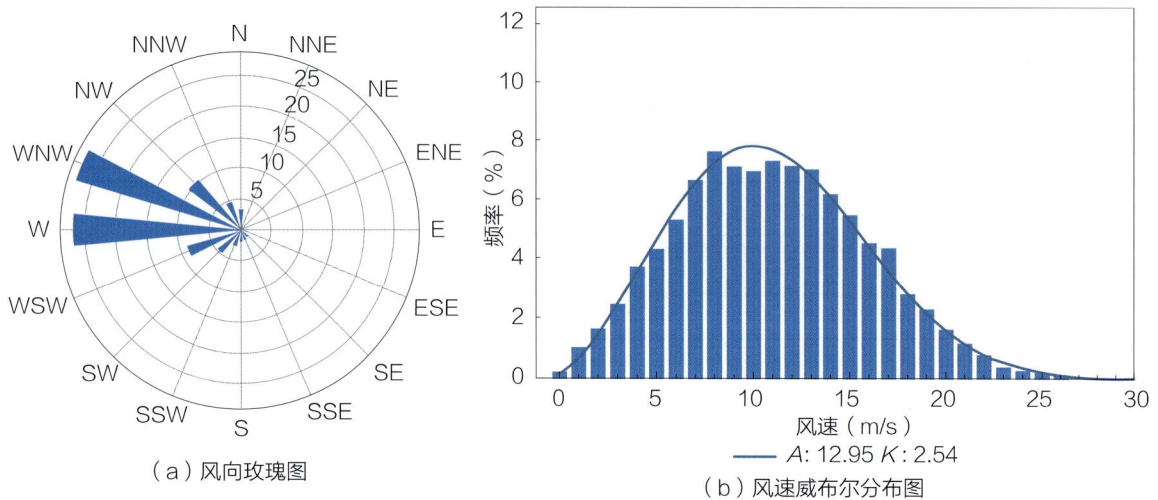

（a）风向玫瑰图

（b）风速威布尔分布图

图 4-28　圣克鲁斯风电基地风向玫瑰图和风速威布尔分布图

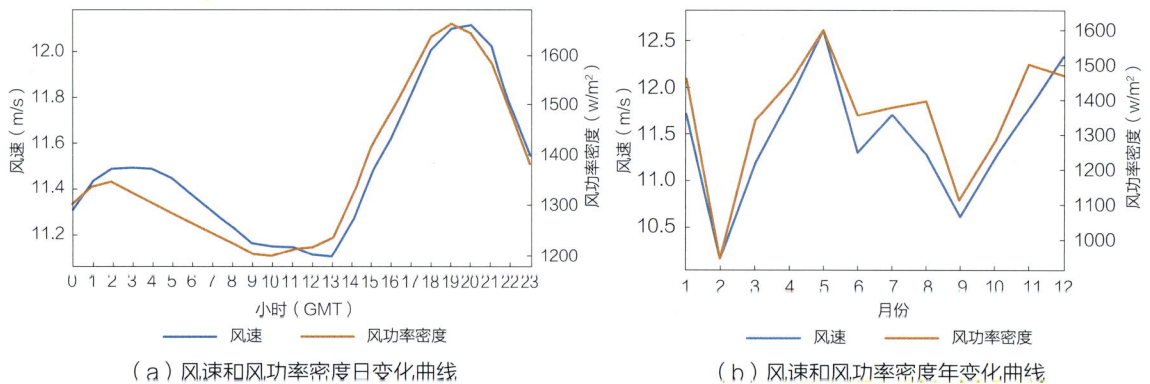

（a）风速和风功率密度日变化曲线

（b）风速和风功率密度年变化曲线

图 4-29　圣克鲁斯风电基地风速和风功率密度的典型日变化和年变化曲线

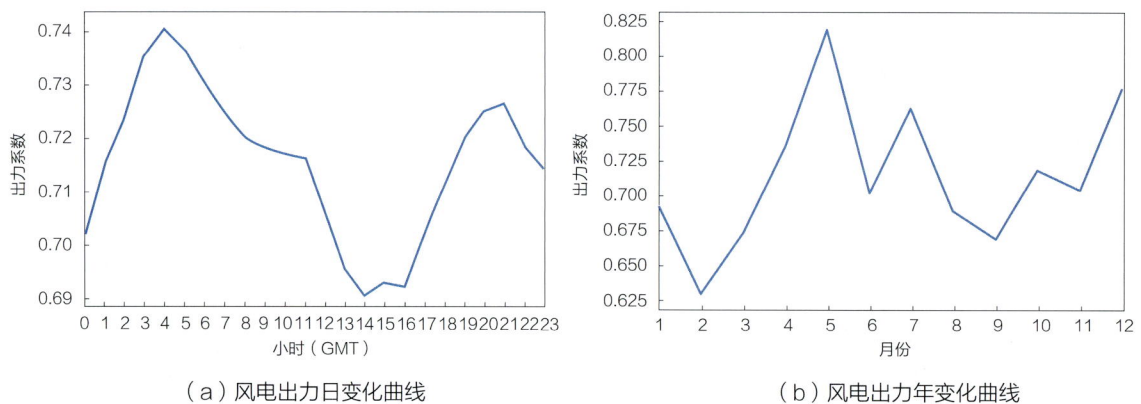

（a）风电出力日变化曲线

（b）风电出力年变化曲线

图 4-30　圣克鲁斯风电基地典型日出力和年出力曲线

3. 工程设想与经济性分析

风电基地装机容量 10.00GW，暂按单机容量 3.0MW、叶轮直径 140m 的风机开展风机排布研究。综合考虑风向和地形等条件，并基于中国大型风电场设计经验及相关风机排布原则，采用风电基地宏观选址规划数字化方法，开展圣克鲁斯风电基地的风机自动排布。风机排布采用梅花形布机方式，即每行（沿主风能方向）分别采用 9 倍叶轮直径等间距布置，每 6 行设置一个 2.7km 风速恢复带；行内间距（垂直主风能方向）采用 3.5 倍叶轮直径。按此原则测算，风电基地内需布置风机 3334 台。圣克鲁斯风电基地典型区域风机布置效果如图 4-31 所示。

图 4-31　圣克鲁斯风电基地典型区域风机布置效果示意图

按照对陆上风电技术装备 2035 年经济性水平预测，综合考虑交通和电网基础设施条件，圣克鲁斯风电基地总投资估算 87.39 亿美元，其中并网及交通成本 354 百万美元。风电基地投资匡算见表 4-7。按此测算，风电基地开发后平准化度电成本为 1.82 美分 / kWh，基于 12% 内部收益率测算的上网电价为 3.17 美分 / kWh。

表 4-7 圣克鲁斯风电基地投资匡算表

编号	项目内容	圣克鲁斯风电基地
1	设备成本（亿美元）	60.89
2	建设成本（亿美元）	17.67
3	其他成本（亿美元）	5.29
4	并网及交通成本（亿美元）	3.54
5	单位千瓦投资（美元）	908

5 太阳能资源评估与开发

全球太阳能资源充沛，开发潜力巨大，可为人类发展提供不竭能源。受太阳辐射角度、大气散射、日照时长等因素的影响，太阳能资源主要集中在赤道至南北回归线附近，且常年受副热带高压控制的干旱地带。中东地区、北非撒哈拉沙漠和南美阿塔卡玛沙漠地区太阳能资源极为丰富，集中式开发条件优越，是全球的"光极"。沙特阿拉伯、埃及、智利等国光伏发电开发潜力大，市场前景广阔。

报告对全球 200 个国家和地区进行了评估，测算得出全球太阳能光伏发电资源理论蕴藏量超过 208EWh/a，适宜集中式开发的装机规模约 2647TW，主要分布在亚洲西部与中部、非洲北部与南部、北美洲西南部、南美洲西部及大洋洲澳大利亚中部和北部地区，年发电量 5002PWh。综合考虑资源特性和开发条件，采用数字化平台，完成了 6 大洲总计 90 个大型光伏发电基地的选址和开发方案研究，总装机规模 995.32GW，并测算了光伏发电基地的主要技术和经济性指标。按照 2035 年各洲光伏发电造价测算，上述光伏发电基地总投资约 4793 亿美元。研究成果给出了全球技术可开发的光伏发电资源分布，各大洲大型光伏发电基地的开发方案，将助力全球太阳能资源的开发和利用，提振光伏发电基础设施投资信心，推进全球清洁能源转型发展。

5.1 基础条件

太阳辐照强度、地面覆盖物、保护区分布影响开发利用太阳能的技术可行性，公路、电网等基础设施条件影响太阳能开发的经济性水平。报告基于覆盖全球的数据、信息，采用统一标准和参数完成全球太阳能资源的评估研究。

5.1.1 水平面总辐射量分布

报告采用 SolarGIS 公司计算生产的太阳能资源数据开展光伏发电资源评估测算，资源数据包括太阳能水平面总辐射量、太阳能法向直接辐射量和温度等。全球蕴藏着巨大的太阳能开发潜力，太阳能水平面总辐射量分布情况如图 5-1 所示。

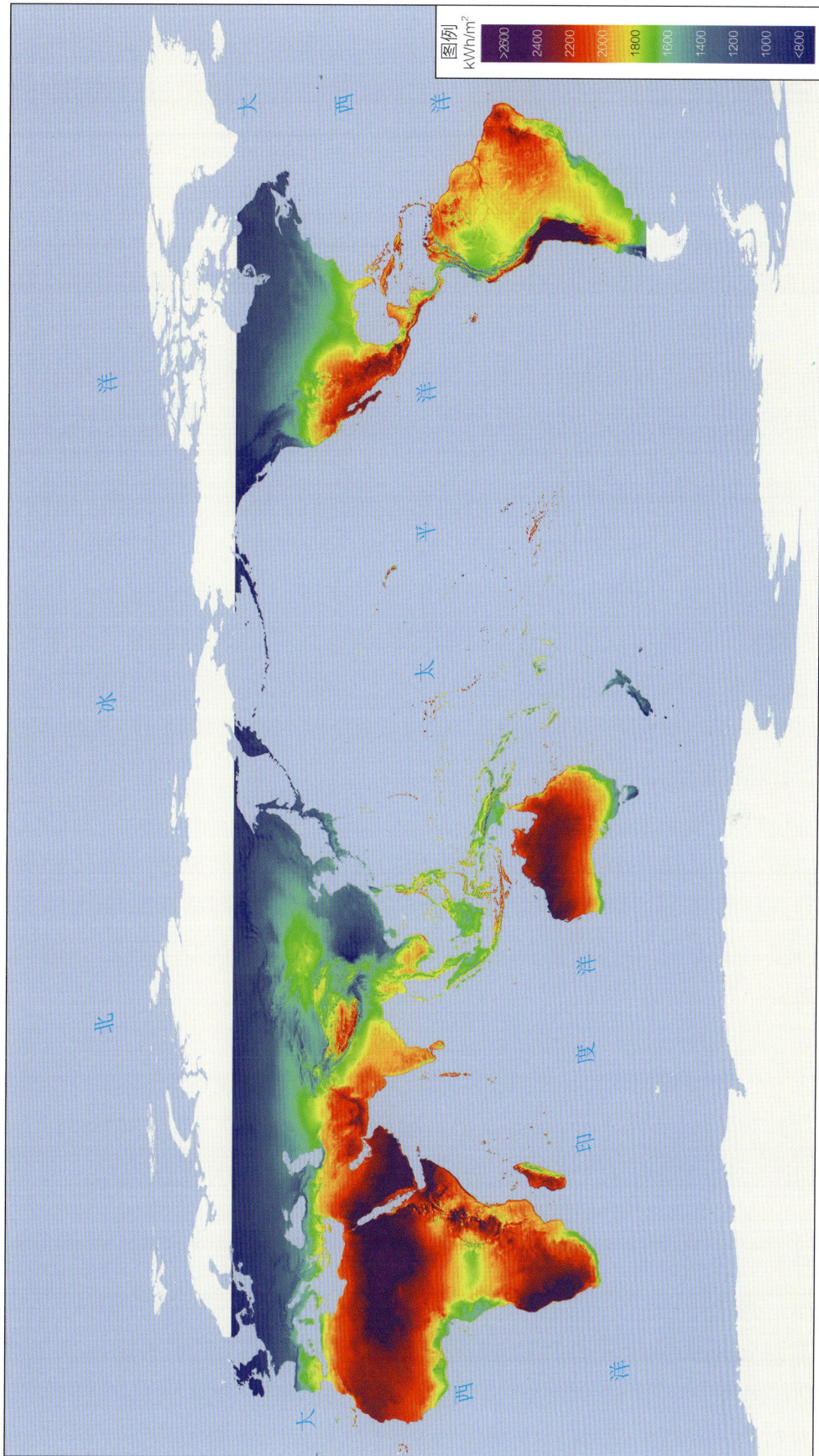

图5-1　全球太阳能水平面总辐射量分布示意图

全球太阳能资源丰富，太阳能水平面总辐射量为 700~2700kWh/m^2，年水平面总辐射量大于 2000kWh/m^2 的区域主要集中在亚洲中东地区、非洲北部撒哈拉沙漠、非洲西南部、北美洲南部、南美洲西南部及大洋洲澳大利亚北部等低、中纬度地区。

受地球纬度影响，欧洲北部、亚洲北部、北美洲北部的高纬度地区，太阳能水平面总辐射水平基本在 1000kWh/m^2 以下，太阳能资源禀赋相对较差。

从各大洲来看，太阳能水平面总辐射水平较高，适宜开发光伏发电基地的区域主要集中在：**亚洲**南部的巴基斯坦，西亚的阿富汗、伊朗、伊拉克、叙利亚、约旦、沙特阿拉伯等国；**欧洲**南部沿地中海地区的葡萄牙、西班牙、希腊、马耳他、阿尔巴尼亚等国；**非洲**北部沿撒哈拉地区的埃及、利比亚、阿尔及利亚、毛里塔尼亚、乍得，东部的苏丹、索马里、埃塞俄比亚，南部的纳米比亚、安哥拉、南非等国；**北美洲**南部太平洋沿岸的美国、墨西哥等国家；**南美洲**西部的委内瑞拉、秘鲁，东部的巴西，南部的玻利维亚、智利等国；**大洋洲**澳大利亚的北部、中部和西部的大部分地区。

5.1.2 地面覆盖物

从适宜大规模集中式开发的土地资源角度分析，草本植被、灌丛和裸露地表是适宜光伏发电开发的主要地面覆盖物，其分布情况将直接影响太阳能资源评估与开发。图 5-2 给出了全球上述 3 种适宜集中式光伏发电开发的地面覆盖物分布情况。

总体上，适宜集中式光伏发电开发的地面覆盖物区域包括亚洲的中部和西部地区，欧洲南部地区，非洲的北部、南部和东部地区，北美洲的西部地区，南美洲的西南和东部地区，大洋洲澳大利亚的北部、中部和西部地区。

从各大洲分布来看，**亚洲**中部地区位于欧亚大陆腹地，属于典型的温带大陆性气候，降水量少，太阳辐射强，蒸发旺盛，分布着广袤的草原和戈壁荒漠，主要地面覆盖物为草本植被和裸露地表，西亚大部分地区属于热带沙漠气候，终年干旱，降水稀少，拥有内夫得沙漠（An Nafud）、鲁卜哈利沙漠（Rub Al Khal）等著名的沙漠，主要地面覆盖物为裸露地表。**欧洲**南部地区受地中海气

图5-2　全球草本植被、灌丛与裸露地表分布情况示意图

5.1　基础条件

候影响，地表植被以草本植被和灌丛为主。**非洲**北部大部分地区属于热带沙漠气候，终年高温干旱，拥有世界最大的沙质荒漠——撒哈拉沙漠，除地中海沿岸少量土地被草本植被覆盖外，广袤的沙漠地区均为裸露地表，南部与东部各国的主要地面覆盖物为草地植被和灌丛。**北美洲**西部地区属于高原山地气候和热带沙漠气候，干旱少雨，地面覆盖物以草本植被和灌丛为主。**南美洲**西南大部分地区属于热带干旱气候，终年高温干旱，拥有世界的"干极"，最干燥的沙漠——阿塔卡玛沙漠（Atacama Desert），除少量土地被草本植被覆盖外，沙漠地区均为裸露地表，东部地区的主要地面覆盖物为草本植被和灌丛。**大洋洲**澳大利亚大部分地区属于热带干旱、半干旱气候，终年高温干旱，除南澳州北部部分地区为裸露地表外，澳大利亚中部和西部大部分地区为草本植被和灌丛。上述地区具备大规模集中式光伏发电开发的土地资源条件。

全球各洲适宜集中式光伏发电开发的地面覆盖物类型的面积占比如图 5-3 所示。可见，非洲约 70%、大洋洲超过 60% 的地表面积均被草木植被、灌丛与裸露地表覆盖，适宜建设大型光伏发电基地，开发条件好；亚洲与北美洲适宜开发土地的面积占比约 40%，大型光伏发电基地的建设条件较好；欧洲适宜集中式光伏发电开发的土地不足 20%，土地性质方面的制约相对较多。

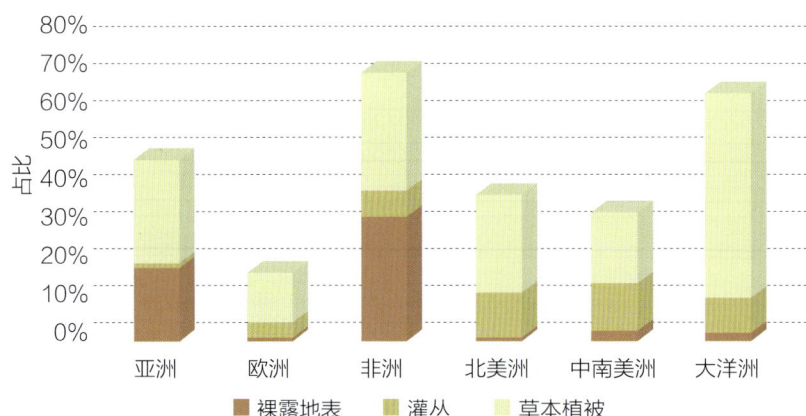

图 5-3 全球各洲适宜集中式光伏发电开发的地面覆盖物类型的面积占比示意图

5.1.3 地形分布

地形条件对太阳能光伏发电资源开发有较大影响，主要包括海拔和地形坡度两个方面。

海拔方面，高海拔地区大气散射作用减弱，有利于光伏发电，但是4500m以上高原多有冰川、常年冻土等分布，影响工程建设，光伏发电开发技术难度大、经济性差；同时高原生态脆弱，大型工程建设后的地表植被恢复困难。全球海拔分布情况如图5-4所示。

从各洲分布来看，**亚洲**青藏高原地区海拔高，大型光伏发电工程的建设存在一定困难。**欧洲**主要为海拔500m以内的平原，**非洲**和**北美洲**高原地区海拔主要在2000m以内，影响集中式光伏发电开发的高海拔区域面积很小。**中南美洲**西部沿太平洋地带的高原存在海拔超过2000m的区域，在一定程度上将影响地区的光伏发电工程建设。**大洋洲**主要为海拔500m以内的平原，不存在海拔影响的问题。

地形方面，地面的坡向和坡度将影响光伏发电装置布置的角度和间距，从而影响单位面积可获得的发电量。采用全球数字化高程模型，对全球格点计算坡向（0°~360°）和坡度（0°~90°），结合格点经纬度坐标，形成光伏发电装置倾角和间距计算的输入参数。图5-5所示为全球地形坡度分布。

总体上，欧洲、非洲与大洋洲地形坡度较小，太阳能光伏集中式开发的地形条件好，而亚洲、北美洲和中南美洲的部分区域地形坡度大，集中式开发存在一定的地形条件制约。

从各大洲分布来看，**亚洲**坡度低于1.5°的平坦区域占比约25%，青藏高原和帕米尔高原等部分地区分布有坡度超过30°的陡峭山区。**欧洲**坡度低于1.5°的平坦区域占比大，超过总面积的50%；坡度超过30°的陡峭山区少。**非洲**坡度低于1.5°的平坦区域占比超过总面积的60%；坡度超过30°的陡峭山区分布极少。**北美洲**坡度低于1.5°的区域占比超过总面积的40%；西部地区分布有坡度超过30°的陡峭山区。**中南美洲**坡度低于1.5°的平坦区域占比超过总面积的40%；中美地峡和南美洲西部地区分布有坡度超过30°的陡峭山区。**大洋洲**坡度低于1.5°的平坦区域占比最大，超过总面积的80%；坡度超过30°的陡峭山区分布极少。

5.1　基础条件

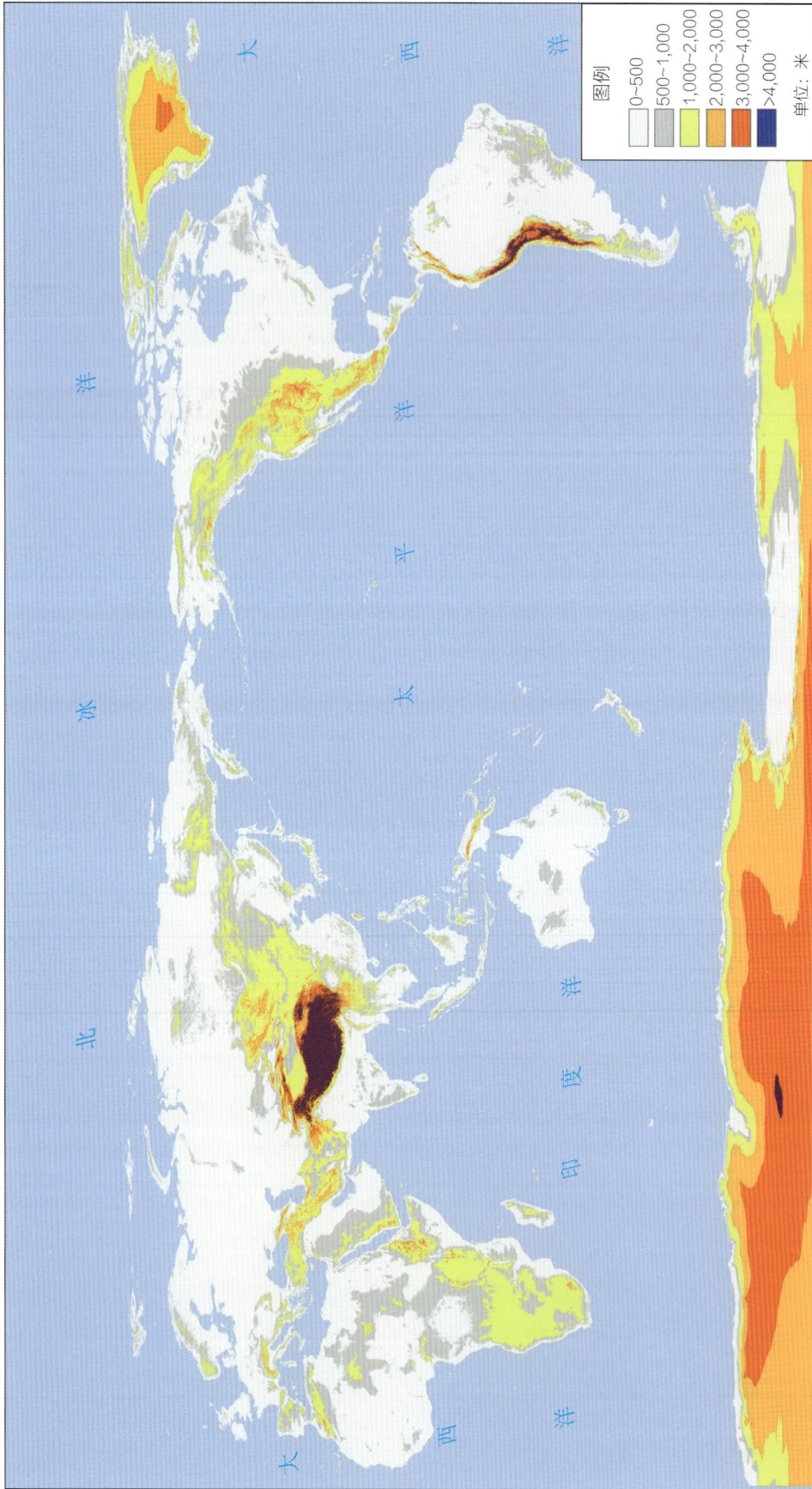

图5-4　全球海拔高程分布示意图

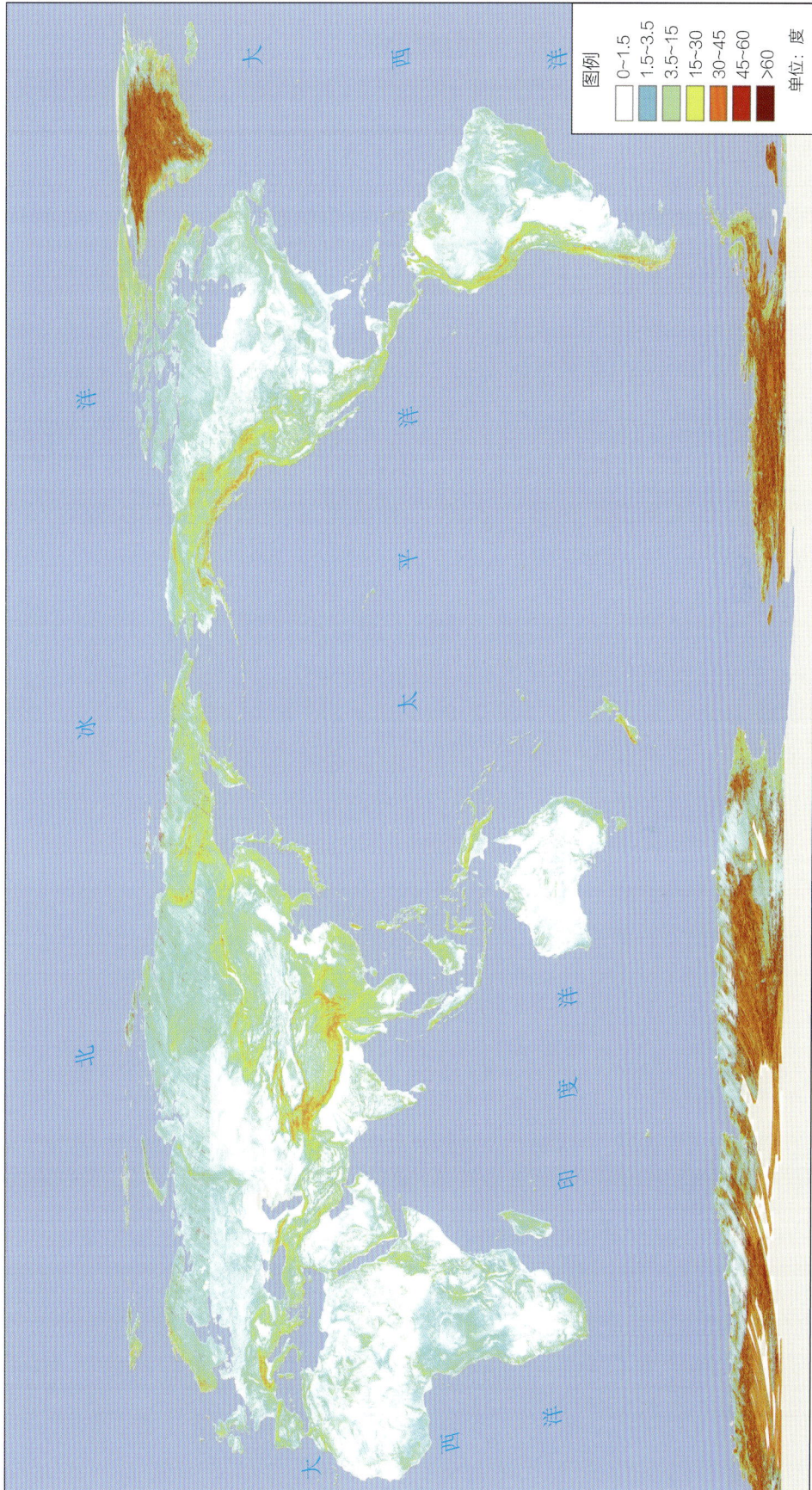

图5-5 全球地形坡度分布示意图

世界地形

1. 亚洲

亚洲位于亚欧大陆东部，是七大洲中面积最大的一个洲。从总体上看，亚洲的地形有两大特点：

（1）平均海拔高，地面起伏大。山地、高原和丘陵约占亚洲总面积的3/4，其中有1/3的地区海拔在1000m以上。全洲平均海拔约950m，是除南极洲外世界上地势最高的大洲。亚洲拥有世界上最高的山峰——海拔8844.43m的珠穆朗玛峰和有"世界屋脊"之称的青藏高原；同时，又有西西伯利亚平原、恒河平原等广阔的平原和海拔最低的洼地——湖面海拔 −430.5m 的死海。

（2）地势中部高，四周低。全洲大致以帕米尔高原为中心，一系列高大山脉向四方辐射延伸到大陆边缘。相应的，许多大江大河发源于中部的高原山地，顺地势呈放射状向四周流淌，往往蕴含着丰富的水能资源。在高原山地的外侧、河流的中下游，分布着面积广大的平原，许多平原土壤肥沃，农业发达。

2. 欧洲

全洲地形以平原为主，平均海拔300m，是平均海拔最低的一个洲。

欧洲的山脉主要集中在南部，阿尔卑斯山脉是欧洲最雄伟高大的山脉。以此为中心，向东伸展为喀尔巴阡山脉，向东南延伸为狄纳里克阿尔卑斯山脉，向南延伸为亚平宁山脉，向西南延伸为比利牛斯山脉。北部斯堪的纳维亚山脉地势比较平缓，沿海有许多深入内陆、两岸陡峭的峡湾。平原和丘陵主要分布在欧洲东部、西部和中部，主要有东欧平原、中欧平原和西欧平原。其中东欧平原面积400万 km²，是世界第二大平原。

3. 非洲

非洲是从狭长沿海地带陡然升起的一片广阔高原，高原东南部较高，然后向东北方向下倾。

非洲地形以高原为主，埃塞俄比亚的平均海拔全洲最高，南部和东部海拔较高的地区与西部和北部海拔较低的地方形成强烈的对比。非洲平均海拔为 650m，略低于亚洲大陆。南部和东部非洲高原的边缘非常清晰，它和海岸之间有一条平原地带，其中南部沿海平原最狭，平原内侧耸立着高低不等的墙垣状陡崖，陡崖以内就是纵横万里的大高原。

4. 北美洲

北美洲南北走向的山脉分布于东西两侧，与海岸平行，大平原分布于中部。北美洲东部多山地和高原，圣劳伦斯河以北为拉布拉多高原，以南为阿巴拉契亚山脉，地势南高北低，海拔一般为 300~500m。阿巴拉契亚山脉东侧沿大西洋有一条狭窄的海岸平原，西侧逐渐下降与中部平原相接。中部平原位于拉布拉多高原、阿巴拉契亚山脉与落基山脉之间，北起哈得孙湾，南至墨西哥湾，纵贯大陆中部。西部山地和高原属科迪勒拉山系的北段，从阿拉斯加一直伸展到墨西哥以南。美国阿拉斯加州的麦金利山海拔 6193m，是北美洲的最高峰。

5. 中南美洲

中美洲东临大西洋的加勒比海，西濒太平洋，是连接北美大陆和南美大陆的天然桥梁。中美洲地形以山地和高原为主，山地坡度大都在 30° 以上，平原主要分布在太平洋和加勒比海岸。

南美洲大陆地形可分为东西两个纵带：西部为狭长的安第斯山脉，东部呈平原和高原相间分布。南美洲海拔 300m 以下的平原约占全洲面积的 60%，海拔 300~3000m 的高原、丘陵和山地约占全洲面积的 33%，海拔 3000m 以上的高原和山地约占全洲面积的 7%。

6. 大洋洲

大洋洲地形可分为大陆和岛屿两部分。大洋洲的地貌结构自西向东有五个明显不同的地貌单元，即大陆西部的侵蚀高原（西澳高原）、大陆中部的沉降平原（中澳平原）、大陆东部的断块山地（东澳山地）、大陆东侧的新褶皱岛弧（大陆型岛屿）、更东的火山—珊瑚岛屿群（海洋型岛屿）。大洋洲除部分山地海拔超过 2000m 外，一般在 600m 以下。海拔 200m 以下的平原约占全洲面积的 1/3，200~600m 的丘陵、台地约占全洲面积的 1/2 以上，是世界地势低缓的一个大洲。

5.2 资源评估

报告基于覆盖全球的数据、信息，采用统一标准和参数完成了全球太阳能光伏发电资源的评估研究。

5.2.1 理论蕴藏量

根据太阳能水平面总辐射量数据测算，全球太阳能光伏发电资源理论蕴藏量总计 208325PWh/a，全球各洲占比如图 5-6 所示，基本由地理纬度和陆地面积决定。

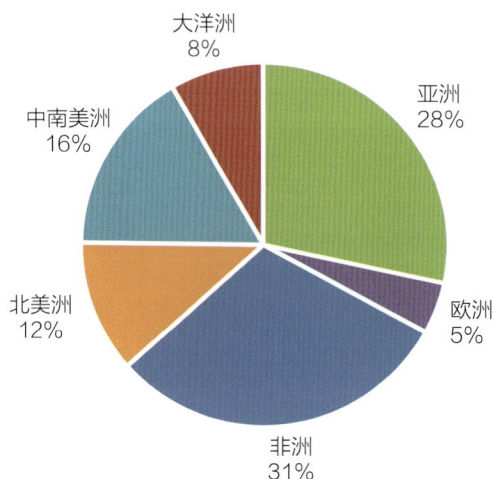

图 5-6　各洲太阳能光伏发电资源理论蕴藏量占比图

从各洲分布来看，**亚洲**太阳能光伏发电资源理论蕴藏量 59099.6PWh/a，占全球总量的 28%，西亚地区光伏发电资源优异。**欧洲**太阳能光伏发电资源理论蕴藏量 9550.1PWh/a，占全球总量的 5%，欧洲南部部分地区光伏发电资源较好。**非洲**太阳能光伏发电资源理论蕴藏量 63464.5PWh/a，占全球总量的 31%，非洲北部、南部及东部部分地区光伏发电资源优异。**北美洲**太阳能光伏发电资源理论蕴藏量 24551.9PWh/a，占全球总量的 12%，北美洲西部、南部的部分地区光伏发电资源较好。**中南美洲**太阳能光伏发电资源理论蕴藏量 34295.7PWh/a，占全球总量的 16%，南美洲西部光伏发电资源优异。**大洋洲**太阳能光伏发电资源理论蕴藏量 17363.8PWh/a，占全球总量的 8%，澳大利亚中部和西部光伏发电资源较好。

5.2.2　技术可开发量

综合考虑资源和各类技术限制条件后，经评估测算，全球适宜集中式开发的光伏发电规模约 2647TW，年发电量约 5002PWh，各洲对比情况如图 5-7 所示。非洲集中式光伏发电开发条件最好，总装机规模占比约 52%，居各洲首位；欧洲的集中式光伏发电开发条件相对最差。

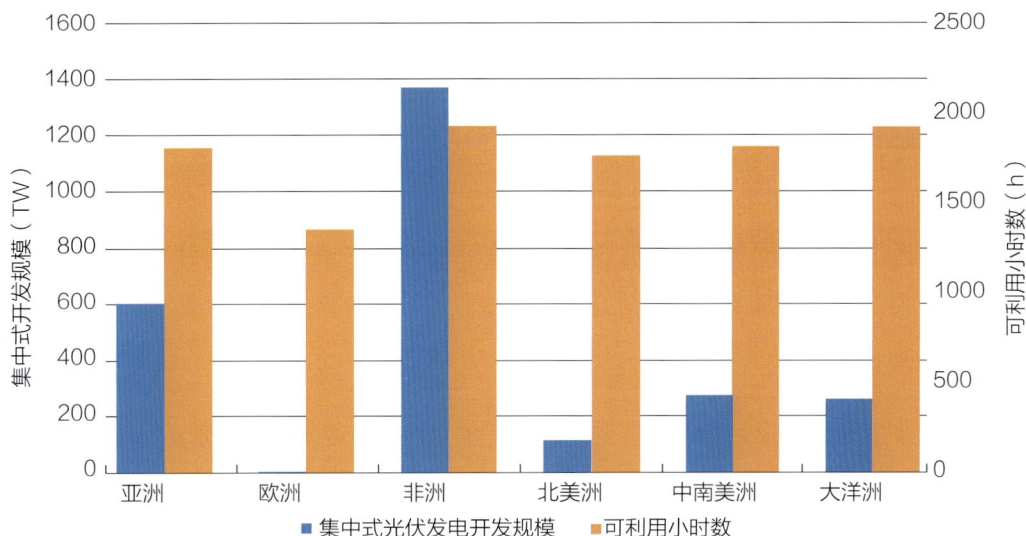

图 5-7　各洲适宜集中式开发的光伏发电规模对比情况示意图

亚洲适宜集中式开发的光伏发电规模 606.0TW，年发电量高达 1100.3PWh。从分布上看，亚洲光伏发电主要集中在东亚的蒙古及中国北部和西部，南亚的巴基斯坦及中亚和西亚地区，中国、蒙古、哈萨克斯坦、土库曼斯坦、乌兹别克斯坦、巴基斯坦、阿富汗、伊朗、伊拉克、叙利亚、约旦、沙特阿拉伯、也门、阿曼，占全洲总量的 85% 以上。上述大部分地区海拔在 2500m 以下，主要是裸露地表、草本植被和少量灌丛，除蒙古、伊朗和沙特阿拉伯境内的保护区及海拔较高的青藏高原之外，绝大部分地区非常适合建设大型光伏发电基地。中国青藏高原、中亚帕米尔高原等地区海拔高，工程建设难度大，集中式光伏发电资源开发条件差；南亚的印度半岛、东南亚的中南半岛和马来群岛等地虽然部分地区太阳能资源条件较好，但大部分区域有城市、耕地或热带雨林分布，无法建设集中式光伏发电基地。总体来看，受地形地貌、地面覆盖物等因素的影响，亚洲仅 35% 的区域具备集中式开发建设光伏发电基地的条件。印度、泰国、印度尼西亚等部分国家更适宜采用分布式开发模式，利用田间地头的空闲土地、城市屋顶等开发光伏发电资源。

欧洲适宜集中式开发的光伏发电规模 10.4TW，年发电量 14.1PWh。欧洲光伏发电主要分布于南部的西班牙、希腊、意大利、法国、葡萄牙和东部的俄罗斯、乌克兰等国家，占全洲总量的 60% 以上。上述大部分地区海拔在 2000m 以下，且太阳能资源条件相对较好，但受耕地、城市等地面覆盖物的限制，大部分地区无法建设集中式光伏发电基地。总体来看，受地面覆盖物等因素的影响，欧洲仅 8% 的区域具备集中式开发建设光伏发电基地的条件。欧洲部分国家更适宜分布式开发太阳能资源。

专栏 5-2   **分布式光伏发电资源评估**

全球各洲部分国家与地区太阳能资源的集中式开发条件较差，结合地区实际情况，评估合理利用城市、耕地等区域进行分布式光伏发电开发的资源潜力。

以欧洲为例，欧洲部分国家和地区不具备集中式光伏发电开发条件。其中西班牙、葡萄牙、意大利、希腊等国太阳能资源相对较好，但因为森林和耕地覆盖的原因，集中式光伏发电开发条件差；阿尔巴尼亚、安道尔、马耳他等国，国土面积小，集中式光伏发电开发条件差。上述国家和地区宜结合具体情况采用分布式开发利用太阳能资源。经测算评估，葡萄牙、意大利、马耳他等国的分布式光伏发电开发规模分别为 178.6、582.3、1.3GW，接近或超过其集中式光伏发电开发的规模。欧洲适宜分布式光伏发电资源开发国家的评估结果见专栏 5-2 表 1。

专栏 5-2 表 1   欧洲适宜分布式光伏发电资源开发国家的评估结果

序号	国家	分布式开发规模（GW）	年发电量（TWh）	可利用面积比例（%）
1	希腊	187.4	293.0	3.6
2	阿尔巴尼亚	24.6	37.1	2.6
3	西班牙	977.5	1609.6	4.9
4	葡萄牙	178.6	288.5	5.0
5	意大利	582.3	862.9	5.9
6	马耳他	1.3	2.3	8.3
7	德国	315.3	399.6	5.8
	总计	2267.0	3492.9	5.2

非洲适宜集中式开发的光伏发电规模 1374.8TW，年发电量 2670.2PWh。从分布上看，非洲光伏发电主要集中在沿撒哈拉地区以及南部非洲的大西洋沿岸，阿尔及利亚、苏丹、利比亚、马里、乍得、毛里塔尼亚、尼日尔、安哥拉和埃及，占到全洲总量的 60% 以上。上述地区海拔基本在 2000m 以下，主要是裸露地表、草本植被和少量灌丛，除尼日尔、纳米比亚、埃塞俄比亚和坦桑尼亚境内的保护区之外，绝大部分地区非常适合建设大型光伏发电基地。非洲中部刚果盆地覆盖的加蓬、刚果民主共和国等国，多分布茂密的热带雨林，辐照条件较差，无法建设大型光伏发电基地；西非几内亚湾沿岸地区多分布森林与热带雨林，不具备集中建设大型光伏发电基地的条件；东部埃塞俄比亚高原和东非高原覆盖的部分地区地形起伏大，加之保护区众多，不适宜建设集中式光伏发电基地。总体来看，在综合考虑资源禀赋、地物覆盖、地形、保护区等因素影响后，非洲除中部外的绝大部分土地具备集中式开发建设光伏发电基地的条件。

北美洲适宜集中式开发的光伏发电规模 114.3TW，年发电量 203.6PWh。从分布上看，北美洲光伏发电主要集中在西南部太平洋沿岸地区，美国西南部和墨西哥大部分地区，占全洲总量的 60% 以上。上述大部分地区海拔在 2000m 以下，主要是灌丛和少量裸露地表，除美国加利福尼亚州和墨西哥北下加利福尼亚州、南下加利福尼亚州、索诺拉州的保护区之外，绝大部分地区非常适合建设大型光伏发电基地。美国中部和北部部分地区虽然太阳能资源条件较好，但人口密集，大部分区域有城市和耕地分布，建设集中式光伏发电基地时需要避让。

中南美洲适宜集中式开发的光伏发电规模 277.4TW，年发电量高达 504.7PWh。从分布上看，中南美洲光伏发电资源主要集中在沿阿塔卡玛地区、加勒比海南部海岸及南美洲东北地区的大西洋沿岸，智利、阿根廷、秘鲁、玻利维亚、巴西、委内瑞拉等国，占到全洲总量的 80% 以上。上述地区除阿塔卡玛地区处于安第斯山脉，海拔最高可达 6800m，其余地区海拔基本在 2000m 以下，阿塔卡玛地区主要地面覆盖物是裸露地表、草本植被和少量灌丛，除阿根廷、秘鲁和智利境内的保护区之外，绝大部分地区非常适合建设大型光伏发电基地。中南美洲西部厄瓜多尔、哥伦比亚南部及秘鲁东北部地区，多分布茂密的热带雨林，辐照条件较差，且保护区众多；巴西东南部及阿根廷东北部地区多分布耕地，辐照条件一般；中美洲及勒比地区也有相对丰富的光伏发电资源，但地形陡峭，多覆盖热带雨林，可开发面积有限，上述国家和地区不具备集中式开发建设大型光伏发电基地的条件。

　　大洋洲适宜集中式开发的光伏发电规模 263.5TW，年发电量 508.4PWh。从分布上看，大洋洲光伏发电主要集中在澳大利亚中部和西部，占到全洲总量的 90% 以上。上述地区海拔基本在 2000m 以下，主要是草本植被、灌丛，少量裸露地表，除澳大利亚中部较大面积自然资源类保护区之外，绝大部分地区适合建设大型光伏发电基地。

　　与风电技术指标相似，采用单位国土面积的年发电量与装机容量的比值，即装机利用小时数（容量因子，Capacity Factor）能够反映区域光伏发电资源技术开发条件的优劣。全球光伏发电技术可开发区域及其利用小时数分布如图 5-8 所示。经测算，全球光伏发电技术可开发装机平均利用小时数约 1890h（平均容量因子约 0.22），全球最大值出现在智利北部的安托法加斯塔区（Antofagasta）附近，超过 2500h，资源条件极为优异。从各大洲分布来看，**亚洲**光伏发电技术可开发装机平均利用小时数约 1816h（平均容量因子约 0.21），其中叙利亚、伊拉克、约旦、沙特阿拉伯、也门、约旦等国全境，巴基斯坦南部、阿富汗南部、伊朗南部，光伏发电装机利用小时数在 1900~2000h，最大值出现在沙特阿拉伯西北部的泰布克（Tabuk）附近，超过 2100h。**欧洲**光伏发电技术可开发装机平均利用小时数约 1357h（平均容量因子约 0.15），其中马耳他、西班牙、葡萄牙、希腊，光伏发电装机利用小时数在 1500h 以上，最大值出现在西班牙安达卢西亚（Andalucia）的东南部，约 1700h。**非洲**光伏发电技术可开发装机平均利用小时数约 1940h（平均容量因子约 0.22），其中埃及、乍得、苏丹、利比亚、尼日尔、阿尔及利亚等国全境、埃塞俄比亚东部、纳米比亚南部和南非西部的大西洋沿岸、西撒哈拉的大西洋沿岸，光伏发电装机利用小时数在 1900~2000h，最大值出现在纳米比亚南部的卡拉斯堡（Karasburg）附近，超过 2100h。**北美洲**光伏发电技术可开发装机平均利用小时数约 1780h（平均容量因子约 0.17），其中库拉索（荷）和墨西哥全境、美国西南部的太平洋沿岸地区，光伏发电装机利用小时数在 1800~2200h，最大值出现在墨西哥西部北下加利福尼亚州（Baja California）的圣费尔南多（Sanfernando）东部，超过 2200h。**中南美洲**光伏发电技术可开发装机平均利用小时数约 1819h（平均容量因子约 0.21），其中智利北部及中部、秘鲁西部沿海及南部、玻利维亚西南部、阿根廷西北部、巴西东北部、委内瑞拉北部及中部、哥伦比亚北部、萨尔瓦多北部及东部，光伏发电装机利用小时数在 2000h 以上，最大值出现在智利北部的安托法加斯塔区（Antofagasta）附近，超过 2500h。**大洋洲**光伏发电技术可开发装机平均利用小时数约 1929h

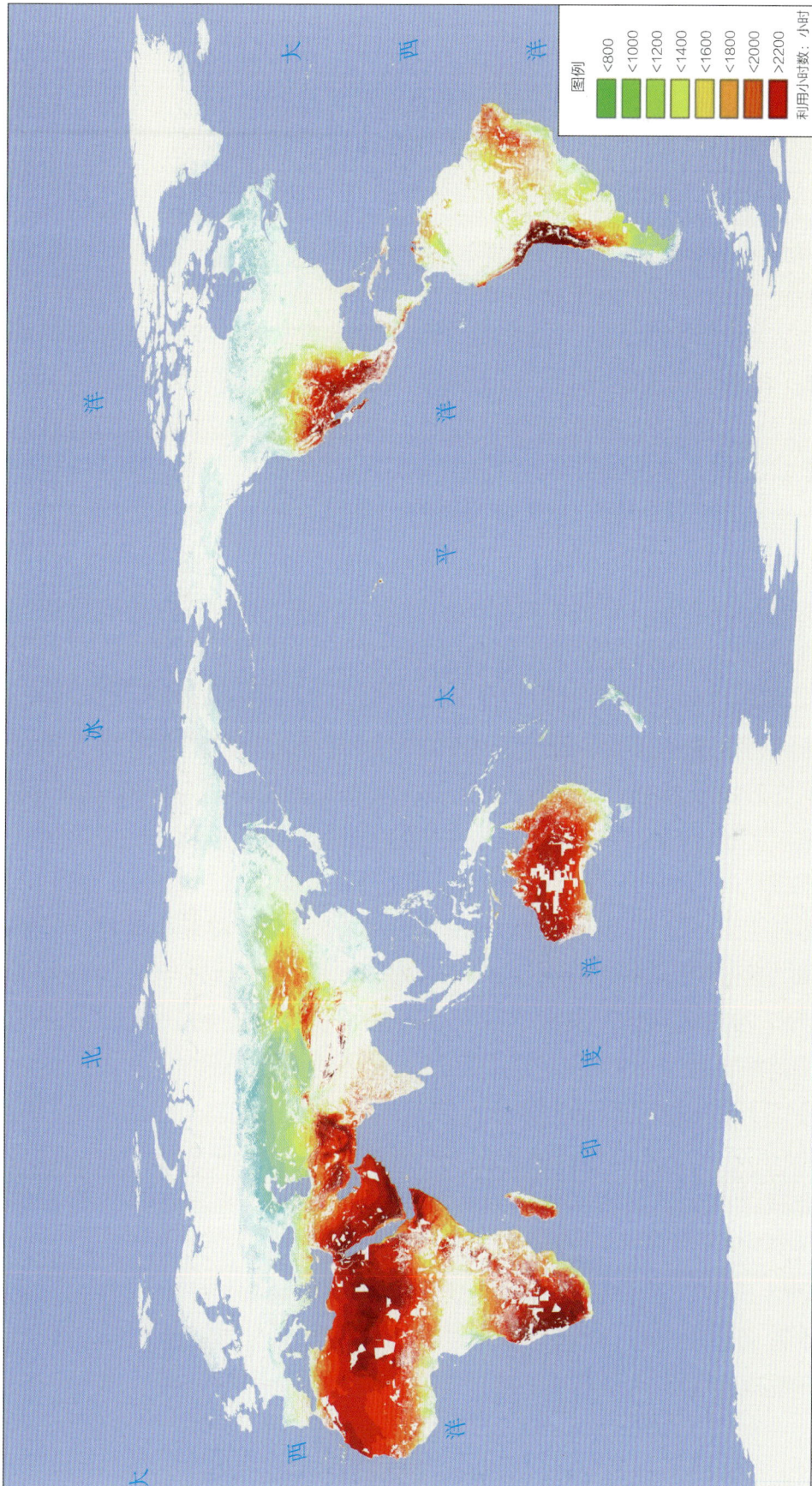

图5-8　全球光伏技术可开发区域及其利用小时分布示意图

（平均容量因子约 0.22），其中，澳大利亚西澳州北部及中部、北领地中东部、南澳州东部、昆士兰州西部和新南威尔士州西北部光伏发电装机利用小时数在 2000h 以上，最大值出现在澳大利亚北部的埃克斯茅斯（Exmouth）附近，超过 2100h。

5.2.3 开发成本

按照 2035 年光伏发电装备的经济性水平测算，综合考虑交通和电网基础设施条件，报告研究了全球 200 个国家和地区的集中式光伏发电平均开发成本，为 2.79 美分，其全球分布如图 5-9 所示。光伏发电开发成本的高低与技术开发条件的优劣，绝大多数情况下在空间上的分布是一致的，但在部分地区存在一定差异。撒哈拉沙漠腹地、澳大利亚内陆等地区尽管光伏发电资源优异，但远离负荷中心，基础设施条件较差，光伏发电开发成本高。图 5-10 给出了全球各洲集中式光伏发电平均开发成本对比经过评估测算，全球光伏发电经济可开发规模 1995.4TW，占技术可开发量的 75%。

从各洲开发成本来看，**亚洲**集中式光伏发电平均开发成本 ❶ 为 2.48 美分，各国的平均开发成本在 1.94~3.38 美分。按照当前全球约 3.5 美分的平均电价水平评估，亚洲 90% 的技术可开发装机容量满足经济性要求，经济可开发规模约 545.2TW。**欧洲**集中式光伏发电平均开发成本为 3.18 美分，各国的平均开发成本在 2.27~9.58 美分，但欧洲 73% 的技术可开发装机容量仍能满足经济性要求，经济可开发规模约 7.6TW。**非洲**集中式光伏发电平均开发成本为 2.89 美分，各国的平均开发成本在 2.09~7.02 美分。非洲 71% 的技术可开发装机容量均满足经济性要求，经济可开发规模约 971.5TW。**北美洲**集中式光伏发电平均开发成本为 2.57 美分，各国的平均开发成本在 2.27~4.78 美分，92% 的技术可开发装机容量满足经济性要求，经济可开发规模约 104.8TW。**中南美洲**集中式光伏发电平均开发成本为 2.34 美分，各国的平均开发成本在 1.84~5.39 美分，95% 的技术可开发装机容量满足经济性要求，经济可开发规模约 264.6TW。**大洋洲**集中式光伏发电平均开发成本为 3.43 美分，各国的平均成本在 2.96~7.47 美分，39% 的技术可开发装机容量均满足经济性要求，经济可开发规模约 101.7TW。

---

❶ 亚洲集中式光伏发电平均开发成本为洲内各国家平均开发成本及其年发电量的加权平均值。下同。

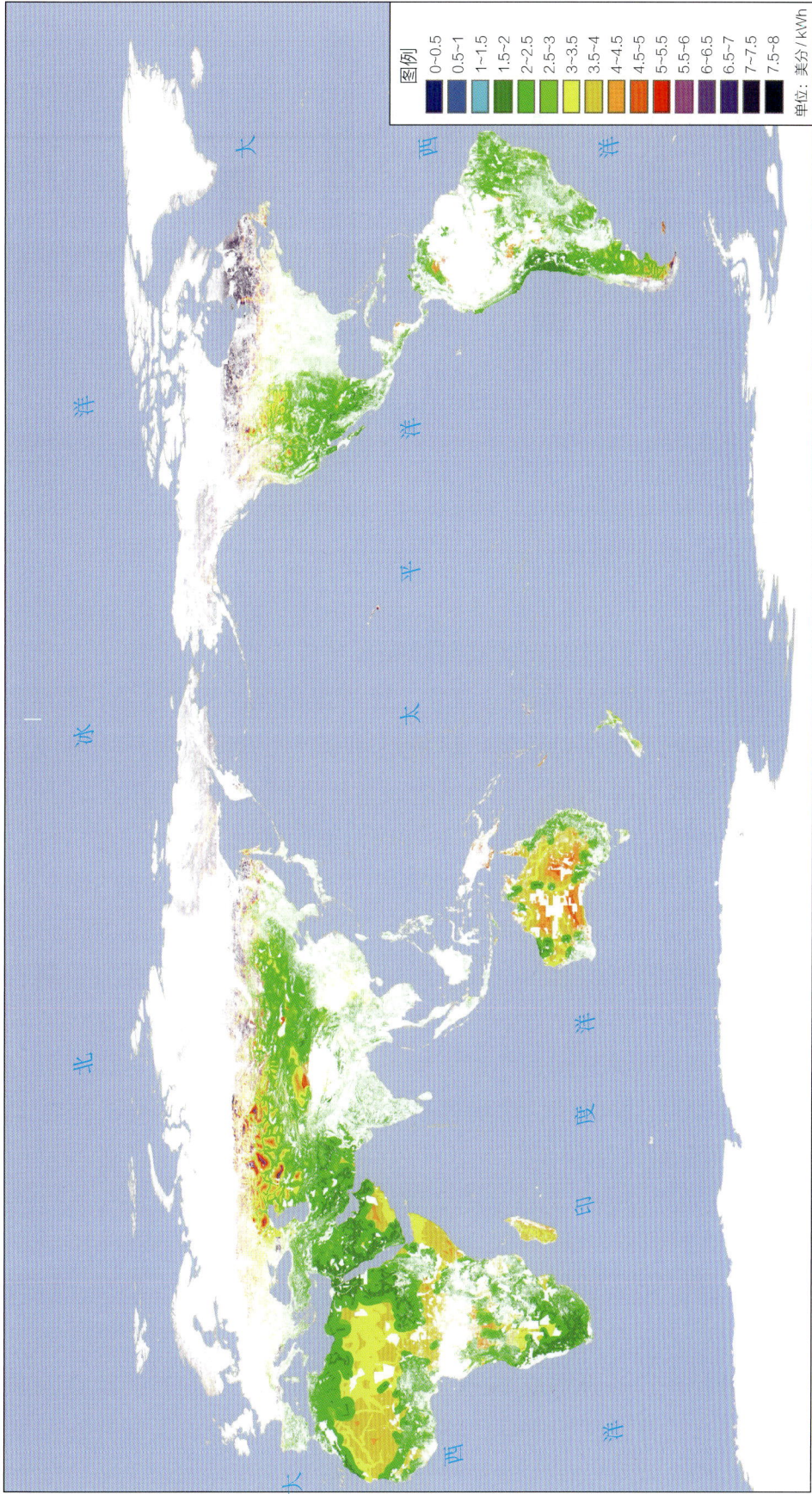

图 5-9 全球光伏开发成本分布示意图

图例

	0~0.5
	0.5~1
	1~1.5
	1.5~2
	2~2.5
	2.5~3
	3~3.5
	3.5~4
	4~4.5
	4.5~5
	5~5.5
	5.5~6
	6~6.5
	6.5~7
	7~7.5
	7.5~8

单位：美分/kWh

5.2 资源评估

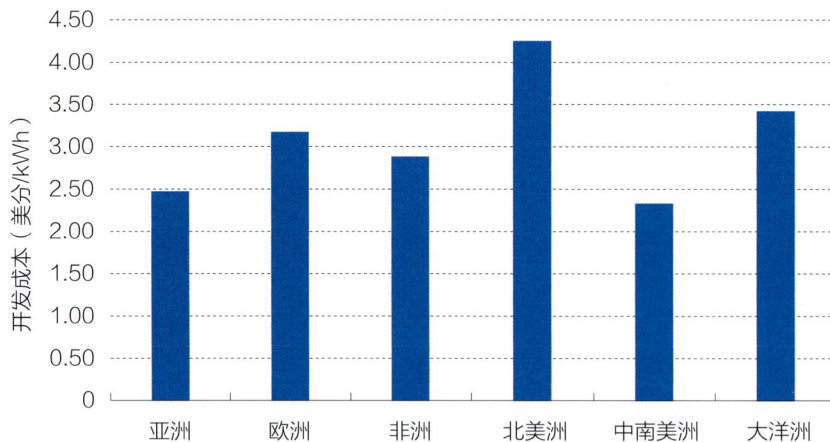

图 5-10　全球各洲集中式光伏发电平均开发成本对比图

从国别来看，资源条件优异，同时交通、电网基础设施条件相对较好的国家和地区光伏发电开发成本相对较低，经济性更好。

亚洲大部分国家和地区的光伏发电最高开发成本均低于 8 美分，标志着亚洲整体具备良好的大规模开发条件。其中，土库曼斯坦、阿塞拜疆、阿富汗等 5 个国家的部分区域开发成本仍较高，这与其局部较差的交通及并网条件密切相关。从最经济的开发区域来看，亚洲绝大多数国家等光伏发电最低开发成本均低于 2.5 美分，其中最低成本出现在沙特阿拉伯泰布克（Tabuk），为 1.64 美分。从平均水平来看，阿拉伯联合酋长国的全国平均开发成本最低，为 1.94 美分。

欧洲大部分国家和地区的光伏发电最高开发成本均高于 8 美分。其中，意大利、法国、乌克兰、西班牙等国家的部分区域存在极高开发成本，与其局部较差的辐照水平、交通及并网条件密切相关。从最经济的开发区域来看，西班牙、意大利、马耳他、葡萄牙、希腊等 9 个国家的光伏发电最低开发成本低于 2.5 美分，其中最低成本出现在西班牙安达卢西亚（Andalucia）的东南部，为 2.1 美分。从平均水平来看，马耳他的全国平均开发成本最低，为 2.27 美分。

非洲大部分国家和地区的光伏发电最高开发成本均低于 8 美分，标志着非洲整体具备良好的大规模开发条件。其中，阿尔及利亚、纳米比亚、苏丹等国家的部分区域仍存在较高开发成本的区域，与其局部较差的交通及并网条件密切相关。从最经济的开发区域来看，绝大多数国家光伏发电最低开发成本低于 2.5 美分，其中最低成本出现在纳米比亚卡拉斯堡省（Karasburg）南部，为

1.72 美分。从平均水平来看，津巴布韦的全国平均开发成本最低，为 2.09 美分。

北美洲全部国家和地区的光伏发电最高开发成本低于 8 美分，标志着北美洲部分地区具备良好的大规模开发条件。其中，美国部分地区和加拿大仍存在较高开发成本的区域，与其光伏发电资源条件、局部较差的交通及并网条件密切相关。从最经济的开发区域来看，墨西哥和美国的光伏发电最低开发成本低于 2.5 美分，其中最低成本出现在美国加利福尼亚州（California）南部，为 1.89 美分。从平均水平来看，墨西哥的全国平均开发成本最低，为 2.27 美分。

中南美洲绝大多数国家和地区的光伏最高开发成本均低于 8 美分，标志着中南美洲整体具备良好的大规模开发条件。其中，委内瑞拉、阿根廷、智利等国家的部分区域开发成本仍较高，这与其局部较差的交通及并网条件密切相关。从最经济的开发区域来看，智利、秘鲁、萨尔瓦多、巴西、阿根廷等 24 国光伏发电最低开发成本低于 2.5 美分，其中最低成本出现在智利安托法加斯塔省南部，为 1.48 美分。从平均水平来看，智利的全国平均开发成本最低，为 1.84 美分。

大洋洲大部分太平洋岛国的最高度电成本均高于 8 美分，不具备良好的大规模开发条件。从最经济的开发区域来看，澳大利亚、新西兰 2 国光伏发电最低开发成本低于 2.5 美分，其中最低成本出现在澳大利亚西澳州（Western Australia）西北部，为 1.77 美分。从平均水平来看，澳大利亚的全国平均开发成本最低，为 3.42 美分。

全球 6 大洲太阳能资源评估结果见表 5-1，包括理论蕴藏量、集中式开发规模及按洲的平均开发成本。其中，技术可开发量的评估结果是按照 1.5.3 给定的评估参数计算获得，是满足集中式开发条件区域的装机容量。

全球 200 个国家的国别评估详细结果，读者可参阅分洲报告的有关内容。

5.2 资源评估

表 5-1　全球 6 大洲太阳能资源评估结果

序号	洲别	理论蕴藏量（TWh/a）	集中式开发规模（GW）	年发电量（TWh）	可利用小时数（小时）	可利用面积比例（%）	平均开发成本（美分/kWh）
1	亚洲	59099.6	606020.8	1100290.0	1816	35.26	2.48
2	欧洲	9550.1	10417.8	14145.5	1358	8.58	3.18
3	非洲	63464.5	1374778.4	2670242.2	1942	54.16	2.89
4	北美洲	24551.9	114348.1	203551.1	1780	12.65	2.57
5	中南美洲	34295.3	277436.2	504664.1	1819	22.58	2.34
6	大洋洲	17363.8	263489.6	508399.4	1929	41.04	3.43
	总计 [1]	208325.2	2646491	5001292	1890 [2]	34 [3]	2.79 [4]

注：1. 亚洲总计数据包含俄罗斯、埃及领土的亚洲部分的评估结果，不包含土耳其、阿塞拜疆、哈萨克斯坦领土欧洲部分的评估结果；欧洲总计数据包含土耳其、阿塞拜疆、哈萨克斯坦领土欧洲部分的评估结果，不包含俄罗斯领土的亚洲部分的评估结果，不包含格陵兰岛的评估结果；非洲总计数据不包含埃及亚洲部分的评估结果；北美洲的总计包括格陵兰岛。

2. 全球光伏发电装机可利用小时数为全球年总发电量与总技术可开发量的比值。

3. 全球光伏发电可利用面积比例为各洲总可利用面积与全球总面积的比值。

4. 全球光伏发电平均开发成本为各洲平均开发成本及其年发电量的加权平均值。

5.2.4　国家评估案例

以沙特阿拉伯为案例，详述国家光伏发电资源评估的主要成果，可供有关国家光伏发电规划研究参考。全球 6 大洲主要国家的详细研究成果，读者可参阅相应分洲报告的有关内容。

沙特阿拉伯地处西亚，国土总面积约 225 万 km²。据测算，境内最高海拔 2965.5m，最大地形坡度 52.1°。全国光伏发电资源丰富，GHI 范围为 1760.08~2452.41kWh/m²，区域平均 GHI 约 2266.7kWh/m²。西部和南部地区具有更高的 GHI。

1.　主要限制性因素

沙特阿拉伯境内设有不同类型的保护区，总面积约 22.91 万 km²，包括自然资源类保护区面积 18.01 万 km²、自然生态系统类保护区面积 3.93 万 km² 等，以上区域均不宜进行太阳能资源规模化开发。沙特阿拉伯主要保护区面积测算结果见表 5-2。

表 5-2 沙特阿拉伯主要保护区面积测算结果

万 km²

总面积	自然生态系统	野生生物	自然遗迹	自然资源	其他
22.91	3.93	0.00	0.04	18.01	0.93

沙特阿拉伯地面覆盖物类型以裸露地表为主，面积 218.4 万 km²，占总陆地面积 97.2%；耕地面积 3.40 万 km²，占总陆地面积 1.5%；灌丛 1.06 万 km²，占总陆地面积 0.5%。主要地面覆盖物分析结果见表 5-3。灌丛、草本植被和裸露地表适宜集中式开发光伏发电，按照确定的土地利用系数测算，沙特阿拉伯可进行太阳能集中式开发的面积约 170.0 万 km²，占国土总面积的 75.5%。

表 5-3 沙特阿拉伯主要地面覆盖物分析结果

万 km²

国土总面积	河流面积	陆地面积								
		总计	森林	灌丛	草本植被	耕地	湿地沼泽	裸露地表	城市	冰雪
225.00	0.02	224.80	0.03	1.06	1.02	3.40	0.04	218.45	0.80	0.00

2. 其他工程建设条件

沙特阿拉伯地震发生频率不高，历史地震发生频率高的地区主要位于西北部部分地区，太阳能光伏发电开发应尽量规避主要地层断裂带、地震带及地震高发区域。沙特阿拉伯岩层分布以松散沉积岩、混合沉积岩和变质岩为主。

沙特阿拉伯人口 3255 万，人口密集地区主要集中在首都利雅得周边及东部和西部沿海地区，规模化开发光伏发电资源一般应远离人口密集地区。

3. 评估结果

据测算，沙特阿拉伯太阳能光伏发电资源理论蕴藏量 4399PWh/a；集中式开发的技术可开发量 129748GW，年发电量 260074TWh，平均利用小时数 2004h（容量因子 0.23）。沙特阿拉伯南部地区光伏发电装机条件好，部分平原地区的装机能力可以达到 100MW/km² 以上，全国光伏发电技术可开发量及开发成本分布如图 5-11 所示。

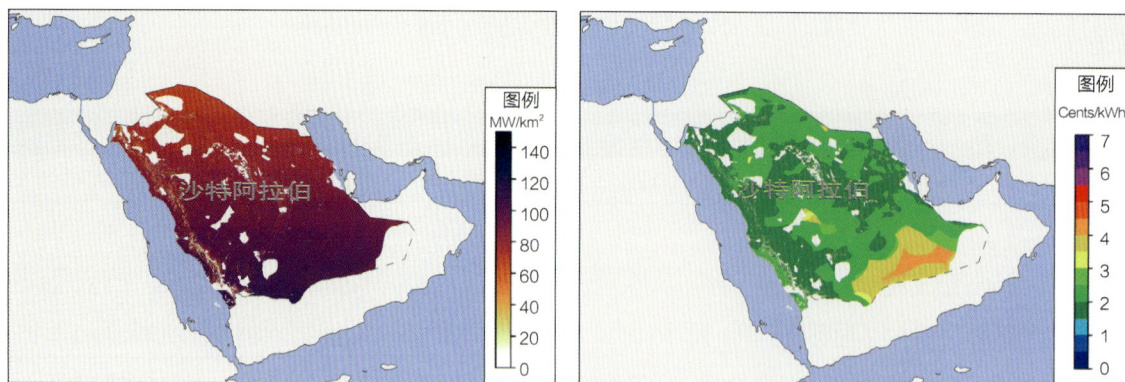

（a）技术可开发量分布　　　　　　（b）开发成本分布

图 5-11　沙特阿拉伯光伏技术可开发量以及开发成本分布示意图

　　据测算，沙特阿拉伯光伏发电平均开发成本为 2.3 美分 / kWh，其中开发条件最好的地区，开发成本低至 1.64 美分 / kWh。国内绝大部分地区均适合光伏发电大规模经济开发，其中东部、中部和西南部地区开发经济性更优异。

5.3 基地开发

5.3.1 开发现状

2011—2018 年全球光伏发电装机容量快速上涨，2018 年总装机规模达到 474.3GW，年平均增速 31.6%。其中，亚洲光伏发电装机容量最大，为 274.3GW，其次是欧洲 119.2GW，北美洲 57GW，大洋洲 11.6GW，中南美洲 7.0GW，非洲 5.2GW。全球历年光伏发电总装机容量如图 5-12 所示。

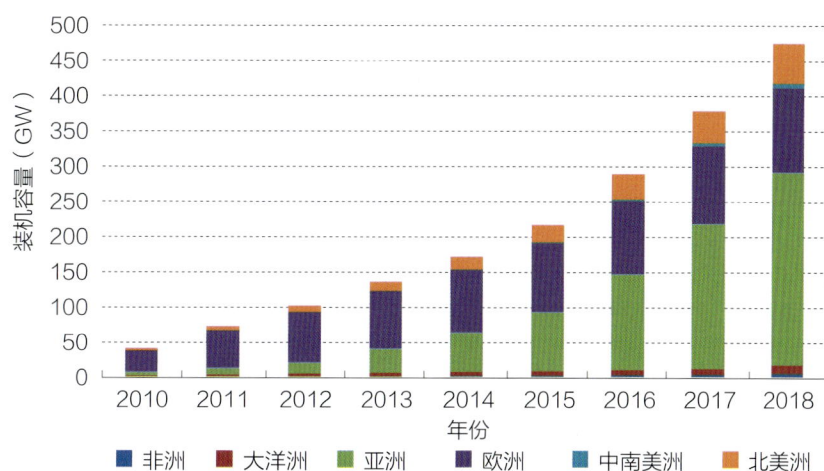

图 5-12 全球历年光伏发电总装机容量（2010—2018 年）[1]

光伏发电装机容量最大的国家是中国，约 178.0GW，年发电量约 177.5TWh；其次是日本，装机容量约 55.5GW，年发电量约 70.7TWh；美国装机容量约 51.4GW，年发电量约 92.5TWh。分布式光伏发电装机较大的国家有德国 33.5GW，意大利 15.8GW，英国 4.2GW。2018 年全球主要国家光伏发电开发情况见表 5-4。

表 5-4 2018 年全球主要国家光伏发电开发情况 [2]

国家	光伏发电装机容量（GW）	光伏发电量（TWh）
中国	178.0	177.5
日本	55.5	70.7

[1] 资料来源：International Renewable Energy Agency. Renewable capacity statistics 2019[R]. Abu Dhabi: IRENA, 2019.

[2] 资料来源：彭博社. 全球装机和发电量统计 [EB/OL]，2020-02-24.

续表

国家	光伏发电装机容量（GW）	光伏发电量（TWh）
美国	51.4	92.5
德国	45.9（分布式 33.5）	45.7
印度	27.4	36.9
意大利	20.1（分布式 15.8）	22.5
英国	13.0（分布式 4.2）	12.9
澳大利亚	10.9	14.5
法国	9.0（分布式 4.1）	11.0

根据 IRENA 统计，从 2010—2018 年，全球光伏发电的加权平均初投资大幅度下降，从 4621 美元 / kW 降至 1210 美元 / kW。光伏发电平均初始投资与项目所在国家或地区，以及项目开发条件、技术水平等因素密切相关，同一年份的光伏发电初始投资上下限差别较大。目前，全球光伏发电的单位容量投资范围在 750~2750 美元 / kW。

据彭博新能源统计，2009—2019 年，全球固定式光伏发电站平准化度电成本从 35.5 美分 / kWh 下降至 6.0 美分 / kWh，追踪式光伏发电站平准化度电成本从 34.1 美分 / kWh 下降至 4.6 美分 / kWh，下降幅度均超过 85%，如图 5-13 所示。2018 年全球主要国家光伏发电经济性见表 5-5。

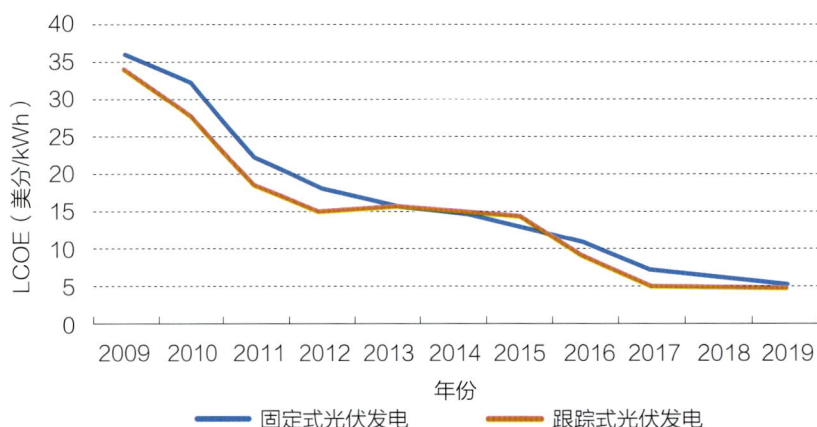

图 5-13　全球历年光伏发电平准化度电成本（2010—2019 年）❶

---

❶ 资料来源：彭博新能源财经（BNEF）：1H2020WIND LCOE UPDATE[R]NewYork: BNEF, 2019.

表 5-5　2018 年全球主要国家光伏发电经济性 ❶

国家	加权平均组件投资水平（美元/kW）	综合初始投资水平（美元/kW）
南非	650	1671
澳大利亚	375	1554
中国	290	879
日本	500	2101
德国	490	1113
巴西	450	1519
美国	400	1549
加拿大	800	2427

5.3.2　基地布局

根据全球太阳能光伏发电资源评估结果，综合考虑资源特性和开发条件，大型光伏发电基地宜在技术指标高、开发成本低的区域进行布局。综合各洲各区域用电需求，根据全球及各洲能源互联网主要战略输电通道研究成果，报告提出了全球 90 个光伏发电基地的选址成果。

亚洲。 未来在东亚开发蒙古乔伊尔等 3 个光伏发电基地，2035 年规模 13.00GW；在南亚开发印度杰伊瑟尔梅尔、巴基斯坦奎达、斯里兰卡基利诺奇等 13 个光伏发电基地，2035 年规模 354.40GW；在中亚开发哈萨克斯坦图尔克斯坦、乌兹别克斯坦木伊那克、土库曼斯坦土库曼纳巴德等 7 个光伏发电基地，2035 年规模 43.40GW；在西亚开发沙特阿弗拉杰、阿曼沙里姆、阿联酋斯维汗、约旦马安、伊拉克阿马拉、阿富汗坎大哈等 15 个光伏发电基地，2035 年规模 277.00GW。

欧洲。 鉴于欧洲土地的森林、耕地、城市等地物覆盖情况，以及土地成本高企等因素，大规模集中式光伏发电开发并不适宜，未来主要结合建筑和可利用空地开展分布式光伏发电开发。结合欧洲太阳能资源条件，在南部西班牙、希腊、葡萄牙和意大利等国具备集中式开发条件的区域，可建设一些规模化的光伏发电项目，如在西班牙南部可开发安达卢西亚（Andalucia）光伏发电项目，规模 720 MW。

---

❶ 资料来源：彭博社. 全球装机和发电量统计 [EB/OL]，2020-02-24.

非洲。 未来在北部非洲开发埃及明亚、埃及阿斯旺、阿尔及利亚瓦尔格拉等 8 个光伏发电基地，2035 年规模 53.00GW；在西部非洲开发尼日尔阿加德兹、马里卡伊、毛里塔尼亚罗索等 5 个光伏发电基地，2035 年规模 14.80GW；在东部非洲开发苏丹栋古拉、苏丹达米尔、埃塞俄比亚德雷达瓦等 4 个光伏发电基地，2035 年规模 8.00GW；在南部非洲开发纳米比亚卡拉斯堡、博茨瓦纳察邦、南非比勒陀利亚等 4 个光伏发电基地，2035 年规模 18.00GW。

北美洲。 未来在美国开发米德兰、布法罗、锡拉丘兹等 7 个光伏发电基地，2035 年规模 91.31GW；在墨西哥开发阿帕钦甘、里奥格兰德等 3 个光伏发电基地，2035 年规模 14.07GW。

中南美洲。 未来在南美洲西部开发委内瑞拉艾尔蓬松、秘鲁阿塔卡玛等 3 个光伏发电基地，2035 年规模 14.00GW；在南美洲南部开发玻利维亚阿塔卡玛、智利瓦拉、阿根廷埃尔莫雷诺等 8 个光伏发电基地，2035 年规模 43.00GW；在南美洲东部将开发巴西安日库斯等 3 个光伏发电基地，2035 年规模 30.00GW；在中美洲地区开发萨尔瓦多光伏发电基地，2035 年规模 700MW。

大洋洲。 未来在澳大利亚开发北领地、昆士兰北等 5 个光伏发电基地，2035 年规模 20.00GW。

全球大型光伏发电基地总体布局如图 5-14 所示。

基于数字化选址模型和软件，对上述 90 个光伏发电基地的开发条件、装机规模、工程设想、发电特性和投资水平进行研究，提出初步开发方案。90 个光伏发电基地的总装机规模约 995.32GW，年发电量 1916.95TWh。按照 2035 年各洲光伏发电造价预测成果，基于项目基本情况进行投资估算，计及交通运输和并网成本的光伏发电基地总投资约 4793 亿美元，度电成本区间为 1.65~3.28 美分 / kWh。

全球各洲光伏发电基地的投资规模与总投资占比如图 5-15 所示。其中，亚洲共计 38 个光伏发电基地，总投资 3220 亿美元，位列全球第一；大洋洲开发 5 个光伏发电基地，总投资 97 亿美元，全球占比 2%。

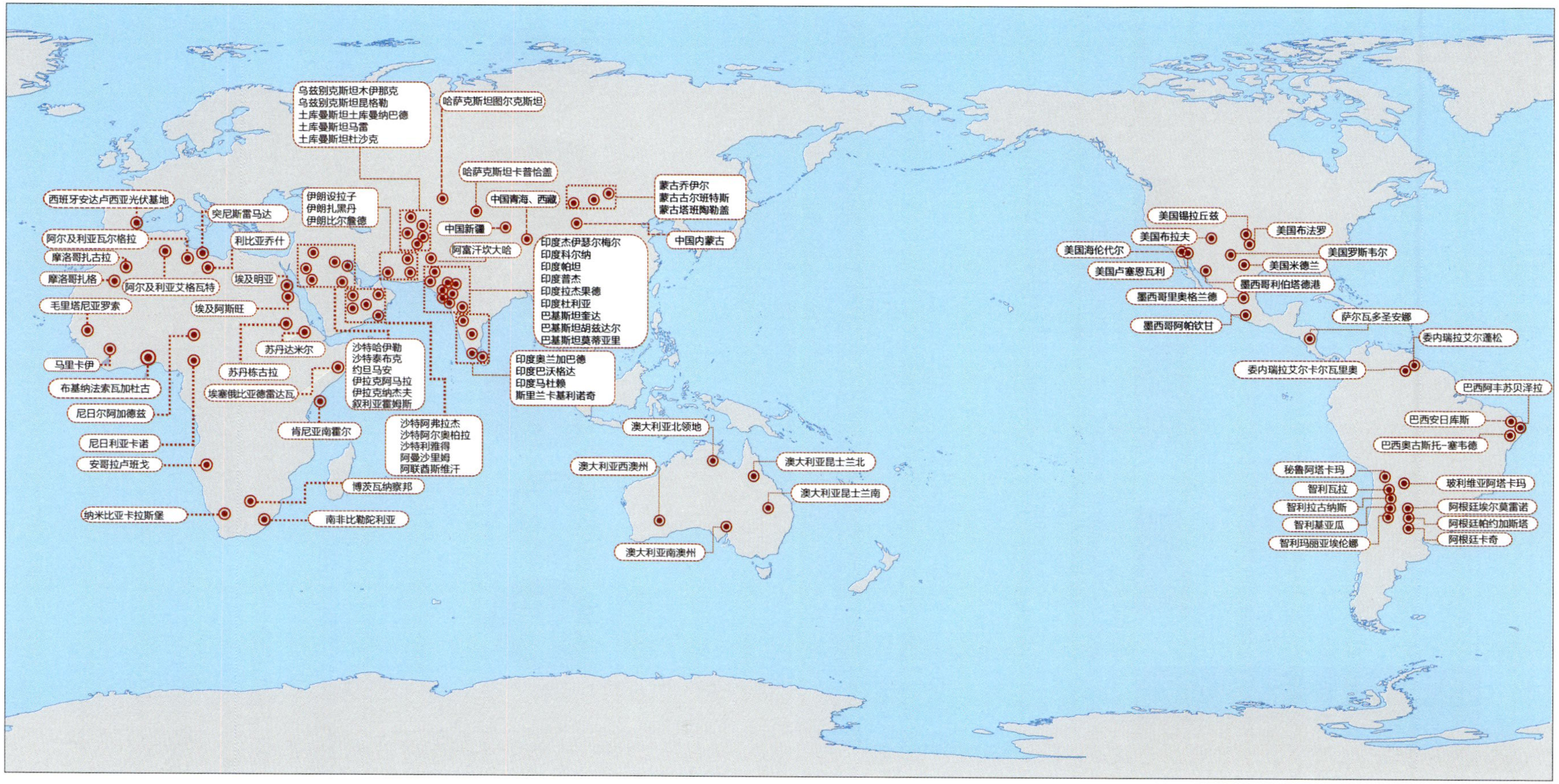

图5-14　全球大型光伏基地布局示意图

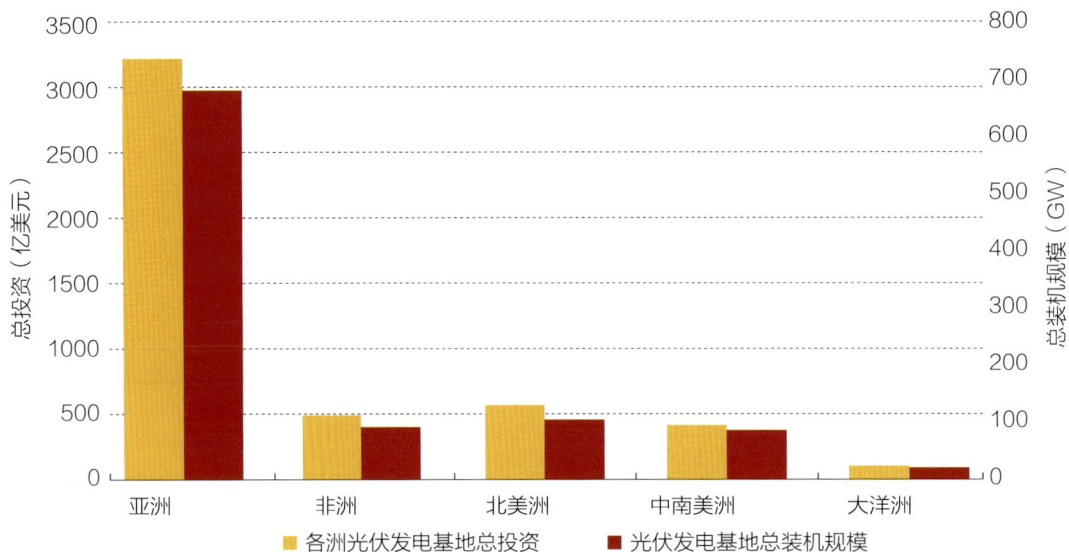

图 5-15　全球各洲光伏发电基地的装机规模与总投资占比图

基地经济性方面，光伏发电基地综合度电成本分布如图 5-16 所示。其中，亚洲基地的综合度电成本差异较大，分布区间为 1.81~3.28 美分 / kWh；中南美洲基地的综合度电成本分布区间为 1.65~2.26 美分 / kWh，具有较好的经济性。

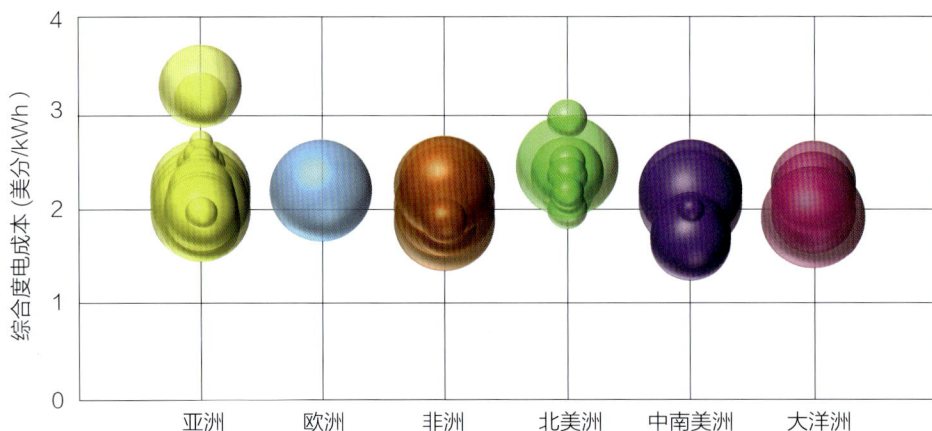

图 5-16　全球 90 个光伏发电基地综合度电成本分布

全球主要大型光伏发电基地的技术经济指标见表 5-6。

表5-6　全球主要大型光伏发电基地的技术经济指标

序号	洲别	基地名称	国家	占地面积（km²）	主要地形	年均GHI（kWh/m²）	装机容量（MW）	年发电量（GWh）	总投资（亿美元）	度电成本（美分/kWh）
1	亚洲	乔伊尔	蒙古	297	高原山地	1668	8000	14300	36.50	2.30
2	亚洲	古尔班特斯	蒙古	29	高原平地	1781	1000	1848	4.42	2.16
3	亚洲	塔班陶勒盖	蒙古	114	高原山地	1738	4000	7244	18.08	2.25
4	亚洲	杰伊瑟尔梅尔	印度	566	丘陵	2029	40200	73642	179.52	2.20
5	亚洲	科尔纳	印度	630	丘陵	2026	36000	66071	151.99	2.08
6	亚洲	帕坦	印度	629	丘陵	2017	31900	59455	240.22	2.05
7	亚洲	普杰	印度	385	平原	2046	30000	56464	137.67	2.20
8	亚洲	拉杰果德	印度	1002	平原和山地	2049	28200	59964	130.65	1.96
9	亚洲	杜利亚	印度	612	山地	1944	24000	44142	105.29	2.15
10	亚洲	奥兰加巴德	印度	413	山地	1953	16100	29964	68.08	2.05
11	亚洲	巴沃加格达	印度	1018	山地	1987	40400	73138	171.34	2.11
12	亚洲	马杜赖	印度	307	平原和山地	2030	20000	36062	86.16	1.91
13	亚洲	奎达	巴基斯坦	490	高原山地	2188	28000	57472	125.52	1.97
14	亚洲	胡兹达尔	巴基斯坦	680	高原山地	2202	35900	73951	170.44	2.08
15	亚洲	莫蒂亚里	巴基斯坦	243	平原和丘陵	2038	16100	29755	71.93	2.18
16	亚洲	基利诺奇	斯里兰卡	120	平原	2031	7600	13738	31.95	2.10

续表

序号	洲别	基地名称	国家	占地面积（km²）	主要地形	年均GHI（kWh/m²）	装机容量（MW）	年发电量（GWh）	总投资（亿美元）	度电成本（美分/kWh）
17	亚洲	图尔克斯坦	哈萨克斯坦	333	平原	1655	11000	17492	61.12	3.15
18	亚洲	阿普恰盖	哈萨克斯坦	269	高原平地和丘陵	1554	9600	14784	39.92	2.44
19	亚洲	木伊那克	乌兹别克斯坦	58	平原和丘陵	1634	2000	3207	9.59	2.70
20	亚洲	昆格勒	乌兹别克斯坦	169	平原	1755	7500	12509	33.45	2.41
21	亚洲	土库曼纳巴德	土库曼斯坦	166	平原	1787	5000	8460	23.94	2.55
22	亚洲	马雷	土库曼斯坦	127	平原和丘陵	1851	5000	8896	21.35	2.17
23	亚洲	杜沙克	土库曼斯坦	79	平原	1772	3300	5509	15.21	2.49
24	亚洲	阿弗拉杰	沙特阿拉伯	179	平原和丘陵	2303	15100	30188	70.98	2.12
25	亚洲	阿尔奥柏拉	沙特阿拉伯	124	平原和丘陵	2239	10000	19469	49.86	2.31
26	亚洲	利雅得	沙特阿拉伯	195	丘陵	2246	15100	29891	63.95	1.93
27	亚洲	哈伊勒	沙特阿拉伯	286	高原山地	2246	20100	40859	83.14	1.84
28	亚洲	泰布克	沙特阿拉伯	147	高原山地	2333	10100	21415	42.86	1.81
29	亚洲	沙里姆	阿曼	316	丘陵	2303	27300	54667	198.66	3.28
30	亚洲	斯维汗	阿联酋	514	丘陵	2216	40200	77956	171.08	1.98

续表

序号	洲别	基地名称	国家	占地面积（km²）	主要地形	年均GHI（kWh/m²）	装机容量（MW）	年发电量（GWh）	总投资（亿美元）	度电成本（美分/kWh）
31	亚洲	马安	约旦	188	高原平地	2283	12400	26123	52.95	1.83
32	亚洲	阿马拉	伊拉克	323	平原	1969	20100	36109	83.51	2.09
33	亚洲	纳杰夫	伊拉克	278	平原	2061	17600	33003	79.78	2.18
34	亚洲	霍姆斯	叙利亚	269	山地	2031	15000	28584	62.89	1.99
35	亚洲	设拉子	伊朗	731	高原山地	2201	25000	52371	107.72	1.86
36	亚洲	扎黑丹	伊朗	357	高原山地	2181	22500	45504	101.07	2.00
37	亚洲	比尔詹德	伊朗	388	高原山地	2131	22500	46323	100.59	1.96
38	亚洲	坎大哈	阿富汗	65	高原平地	2120	4000	7825	16.99	1.96
39	欧洲	安达卢西亚	西班牙	28	山地和丘陵	1852	722	1268	4	2.20
40	非洲	明亚	埃及	152	高原山区	2290	10000	20748	49.58	1.89
41	非洲	阿斯旺	埃及	131	平原	2375	10000	20605	52.22	2.04
42	非洲	瓦尔格拉	阿尔及利亚	82	平原和丘陵	2080	5000	9142	24.49	2.12
43	非洲	艾格瓦特	阿尔及利亚	138	高原平地	2029	8000	14640	42.57	2.30
44	非洲	乔什	利比亚	87	平原和丘陵	2098	5000	9381	25.51	2.15
45	非洲	扎格	摩洛哥	57	平原和丘陵	2200	4000	7654	21.94	2.27
46	非洲	扎古拉	摩洛哥	45	高原平地和丘陵	2189	3000	5766	14.54	2.01

5.3 基地开发

续表

序号	洲别	基地名称	国家	占地面积（km²）	主要地形	年均 GHI（kWh/m²）	装机容量（MW）	年发电量（GWh）	总投资（亿美元）	度电成本（美分/kWh）
47	非洲	雷马达	突尼斯	154	平原	2092	8000	15078	41.14	2.16
48	非洲	阿加德兹	尼日尔	26	平原	2294	2300	4478	11.18	1.98
49	非洲	卡伊	马里	28	平原	2103	2000	3514	9.52	2.14
50	非洲	罗索	毛里塔尼亚	20	平原	2156	1500	2700	7.19	2.11
51	非洲	瓦加杜古	布基纳法索	25	平原	2128	2000	3561	9.53	2.12
52	非洲	卡诺	尼日利亚	158	平原	2180	7000	13011	36.90	2.24
53	非洲	栋古拉	苏丹	23	平原	2342	2000	3934	9.64	1.94
54	非洲	达米尔	苏丹	22	平原	2314	2000	3906	9.73	1.97
55	非洲	德雷达瓦	埃塞俄比亚	21	高原平地	2333	2000	3954	9.68	1.94
56	非洲	南霍尔	肯尼亚	29	高原平地	2349	2000	3940	11.55	2.32
57	非洲	卡拉斯堡	纳米比亚	64	高原平地	2371	4000	8514	19.31	1.85
58	非洲	黎邦	博茨瓦纳	34	高原平地	2246	2000	4051	10.65	2.08
59	非洲	比勒陀利亚	南非	169	高原平地	2058	10000	18738	53.24	2.25
60	非洲	卢班戈	安哥拉	28	山地和丘陵	2320	2000	4030	9.63	1.89
61	北美洲	米德兰	美国	231	高原平地	2026	10000	19220	50.96	2.15
62	北美洲	布法罗	美国	1176	高原丘陵	1828	40000	71086	213.60	2.44

续表

序号	洲别	基地名称	国家	占地面积（km²）	主要地形	年均GHI（kWh/m²）	装机容量（MW）	年发电量（GWh）	总投资（亿美元）	度电成本（美分/kWh）
63	北美洲	锡拉丘兹	美国	1000	高原	1821	20100	36199	105.74	2.37
64	北美洲	罗斯维尔	美国	112	高原	2046	5000	9946	30.34	2.47
65	北美洲	布拉夫	美国	96	高原山地	1985	4100	7812	21.12	2.19
66	北美洲	海伦代尔	美国	225	高原	2198	6000	12611	31.00	1.99
67	北美洲	卢塞恩瓦利	美国	189	高原山地	2194	6100	12651	36.32	2.33
68	北美洲	阿帕钦甘	墨西哥	77	高原山地	2147	4000	7696	19.85	2.09
69	北美洲	里奥格兰德	墨西哥	94	高原丘陵	2209	4000	8238	21.97	2.16
70	北美洲	利伯塔德港	墨西哥	179	平原和丘陵	2223	6000	12216	44.06	2.93
71	中南美洲	艾尔蓬松	委内瑞拉	62	平原	2075	5000	8732	24.08	2.24
72	中南美洲	艾尔卡尔瓦里奥	委内瑞拉	60	平原	2069	5000	8721	24.31	2.26
73	中南美洲	安日库斯	巴西	183	平原	2093	10000	17501	47.10	2.18
74	中南美洲	阿丰苏贝泽拉	巴西	186	平原	2107	10000	17661	47.41	2.18
75	中南美洲	奥古斯托－塞韦德	巴西	191	平原	2208	10000	18390	46.89	2.07
76	中南美洲	阿卡塔玛	秘鲁	46	高原	2407	4000	8616	18.72	1.76

续表

序号	洲别	基地名称	国家	占地面积（km²）	主要地形	年均 GHI（kWh/m²）	装机容量（MW）	年发电量（GWh）	总投资（亿美元）	度电成本（美分/kWh）
77	中南美洲	阿卡塔玛	玻利维亚	70	高原	2400	5000	11228	23.38	1.69
78	中南美洲	埃尔莫雷诺	阿根廷	56	高原	2611	4000	9777	21.15	1.76
79	中南美洲	帕约加斯塔	阿根廷	115	山地	2415	5000	11399	24.86	1.77
80	中南美洲	卡奇	阿根廷	86	高原	2420	5000	11294	24.95	1.79
81	中南美洲	瓦拉	智利	71	高原	2562	6000	13662	28.28	1.68
82	中南美洲	拉古纳斯	智利	75	高原	2538	6000	13752	29.12	1.72
83	中南美洲	基亚瓜	智利	74	高原	2564	6000	13863	28.96	1.70
84	中南美洲	玛丽亚埃伦娜	智利	72	高原	2608	6000	13871	28.13	1.65
85	中南美洲	圣安娜	萨尔瓦多	11	平原和丘陵	2231	700	1377	3.36	1.98
86	大洋洲	北领地	澳大利亚	26	平原	2224	2000	3859	9.18	1.93
87	大洋洲	昆士兰北	澳大利亚	54	高原平地	2096	4000	7598	18.57	1.98
88	大洋洲	昆士兰南	澳大利亚	69	平原和丘陵	2011	4000	7432	20.86	2.28
89	大洋洲	南澳州	澳大利亚	76	平原	2101	4000	7787	20.85	2.17
90	大洋洲	西澳州	澳大利亚	109	高原平地	2138	6000	11784	27.91	1.92
合计				—	—	—	995322	1916946	479318	—

5.3.3　基地选址案例

全球大型光伏发电基地中，沙特阿拉伯泰布克光伏发电基地经济性好，开发价值高，报告给出了基地宏观选址研究的详细结果，可供项目开发参考。全球 6 大洲其他大型光伏发电基地的详细研究成果，读者可参阅相应分洲报告的有关内容。

1．基地选址

泰布克（Tabuk）光伏发电基地位于沙特阿拉伯（Saudi Arabia）西北部泰布克区，基地多年平均 GHI 为 2333.32kWh/m²，属于最丰富等级，非常适宜进行太阳能资源规模化开发。泰布克光伏发电基地位置及其 GHI 分布如图 5-17 所示。

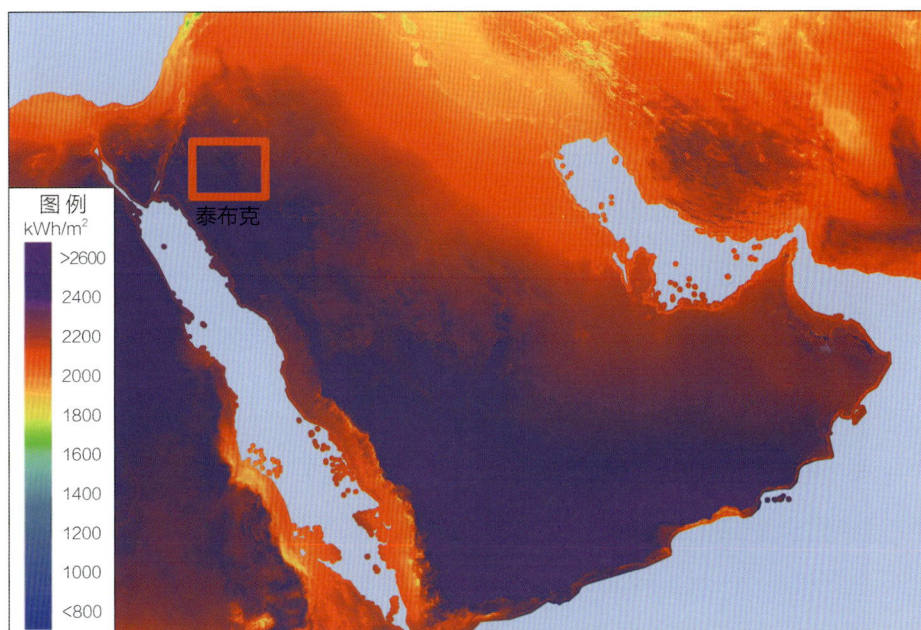

图 5-17　泰布克光伏基地太阳能水平面总辐射量分布示意图

地形地貌。区域地处沙特阿拉伯西北部的高原地区，北临图拜格山（At Tubayq），南临希贾兹山脉（Hejaz），区域内的海拔范围为 813~914m，最大坡度 7.9°，地形较平坦，适宜建设大型光伏发电基地。

主要限制性因素。基地位于泰布克区北部，占地总面积 146.67km²，选址及其周边主要限制性因素分布情况如图 5-18 所示。区域内地面覆盖物类型为裸露地表。基地内无自然保护区等限制性因素，选址主要避让西北部 3km 外的

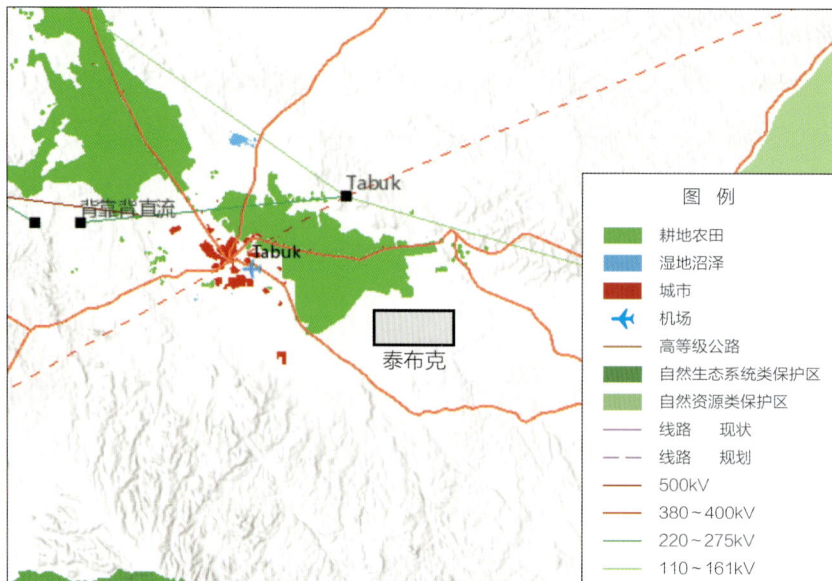

图 5-18　泰布克光伏基地选址示意图

耕地。基地西北部 25km 处有 Tabuk 机场，东、南、西、北部 15km 内均有公路通过。电网方面，东北部 16km 有 1 条 110kV 交流输电通道经过，西北部 25km 有 1 条 ±500kV 直流输电通道经过，接入电网条件较好。

基地范围内松散沉积岩与硅碎屑沉积岩主要发育。西北部 88km 处接触断层分布，距离最近的存在历史地震记录的地区约 85km，地质结构稳定。基地岩层分布及地震情况如图 5-19 所示。基地区域内无大型城镇等人类活动密集区，西部 18km 和东部 63km 处有中小型城镇分布，距离最近人口密集区域（3.5 万人 / km²）超过 330km，距离基地最近的大型城市为泰布克市。

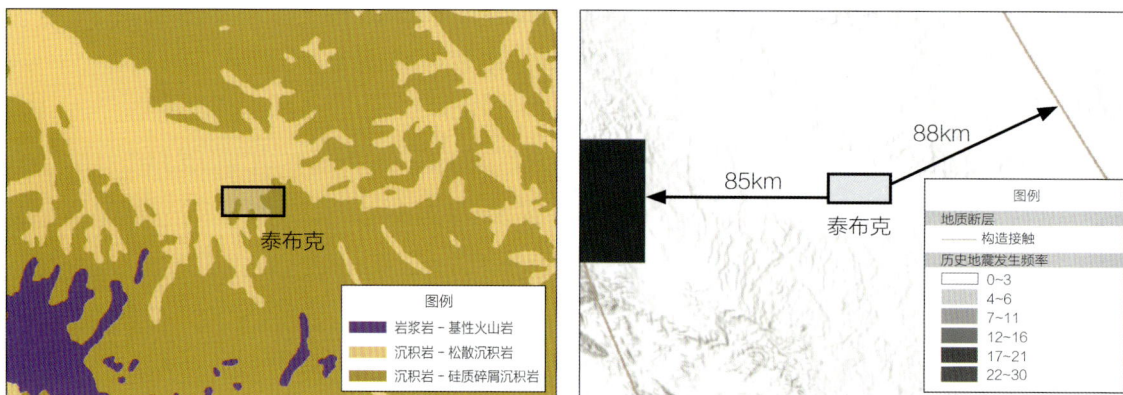

（a）岩层分布　　　　　　　　（b）历史地震情况

图 5-19　泰布克光伏基地岩层分布及地震情况示意图

2. 开发规模与资源特性

经测算，泰布克光伏发电基地太阳能资源理论蕴藏总量 342.2TWh/a。技术可开发装机容量 10.1GW，年发电量 21415GWh，利用小时数 2122h。基地光伏年发电量的地理区域分布如图 5-20（a）所示，基地地势平坦，装机容量和发电量的地理分布相对均匀；基地 8760 逐小时出力系数热力分布如图 5-20（b）所示，其横坐标代表 24h，纵坐标代表 365 天，反映了 8760h 光伏发电出力随时间变化的规律，可见基地每年 3—9 月日照时间长，发电能力强。

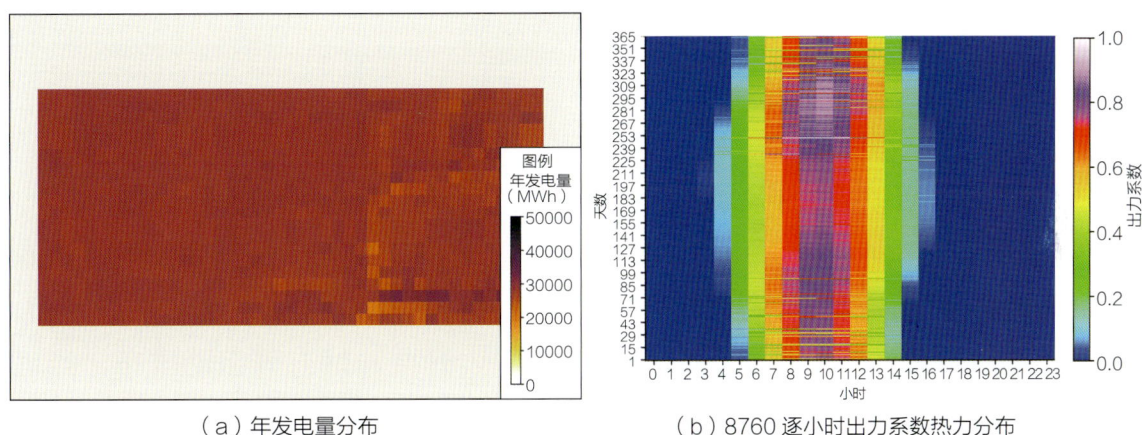

（a）年发电量分布　　　　（b）8760 逐小时出力系数热力分布

图 5-20　泰布克光伏发电基地年发电量分布和 8760 逐小时出力系数热力分布图

选择代表点对基地发电特性进行分析。基地太阳辐射和温度及对应光伏发电出力的典型日变化和年变化曲线如图 5-21 和图 5-22 所示。从日变化来看，高辐射时段主要集中在 9：00—11：00（世界标准时间，下同。折算到沙特阿拉伯当地时间为 12：00—14：00）。从月度变化来看，全年 3—9 月总辐射大，发电能力强，10 月—次年 2 月总辐射量小，发电能力低。

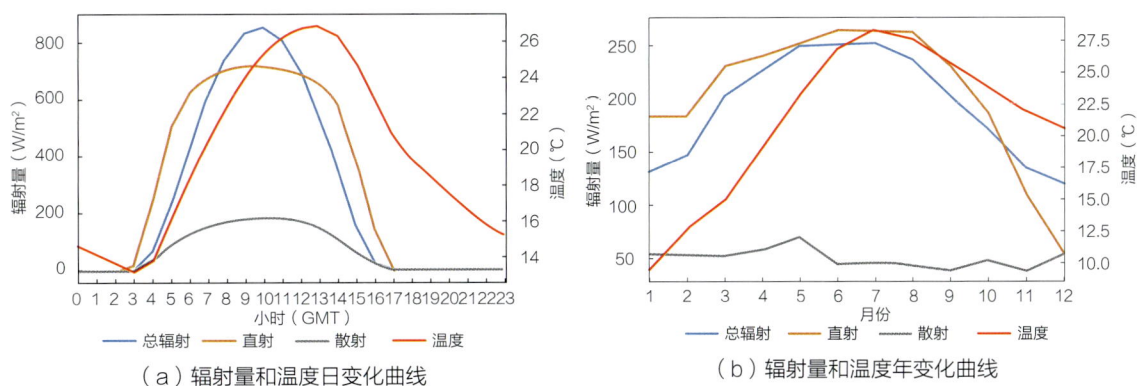

（a）辐射量和温度日变化曲线　　　　（b）辐射量和温度年变化曲线

图 5-21　泰布克光伏发电基地辐射和温度典型日变化和年变化曲线

（a）光伏发电出力日变化曲线　　　　　　　（b）光伏发电出力年变化曲线

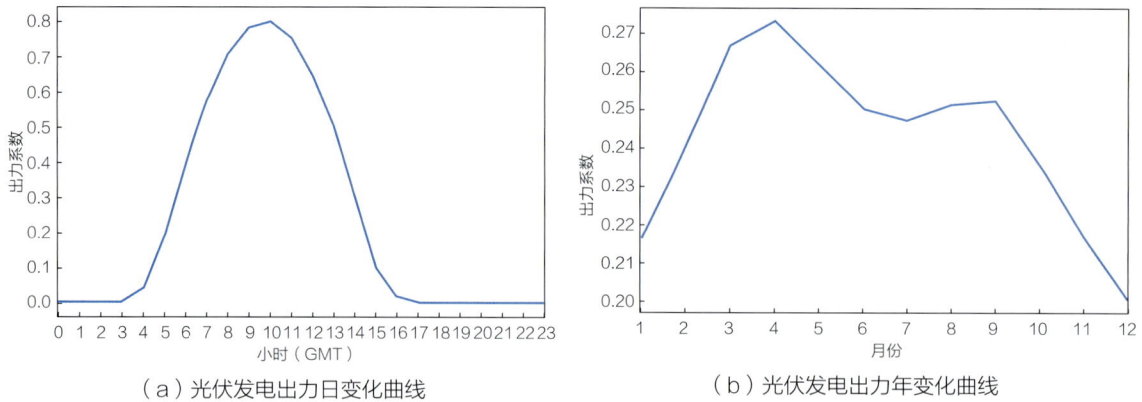

图 5-22　泰布克光伏发电基地典型日出力和年出力曲线

3. 工程设想与经济性分析

光伏发电基地暂按 310W 高效单晶组件，采用固定式支架，竖向 2×22（横向 22 排，竖向 2 列）开展光伏方阵布置研究。综合考虑当地太阳能资源和地形等条件，并基于中国大型光伏发电站设计经验及相关光伏板布置原则，采用光伏发电基地宏观选址规划数字化方法，开展光伏方阵自动排布。当地组件最佳倾角为 28°，基于最佳倾角下的倾斜面辐射量，预留对应前后排间距 6.7m，考虑检修空间和通行道路，组串东西向间距为 0.5m。泰布克光伏发电基地组件排布如图 5-23 所示。

按照对光伏发电工程 2035 年经济性水平预测，综合考虑交通和电网基础设施条件，泰布克光伏发电基地总投资估算 42.86 亿美元，其中并网及交通成本 238 百万美元，投资匡算见表 5-7。按此测算，光伏发电基地开发后平准化度电成本为 1.81 美分 / kWh，基于 10% 内部收益率测算的上网电价为 2.72 美分 / kWh。

图 5-23　泰布克光伏发电基地组件排布示意图

表 5-7　泰布克光伏发电基地投资匡算表

编号	项目内容	泰布克光伏发电基地
1	设备成本（亿美元）	38.66
2	建设成本（亿美元）	0.71
3	其他成本（亿美元）	1.11
4	场外交通及并网成本（亿美元）	2.38
5	单位千瓦投资（美元）	425

6 大型清洁能源
发电基地外送

基于全球能源电力供需发展趋势，结合大型清洁能源发电基地和主要电力消费中心分布，考虑多能源跨区外送、跨时区互补、跨季节互济和全球广域配置，报告提出全球主要大型清洁能源发电基地送电方向和输电方案。研究成果对推动清洁能源发电基地开发，加快跨国、跨区、跨洲电网互联互通建设，实现清洁能源资源在全球范围内优化配置和高效利用具有重要和积极的意义。

6.1 电力需求预测

2016 年，全球总人口 75 亿人；GDP 达到 79.6 万亿美元；总用电量 22.5 万亿 kWh，最大负荷 39.2 亿 kW，亚洲是主要电力负荷中心，用电量占全球总用电量的 49%；电源装机容量 64.8 亿 kW，以火电为主，占比 61%；年人均用电量 2985kWh，人均装机容量 0.9kW。预计 2035 年，全球总用电量将达到 44.1 万亿 kWh，最大负荷 76.7 亿 kW；2050 年，总用电量将达到 61.6 万亿 kWh，最大负荷 107.7 亿 kW。全球电力需求变化趋势如图 6-1 所示。未来，负荷中心主要为亚洲，预计 2035、2050 年占总用电量比例分别为 57% 和 59%。

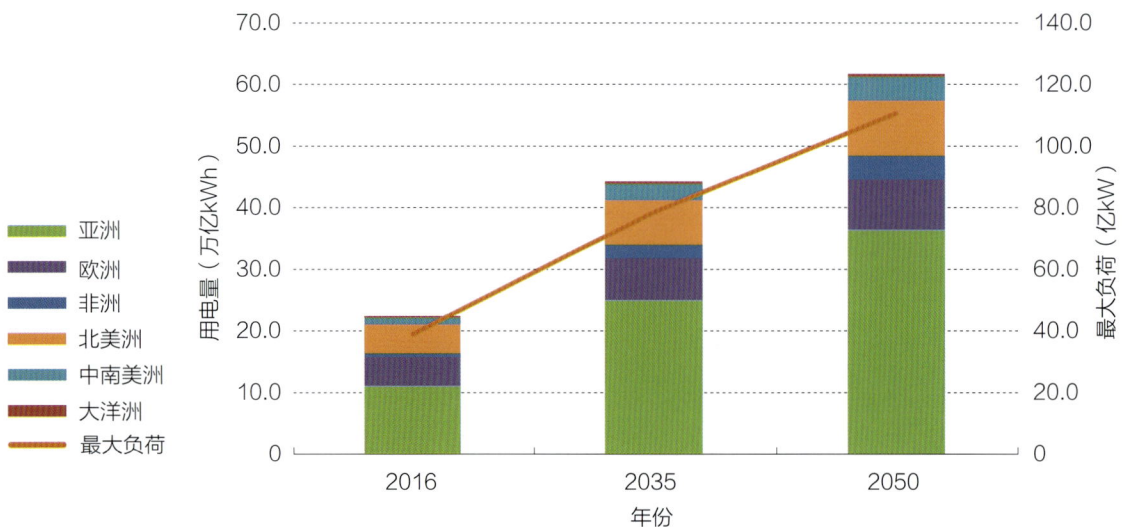

图 6-1　全球电力需求变化趋势

2016 年，亚洲总人口 44 亿人；GDP 达到 27.6 万亿美元；总用电量 11 万亿 kWh，占全球的 49%，最大负荷 19.1 亿 kW；电源装机容量 31.4 亿 kW，以火电为主，占比 67%；年人均用电量 2500kWh，人均装机容量 0.7kW。预计 2035 年，亚洲总用电量将达到 24.9 万亿 kWh，占全球的 57%，最大负荷 43.2 亿 kW；2050 年，总用电量将达到 36.3 万亿 kWh，占全球的 59%，最大负荷 63.3 亿 kW。亚洲电力需求变化趋势如图 6-2 所示。

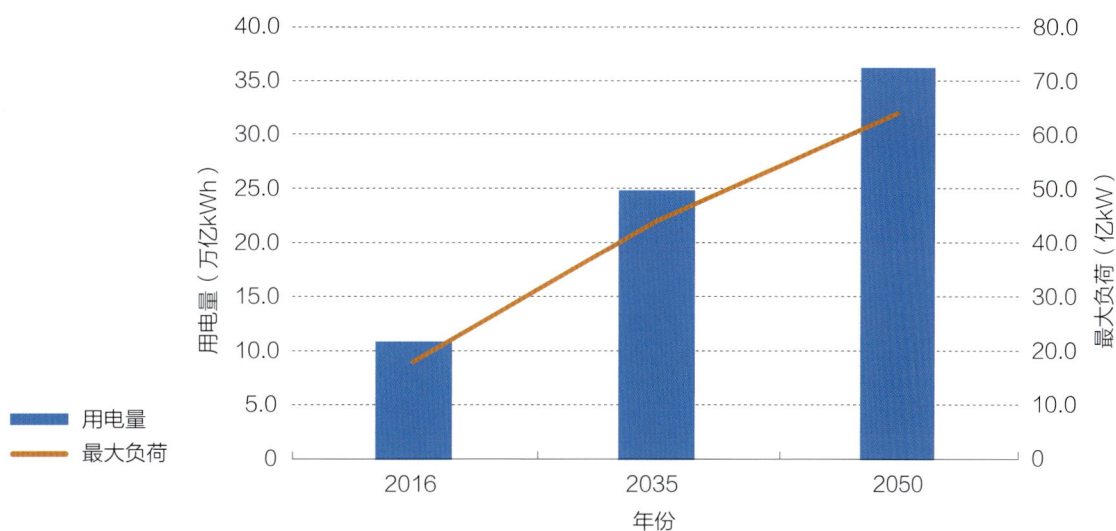

图 6-2　亚洲电力需求变化趋势

2016 年，欧洲总人口 8.3 亿人；GDP 达到 21.1 万亿美元；总用电量 4.7 万亿 kWh，占全球的 21%，最大负荷 8 亿 kW；电源装机容量 14.5 亿 kW，以火电为主，占比 48%；年人均用电量 5885kWh，人均装机容量 1.8kW。预计 2035 年，欧洲总用电量将达到 6.7 万亿 kWh，占全球的 15%，最大负荷 11.6 亿 kW；2050 年，总用电量将达到 8.1 万亿 kWh，占全球的 13%，最大负荷 14.2 亿 kW。欧洲电力需求变化趋势如图 6-3 所示。

2016 年，非洲总人口 12.4 亿人；GDP 达到 2.3 万亿美元；总用电量 0.6 万亿 kWh，占全球的 3%，最大负荷 1.3 亿 kW；电源装机容量 1.9 亿 kW，以火电为主，占比 78%；年人均用电量 520kWh，人均装机容量 0.2kW。预计 2035 年，非洲总用电量将达到 2.3 万亿 kWh，占全球的 5%，最大负荷 4.1 亿 kW；2050 年，总用电量将达到 4 万亿 kWh，占全球的 6%，最大负荷 7.1 亿 kW。非洲电力需求变化趋势如图 6-4 所示。

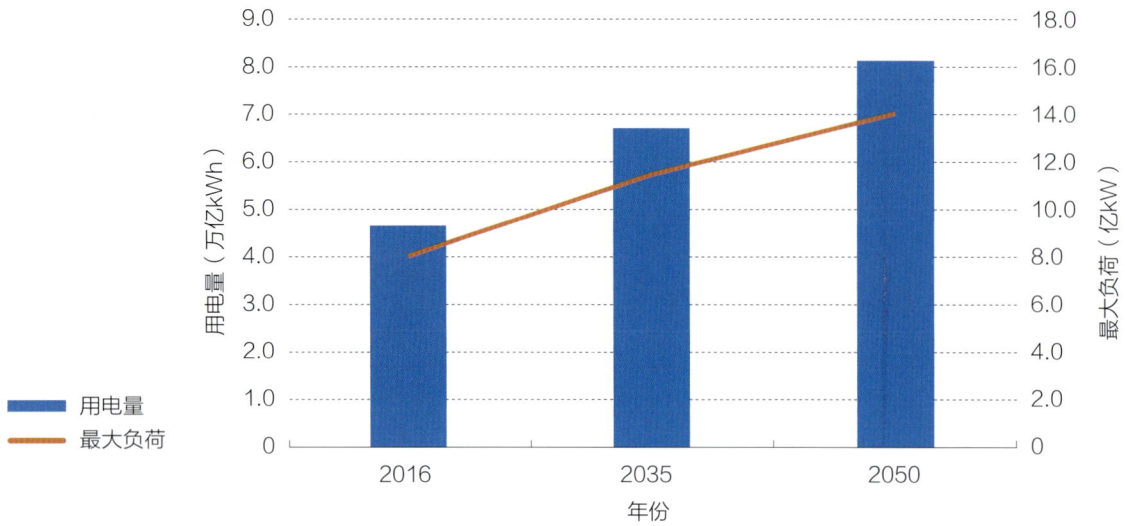

图 6-3 欧洲电力需求变化趋势

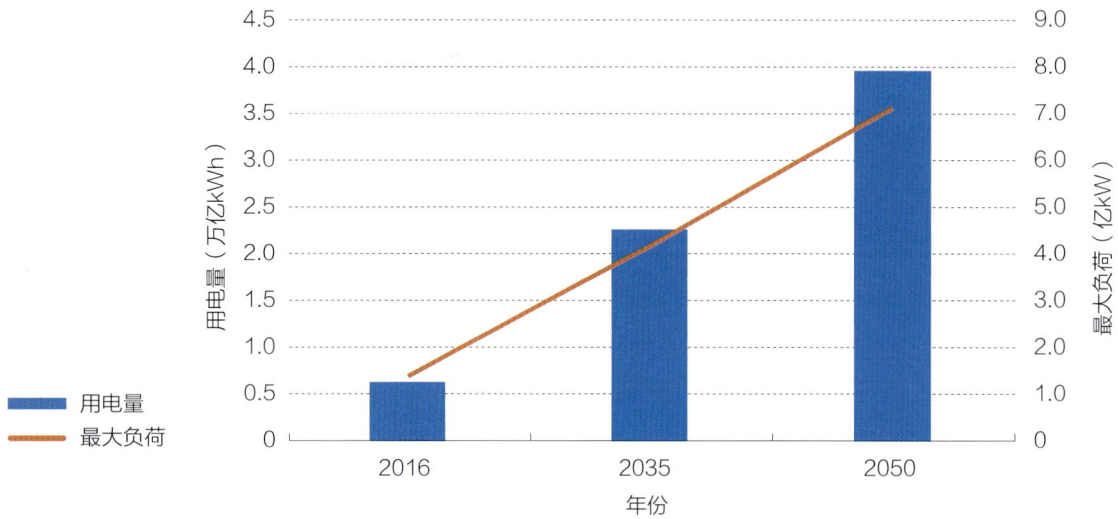

图 6-4 非洲电力需求变化趋势

2016年，北美洲总人口4.8亿人；GDP达到22.2万亿美元；总用电量4.7万亿kWh，占全球的21%，最大负荷8.4亿kW；电源装机容量12.8亿kW，以火电为主，占比65%；年人均用电量9636kWh，人均装机容量2.6kW。预计2035年，北美洲总用电量将达到7.2万亿kWh，占全球的16%，最大负荷12.8亿kW；2050年，总用电量将达到8.9万亿kWh，占全球的14%，最大负荷15.9亿kW。北美洲电力需求变化趋势如图6-5所示。

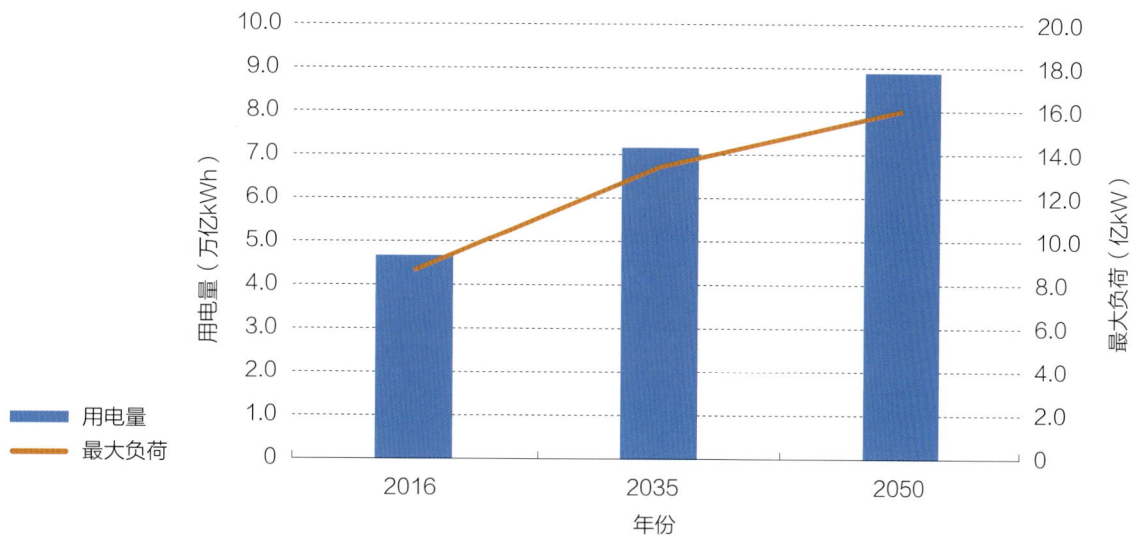

图 6-5　北美洲电力需求变化趋势

2016 年，中南美洲总人口 5.1 亿人；GDP 达到 4.8 万亿美元；总用电量 1.1 万亿 kWh，占全球的 5%，最大负荷 2 亿 kW；电源装机容量 3.6 亿 kW，以水电为主，占比 47%；年人均用电量 2083kWh，人均装机容量 0.7kW。预计 2035 年，中南美洲总用电量将达到 2.6 万亿 kWh，占全球的 6%，最大负荷 4.4 亿 kW；2050 年，总用电量将达到 3.8 万亿 kWh，占全球的 6%，最大负荷 6.3 亿 kW。中南美洲电力需求变化趋势如图 6-6 所示。

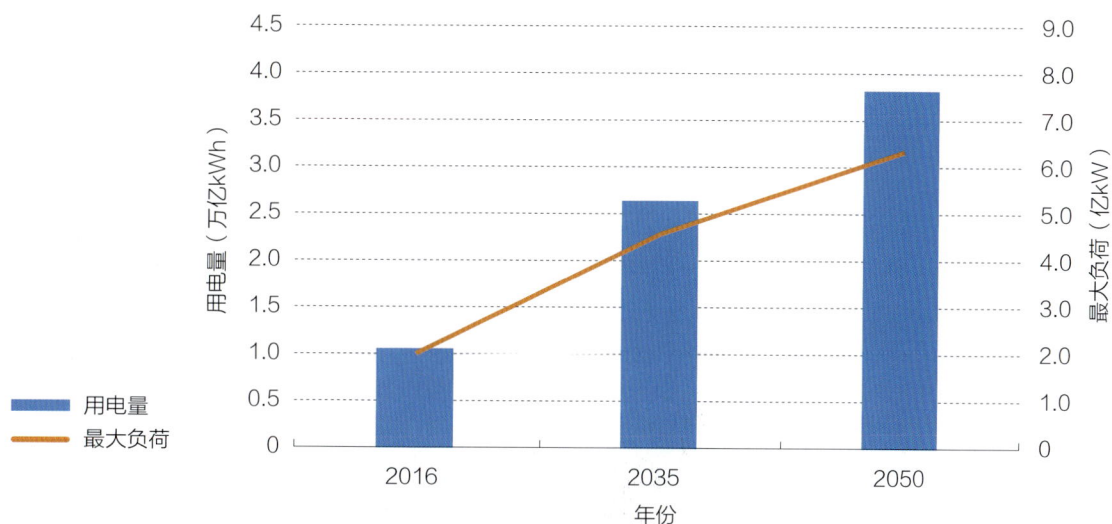

图 6-6　中南洲电力需求变化趋势

6.1　电力需求预测

2016 年，大洋洲总人口 0.4 亿人；GDP 达到 1.6 万亿美元；总用电量 0.3 万亿 kWh，占全球的 1%，最大负荷 0.4 亿 kW；电源装机容量 0.8 亿 kW，以火电为主，占比 66%；年人均用电量 6940kWh，人均装机容量 1.9kW。预计 2035 年，大洋洲总用电量将达到 0.4 万亿 kWh，占全球的 1%，最大负荷 0.6 亿 kW；2050 年，总用电量将达到 0.5 万亿 kWh，占全球的 1%，最大负荷 0.8 亿 kW。大洋洲电力需求变化趋势如图 6-7 所示。

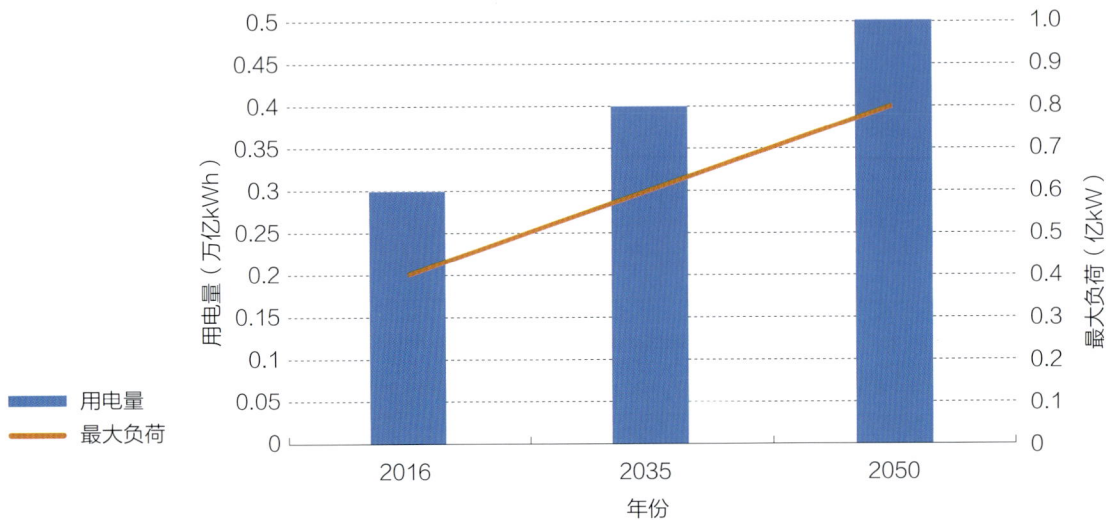

图 6-7　大洋洲电力需求变化趋势

6.2　深度电能替代

6.2.1　清洁电力制氢与氢能利用

1．电制氢与消纳清洁电力

氢能具有来源广泛、能量密度大、清洁高效等诸多优点。2018年，全球氢产量约1.2亿t，其中95%来源于传统化石资源的热化学重整 [1]。虽然化石资源制氢工艺成熟，成本相对低廉，但会排放大量的温室气体，对环境造成污染。未来，随着清洁能源转型的不断深入，清洁、绿色的电解水技术将成为主流的制氢方式。

通过采用电制氢技术，一方面可以在难以实施电能替代进行脱碳的领域使用清洁氢，如冶金、化工、货运、航运、工业制热等行业，电制氢技术将成为连接清洁电力与部分终端能源消费领域的"纽带环节"。另一方面，电制氢设备具有较快的启停速度和全功率调节范围，可以成为电网中宝贵的灵活性调节资源。未来，电制氢不仅是一种新的电力负荷，同时也为清洁电力消纳提供了一条新思路。

西亚、北非和澳大利亚是全球太阳能资源最为丰富的地区，通过规模化发展电制氢产业，能够有效增加当地用电需求，平抑光伏发电的日内波动。制成的氢可用于发电替代当地的化石能源调峰电厂，在夜间光伏无法发电的时段作为重要的电源，或对现有的港口LNG加注设备加以改造，将富余的氢能以海运液氢的方式运至东亚、美洲、欧洲等全球用能中心。

欧洲北海及大西洋沿岸风电资源丰富，就地发展电制氢产业，可以有效平抑风电大规模接入时产生的波动，充分发挥氢能长时间尺度、大容量的储能效益，确保电力供应的平稳可靠。**北美洲**中部、**南美洲**太平洋沿岸，太阳能资源丰富但当地消纳能力有限，通过规模化发展电制氢产业，能够有效增加当地用电需求，平抑光伏发电的日内波动；同时，电制氢还可以与地区的水电消纳结合，充分发挥氢能跨季节存储的优势，确保外送电力在长时间尺度上的稳定和可靠，富余氢能可供当地和邻近区域使用。

---

[1] 资料来源：IRENA《Hydrogen-A Renewable Energy Perspective》。

专栏 6-1　　　　　　　　　**电制氢与消纳清洁电力**

　　电制氢是指在直流电的作用下，通过电化学过程将水分子分解为氢分子与氧分子，并分别在阴、阳两极析出。电制氢技术主要包括以下三种：①碱性电解槽技术，通常采用氢氧化钠溶液或氢氧化钾溶液等碱性电解液，由石棉隔膜隔开正负极区域，选用镍、铁等作为电极材料进行电解。碱性电解槽技术成熟、设备结构简单，具有较快的启停速度（分钟级）和部分功率调节能力，是当前主流的电制氢方法，缺点是效率较低（60%~70%）。②质子交换膜技术，其特点是使用仅质子可以透过的有机物薄膜代替传统碱性电解槽中的隔膜和液态电解质，并将具有较高活性的贵金属催化剂压在质子交换膜两侧，从而有效减小电解槽的体积和电阻，使电解效率提高到80%左右，功率调节也更加灵活，但设备成本相对昂贵。③高温固体氧化物电解槽技术（SOEC），其特点是在较高温度（600~1000℃）环境下，电解反应的热力学和动力学特性都有所改善，可以将电解效率提高到90%左右。高温固体氧化物电解槽还可以作为燃料电池使用，实现电解和发电的可逆运行，该技术目前还处于商业示范阶段。

　　电制氢设备具有较快的启停速度和全功率调节范围，主流的碱性电解槽启停速度为15~30min，新型的质子交换膜电解槽启停速度可达秒级，功率调节范围可达额定功率的1.5倍左右。根据新能源发电出力和用电负荷的变化灵活调整电制氢设备的功率，使其成为系统中的可控负荷，可以有效消纳电网负荷低谷期的富余电力，平抑新能源发电的波动性。在未来以清洁能源作为主要电源的情况下，电制氢将成为电网中宝贵的灵活性调节资源。

　　风光发电具有波动性大、利用小时数低等特点，利用电制氢消纳新能源发电，制氢设备利用率不高。以风光互补新能源发电基地为例，按照风光发电装机1:1进行测算，电制氢设备利用率为35%~45%（年利用小时数3000~4000h），如专栏6-1图1所示。

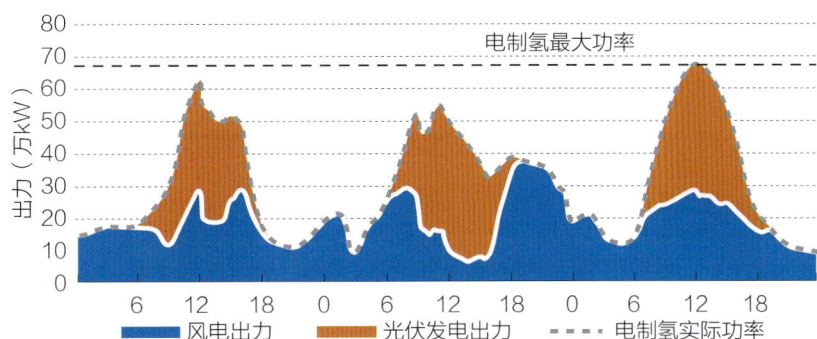

专栏 6-1 图 1　电制氢与新能源发电匹配示意图

电制氢参与电力市场交易，在电网负荷低谷时段利用大电网的富余电力制氢，一方面可以进一步提高设备利用率；另一方面电力富余时段的电价更低。综合测算表明，考虑电制氢技术设备水平和成本，制氢的利用率在 40% 左右（年利用小时数 3500h），可以基本兼顾制氢成本与新能源电力消纳的矛盾，制备的"绿氢"具备参与能源市场竞争的能力。

2. 氢能利用

目前，氢能主要作为化工原料，并部分应用于能源领域。未来，随着清洁能源转型的不断深入，对于氢的需求将主要体现在能源用途，特别是在电能难以替代的部分终端能源消费领域氢能将发挥重要作用，如工业、交通运输、建筑用能等方面，成为深入推进能源消费侧电能替代的又一个重要途径。

东亚人口密集，交通运输、制造、化工、建筑用能等领域用氢需求旺盛，氢能将成为日本、韩国终端消费极为重要的能源品种。中国西部、北部的风电、光伏发电，俄罗斯远东的水电在满足送电需求后的富余电力可以制氢供负荷中心使用。南亚及东南亚人口红利显著，未来有望承接东亚转移的中低端制造产业，当地清洁能源的富余电力可用于制氢供当地利用。西亚太阳能资源丰富且具有良好的港口和 LNG 运输条件，光伏发电制氢后除替代当地天然气需求外，还可以以液氢或氢化合物的形式海运出口。

以德国、法国为代表的欧洲各大发达国家已经相继推出氢能发展计划，未来氢能发展速度较快，主要有三方面用途：①建筑供暖，欧洲地处高纬度地区，冬季用能需求大，风电制氢主要可以用于直接供暖或热电联供；②交通运输，欧洲汽车保有量大，随着各国对燃油汽车的禁售，氢燃料电池汽车将快速增长，特别是在北欧等高寒地区，氢燃料电池汽车更具发展潜力；③作为有机化工原料，用于制氨、甲醇、甲烷等产品。

西部非洲、中部非洲充分发挥资源优势和人口红利，实现"电—矿—冶—工—贸"联动发展，冶金及加工行业对氢能的需求将快速增长；东部非洲工业园区基础较好，氢能主要用于为制造业提供高端热及园区供热等；南部非洲经济基础较好，建筑用能领域对氢的需求较大。

加拿大及美国北部冬季供暖需求大，氢可直接用于建筑供暖。美国工业基础雄厚，未来石油化工、冶金和钢铁行业对氢能的需求较大，主要用于工业原料和高端制热，在人口稠密的东西海岸，氢燃料电池汽车保有量也将快速增长，拉动氢能消费。

南美洲西部发挥矿产资源丰富的优势，冶金及加工行业对氢能的需求将快速增长，在安第斯山高寒地区，建筑用能领域也有一定的用氢需求。

澳大利亚东南部经济发达，人口密集，交通领域和建筑用能领域对氢能需求较大。

预计到 2050 年，全球氢需求量将达到 3 亿 t/a，其中约 1.7 亿 t/a 来源于电制氢，年消纳电量约 8.6 万亿 kWh。其中，亚洲氢需求量将达到 1.65 亿 t/a，消纳电量 4.7 万亿 kWh；欧洲氢需求量 5700 万 t/a，消纳电量 1.6 万亿 kWh；非洲氢需求量 610 万 t/a，消纳电量 1700 亿 kWh；北美洲氢需求量 5700 万 t/a，消纳电量 1.6 万亿 kWh；中南美洲氢需求量 1500 万 t/a，消纳电量 4200 亿 kWh；大洋洲氢需求量 350 万 t/a，消纳电量 980 亿 kWh。

氢能利用的主要方式

目前，全球氢消费量5600万t，其中95%作为化工原料使用，包括石油制品精炼、制氨、制甲醇、冶金、食品加工等；其余部分作为能源使用，包括航天、高端制热、氢燃料电池等。

未来，随着清洁能源转型的不断深入，对于氢的需求将主要体现在能源用途，特别是在电能难以替代的部分终端能源消费领域氢能将发挥重要作用，包括工业用氢方面，作为化工原料及高端制热能源，需求量对氢价非常敏感，且与减排要求相关，预计未来小幅度增长。交通运输领域是未来氢能需求的主要增长点，目前氢燃料电池的发电效率为40%~60%，随着技术进步，氢能有望在长途客车、货运、航运等长距离运输领域占有一席之地，但替代量与计及输配环节后的氢价密切相关。建筑用能方面，使用可再生电力生产的氢可以通过天然气管网供给家庭和商业建筑，用氢替代部分化石燃料。

6.2 深度电能替代

6.2.2　海水淡化与生态修复

在风光资源丰富、沿海缺水区域推动以清洁能源发电为供能方式的海水淡化工程，利用清洁电力淡化海水，可以显著改善地区水环境，提升地区支撑生产、生活的水资源能力，增加生物质和植树造林发展所需的淡水资源，增加森林碳汇，促进生态修复和环境治理。

西亚、北非、澳大利亚北部地区都属于全球最为干旱的地区，年均降水量不超过 200mm，其中西亚是目前全球海水淡化产能最大的地区，但主要依靠油气提供所需能源。这些干旱地区通常太阳能资源丰富、日照时间长，大力发展太阳能发电为海水淡化提供能源，可以有效降低海水淡化能耗和投资成本，既可提高人民生活福祉，也可为清洁能源消纳提供新思路，加速电能替代和清洁能源资源开发利用。

预计到 2050 年，全球海水淡化需求将达到 1500 亿 t/a，消耗电量 3900 亿 kWh，其中亚洲、非洲、中南美洲和大洋洲缺水人口用水问题将得到有效缓解。亚洲海水淡化需求将达到 1000 亿 t/a，消耗电量 2500 亿 kWh；非洲有望达到 150 亿 t/a，消耗电量 400 亿 kWh；中南美洲将达到 10 亿 t/a，消耗电量 25 亿 kWh；大洋洲将达到 30 亿 t/a，消耗电量 75 亿 kWh。

海水淡化技术

海水淡化是可持续提供淡水资源的有效方式。将海水里的溶解矿物质盐分、有机物、细菌和病毒以固体形式分离出来，从而获得淡水。截至 2017 年年底，全球已有 160 多个国家和地区在利用海水淡化技术，已建成和在建的海水淡化工厂接近 2 万个，合计产能约 1.04 亿 t/d。

目前已实现规模应用的主流技术有反渗透法和蒸馏法。反渗透法通常又称超过滤法，是利用半透膜将海水与淡水分隔开，在海水侧施加大于海水渗透压的外压，将海水中的纯水反向渗透至淡水侧，如专栏 6-3 图 1 所示。该技术要求海水浓度在一定范围内，对结垢、污染、氧化剂等控制要求严格。蒸馏法又包括多级闪蒸法和低温多效蒸馏法等，其中多级闪蒸应用较为广泛。闪蒸是指一定温度的海水在压力突然降低的条件下，部分海水急骤蒸发的现象；多级闪蒸是指将加热的海水，依次通过多个温度、压力逐级降低的闪蒸室，进行蒸发冷凝的蒸馏淡化方法。

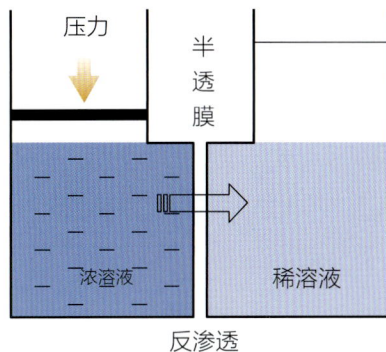

在浓溶液一侧施加超过渗透压的压力
使得溶剂分子向稀溶液一侧流动

专栏 6-3 图 1　反渗透法海水淡化技术示意图

反渗透法是全球应用最广泛的海水淡化技术，产量占比达到 67%，是沿海干旱地区供水的主要方案。随着反渗透膜性能、能源效率、运转技术的改进，能源消耗量大幅度降低到目前的 2.5 ～ 4 kWh/t。多级闪蒸技术海水淡化产能约占全球的 21%，技术成熟、运行可靠，但能耗较高，为 3.5 ～ 5 kWh/t，项目初始投资大，适合于大型和超大型海水淡化项目，可与火电站联合建设以降低公共设施、电力、蒸汽等资源成本。低温多效蒸馏技术产能较小，但能耗仅为 0.9 ～ 1.2 kWh/t。

技术发展前景方面，传统海水淡化采用常规能源，能耗高，二氧化碳排放量大。随着全球能源转型和低碳发展的深入，海水淡化技术与风、光等清洁能源发电的结合将是重要的发展趋势，是未来新的电力需求。

6.3 全球能源互联网骨干网架

全球能源互联网骨干网架是以超 / 特高压输电、柔性输电和海底电缆等先进技术为支撑，连接大型清洁能源发电基地和主要电力消费中心，实现多能源跨区外送、跨时区互补、跨季节互济、全球配置的战略通道，是跨越五大洲、连接四大洋、横贯东西、纵穿南北、覆盖全球的重要平台。

6.3.1 送电方向

2035 年，全球大型清洁能源发电基地的规模化开发将促进形成各大洲内跨区跨国电力交换，其中跨洲电力交换处于起步阶段。**全球跨洲跨区电力流总规模达到 3.3 亿 kW，其中跨洲电力流 4600 万 kW。**

跨洲电力流主要有北部非洲太阳能光伏发电基地、中亚清洁能源发电基地和西亚太阳能光伏发电基地向欧洲送电；西亚太阳能光伏发电基地向北非埃及送电。

跨区电力流主要有俄罗斯远东水电、风电，中亚清洁能源发电基地向中国、韩国、日本等国家送电；西亚太阳能光伏发电基地向南亚印度送电；中部非洲、东部非洲水电向非洲西部、南部地区送电；北欧水电、风电向欧洲大陆送电；美国中西部风电、西南部太阳能向东部地区送电；阿根廷南部风电、智利北部太阳能和玻利维亚水电向巴西送电。

2035 年全球电力流格局如图 6-8 所示。

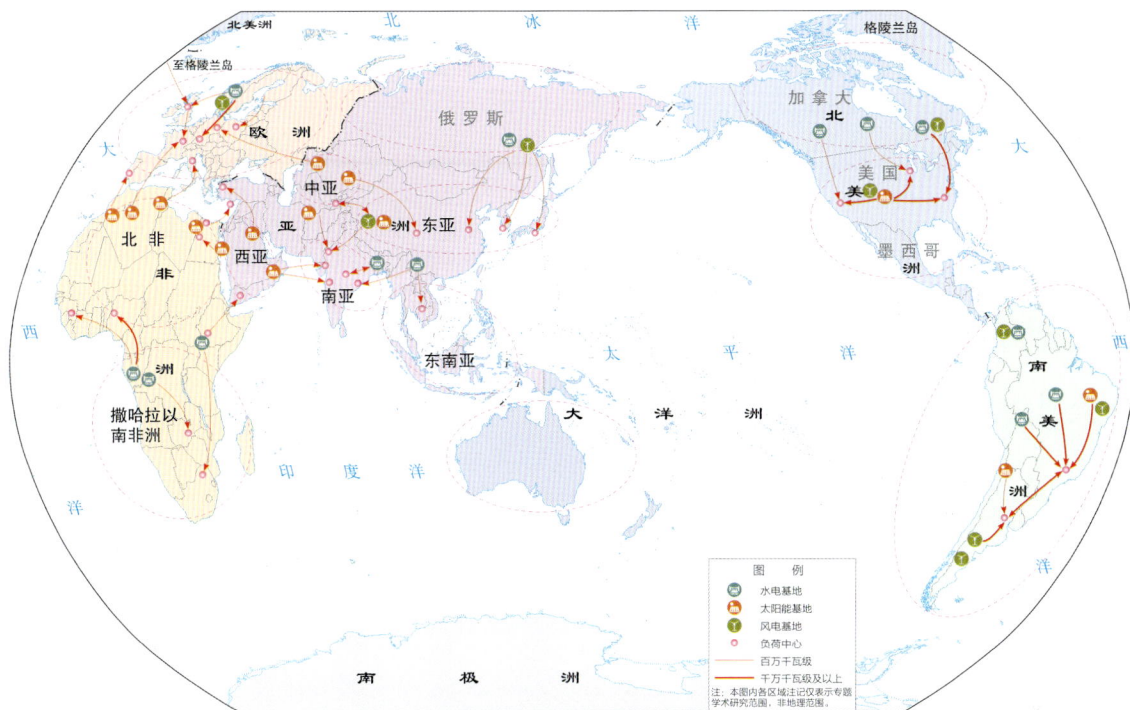

图 6-8　2035 年全球电力流格局示意图

6.3.2　目标网架

基于资源禀赋、能源电力需求和气候环境治理需要，在各国骨干网架和跨国联网的基础上，进一步加强洲际联网。未来，全球整体形成"九横九纵"能源互联网骨干网架，广泛互联大型清洁能源发电基地与负荷中心，实现清洁能源全球配置，跨时区、跨季节大规模互济，如图 6-9 所示。

"九横九纵"骨干网架包括亚欧非"四横六纵"互联通道、美洲"四横三纵"互联通道和北极能源互联通道。

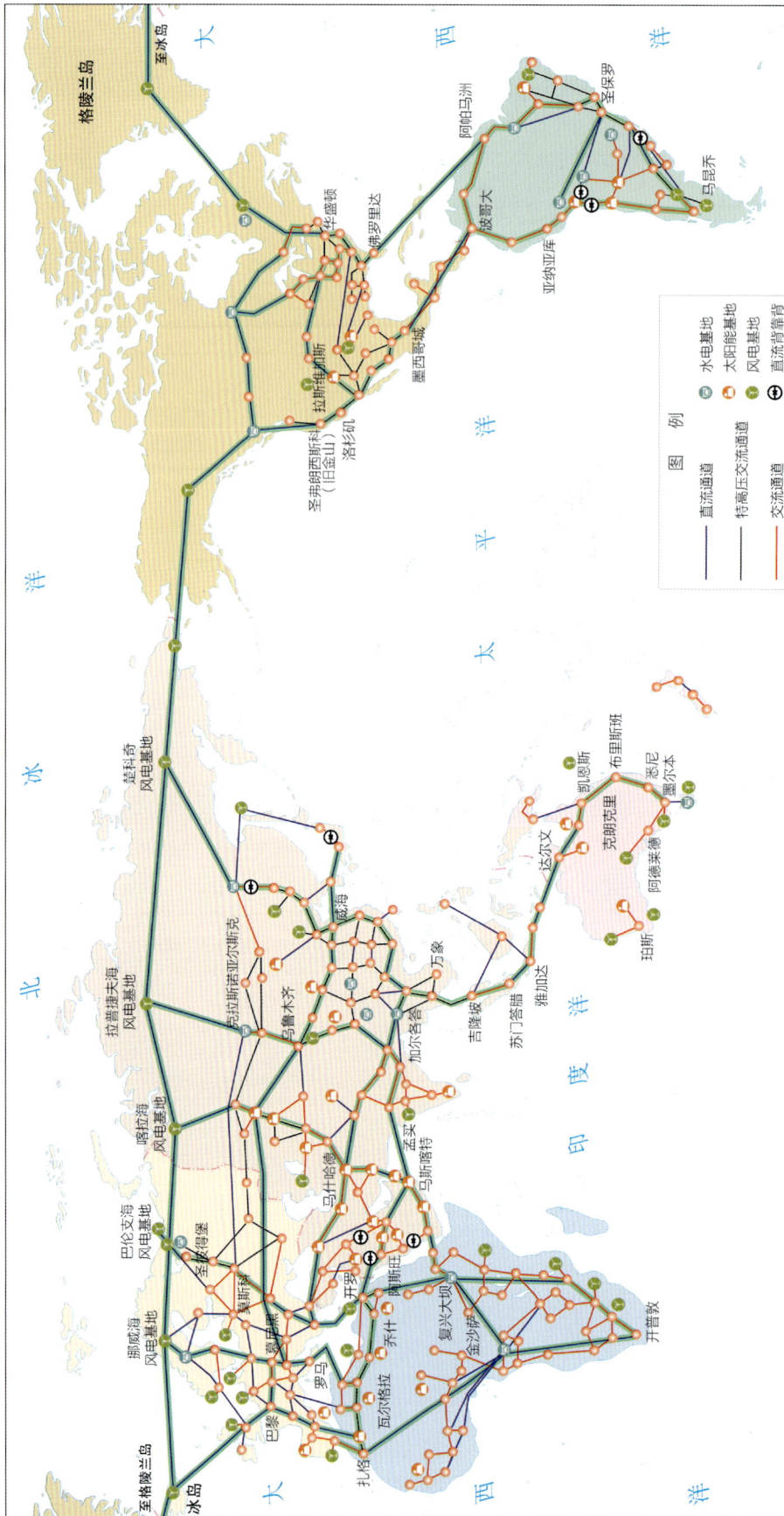

图 6-9 全球能源互联网骨干网架总体格局示意图

第一横：北极能源互联通道，从北欧挪威，经俄罗斯，跨越白令海峡连接美国阿拉斯加，长 1.2 万 km，横跨 19 个时区，实现北半球 80% 电力系统互联，以集约化方式实现大洲间的大规模电力互济。

第二横：亚欧北横通道，连接中国、中亚哈萨克斯坦、欧洲德国、法国等国，将中亚清洁能源通过特高压分别输送至欧洲和中国，依托中国特高压交流同步电网，转送至东北亚，实现跨洲互济，长 1 万 km。

第三横：亚欧南横通道，连接东南亚、南亚、西亚和欧洲南部，实现西亚的太阳能通过特高压直流向欧洲东南部和南亚负荷中心送电，以及东南亚和中国水电向南亚输送，长 9000km。

第四横：亚非北横通道，连接南亚、西亚太阳能光伏发电基地及北部非洲五国，实现西亚太阳能送电埃及，并向西通过 1000kV 交流延伸至摩洛哥，长 9500km。

第五横：亚非南横通道，连接刚果河、尼罗河水电基地和西亚太阳能光伏发电基地，实现非洲水电和西亚太阳能互补互济，长 6000km。

第六横：北美北横通道，连接加拿大东西部电网，提高东西部电力交换能力，承接北极风电，向加拿大东部负荷中心送电，长 4500km。

第七横：北美南横通道，汇集美国西部太阳能、中部风电及密西西比河水电，送至东部纽约、华盛顿和西部负荷中心，长 5000km。

第八横：南美北横通道，连接南美北部哥伦比亚、委内瑞拉、圭亚那、法属圭亚那、苏里南、巴西等国家，增强电网互联和电力交换能力，长 3500km。

第九横：南美南横通道，汇集亚马孙河流域秘鲁、玻利维亚水电和智利太阳能光伏发电基地电力，向巴西东南部负荷中心送电，长 3000km。

第一纵：欧非西纵通道，由冰岛经英国、法国、西班牙、摩洛哥、西部非洲至南部非洲，向北通过格陵兰岛与西半球互联。将格陵兰岛、北海风电送至欧洲大陆，将刚果河水电送至北部非洲、南部非洲，并与北部非洲太阳能联合送电欧洲大陆，长1.5万km。

第二纵：欧非中纵通道，连接北极风电、北欧水电基地和北部非洲太阳能光伏发电基地，经德国、法国、奥地利、意大利等国家纵贯欧洲大陆，向南连接至突尼斯，长4500km。

第三纵：欧非东纵通道，由巴伦支海岸经俄罗斯、波罗的海、乌克兰、巴尔干半岛、塞浦路斯、埃及、东部非洲至南部非洲。将北极、波罗的海风电送至欧洲，将尼罗河水电送至北部非洲、南部非洲，与埃及太阳能、风能联合送电欧洲，长1.4万km。

第四纵：亚洲西纵通道，连接中亚、西亚太阳能光伏发电基地与俄罗斯西伯利亚水电基地，依托中亚同步电网实现多能源汇集，未来向北延伸至喀拉海风电基地，长5500km。

第五纵：亚洲中纵通道，连接俄罗斯水电基地、中国西北风电和太阳能光伏发电基地及西南水电基地，通过特高压直流向南亚负荷中心送电，长6500km。

第六纵：亚洲东纵通道，依托中国特高压电网、东南亚特高压电网，联通俄罗斯、中国、东北亚、东南亚，将俄罗斯远东、中国及东南亚等清洁能源发电基地电力输送至负荷中心，实现丰枯互济，承接北极风电，并向南延伸至澳大利亚，长1.9万km。

第七纵：美洲西纵通道，承接北极风电，围绕加拿大温哥华、美国西海岸、墨西哥构建特高压交流同步电网，实现加拿大水电、美国、墨西哥西部太阳能、风电的高效利用，并通过特高压直流经中美洲与南美北部电网互联，向南延伸至智利，实现北美太阳能与南美水电互补调节，长1.5万km。

第八纵：美洲中纵通道，北起加拿大曼尼托巴，经美国中部北达科他州，至德克萨斯州形成特高压交流纵向主干通道，向南进一步通过直流联网延伸至墨西哥城，汇集北部加拿大水电、中部美国风电，实现南北多能互补和清洁能源大范围配置，长 4000km。

第九纵：美洲东纵通道，由加拿大魁北克、美国东海岸延伸至佛罗里达，形成特高压交流纵向主干通道，承接北部加拿大水电和美国西部太阳能、中部风电，并跨海经古巴等加勒比国家与南美北部电网互联，向南进一步延伸至阿根廷，实现南北多能互补和清洁能源大范围配置，未来承接格陵兰岛风电，长约 1.6 万 km。

6.3.3　2035 年建设方案

根据全球能源互联网总体设想，统筹各洲能源互联网发展，远近结合，合理安排互联通道建设方案及时序。到 2035 年，全球建成"五横五纵"互联通道，亚洲—欧洲—非洲率先实现跨洲联网，承载跨区、跨洲电力流 3.3 亿 kW，如图 6-10 所示。

亚欧建成"一横三纵"互联通道，建设亚欧北横、亚非互联通道，欧洲西纵、欧洲中纵及亚洲东纵、中纵和西纵通道。连接中亚、西亚清洁能源发电基地和欧洲、东亚和南亚负荷中心，将中亚、西亚、东南亚清洁电力送达到欧洲、中国、韩国、日本等负荷中心，并实现跨洲跨区能源电力互补互济，以中国特高压互联电网为核心，连接俄罗斯远东水电基地、中南半岛水电基地，贯穿中国东北、华北、华东及华南地区负荷中心。

亚欧非建成"一横三纵"互联通道，建设欧非西纵、欧非中纵、非洲东纵、北部非洲至西亚互联通道。连接北部非洲大型太阳能光伏发电基地和欧洲负荷中心。东部非洲尼罗河流域水电送至埃及、南部非洲负荷中心，并实现水电跨流域调节、水风光多能互补。北部非洲 1000 kV 交流通道横向连接太阳能光伏发电基地和负荷中心，并向东与西亚沙特联网。

美洲建成"三横一纵"互联通道，建设北美南横、南美北横、南美南横及美洲东纵互联通道。连接主要清洁能源资源和负荷中心，将美国中部太阳能、风电送至美国东部和西部的负荷中心，亚马孙河流域水电送至巴西东南部负荷中心，实现跨季节、跨流域多能互补互济。

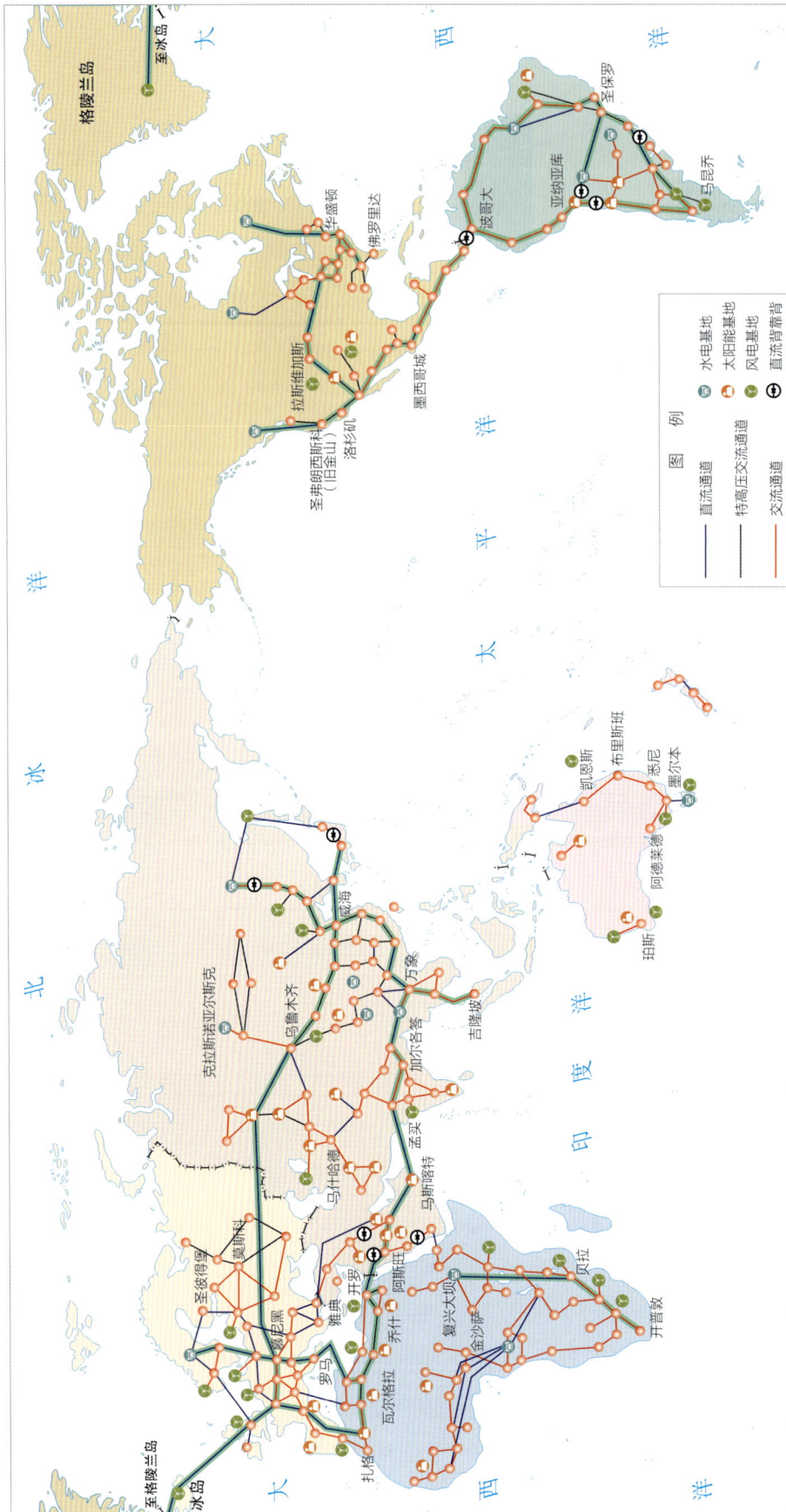

图6-10　2035年全球能源互联网骨干网架示意图

6.4   亚洲

6.4.1   送电方向

亚洲洲内总体呈现**"西电东送、北电南送"**格局，跨洲向欧洲送电、与非洲互济和从大洋洲受电，如图 6-11 所示。2035 年，亚洲能源互联网跨洲跨区电力流规模达到 9430 万 kW，其中跨洲电力流 2300 万 kW，跨区电力流 7130 万 kW。

跨洲： 西亚太阳能外送欧洲 800 万 kW、北非 300 万 kW，同时从东非受入水电 400 万 kW，实现水光多能互补高效利用；中亚电力外送欧洲 800 万 kW。

跨区： 西亚太阳能外送南亚 1600 万 kW；中亚分别与东亚、南亚形成 1100 万 kW 和 130 万 kW 电力交换规模；东亚与东南亚和南亚间电力流分别为 800 万 kW 和 900 万 kW；俄罗斯远东水电和风电外送东亚 2600 万 kW。

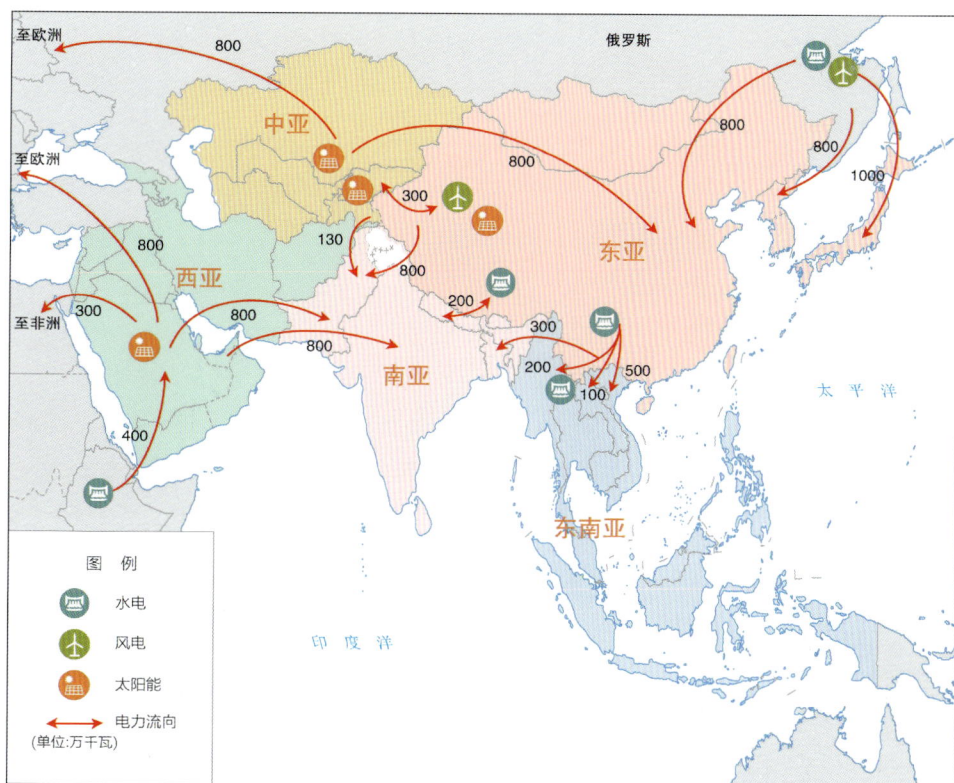

图 6-11   2035 年亚洲能源互联网跨洲跨区电力流示意图

6.4.2 输电方案

到 2035 年，洲际互联初具规模，洲内基本形成五个区域联网格局，如图 6-12 所示。

跨洲： 建设哈萨克斯坦—德国、沙特阿拉伯—土耳其—保加利亚和沙特阿拉伯—埃及直流工程，分别将中亚太阳能和风电、西亚阿拉伯的太阳能送至欧洲和非洲。建设埃塞俄比亚—沙特阿拉伯直流工程，将东非水电送至西亚，实现水电和太阳能的联合调节。

洲内： 建设哈萨克斯坦—中国、沙特阿拉伯—巴基斯坦和阿联酋—印度直流工程，将中亚风光和西亚的太阳能送至东亚和南亚负荷中心。建设塔吉克斯坦—巴基斯坦直流工程，将中亚水电送至南亚负荷中心。建设中国—东南亚直流工程，将中国西南清洁能源送至东南亚负荷中心。建设中国—巴基斯坦直流工程，将中国西北风光送至南亚。建设俄罗斯远东—中日韩朝直流工程，将俄罗斯风电和水电送至东亚负荷中心。

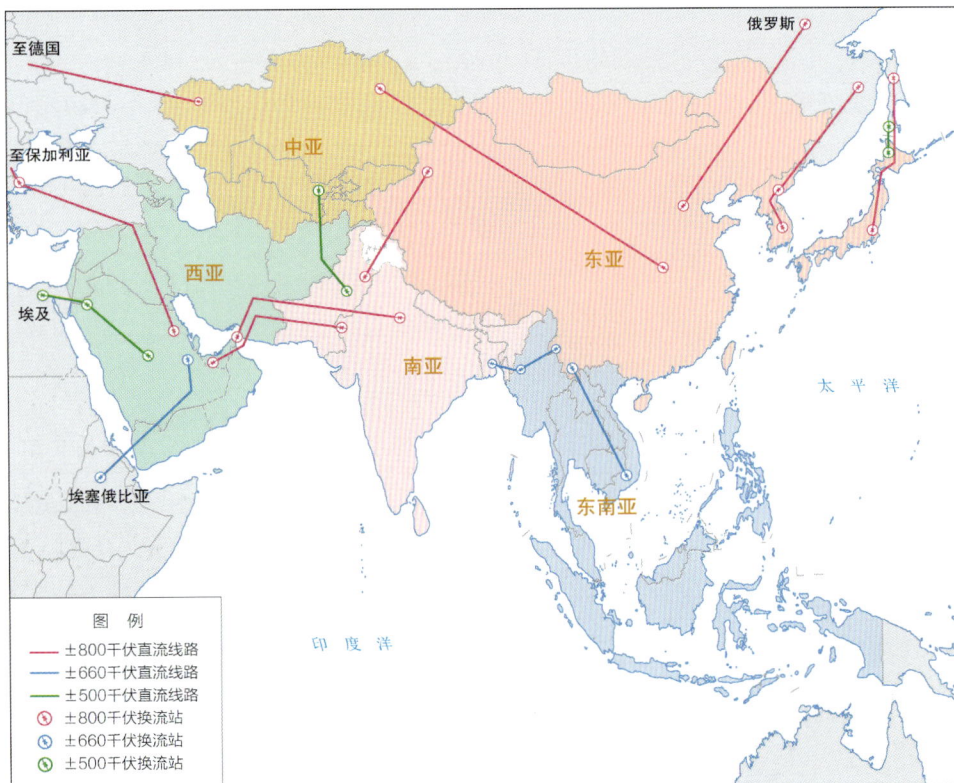

图 6-12　2035 年亚洲电网跨洲跨区互联示意图

6.5 欧洲

6.5.1 送电方向

欧洲电力流总体呈**"洲内北电南送、跨洲受入亚非电力"**格局，如图 6-13 所示。2035 年，欧洲跨洲跨区电力流总规模达到 8500 万 kW，其中跨洲电力流 3900 万 kW，跨区电力流 4600 万 kW。

跨洲：北非外送 2300 万 kW 至西欧、南欧和东欧；西亚外送 800 万 kW 至东欧；中亚外送 800 万 kW 至西欧。

跨区：北欧外送 3300 万 kW 至不列颠群岛、西欧、波罗的海国家，波罗的海国家外送 400 万 kW 至东欧，不列颠群岛转送 800 万 kW 至西欧，东欧转送 100 万 kW 至南欧。

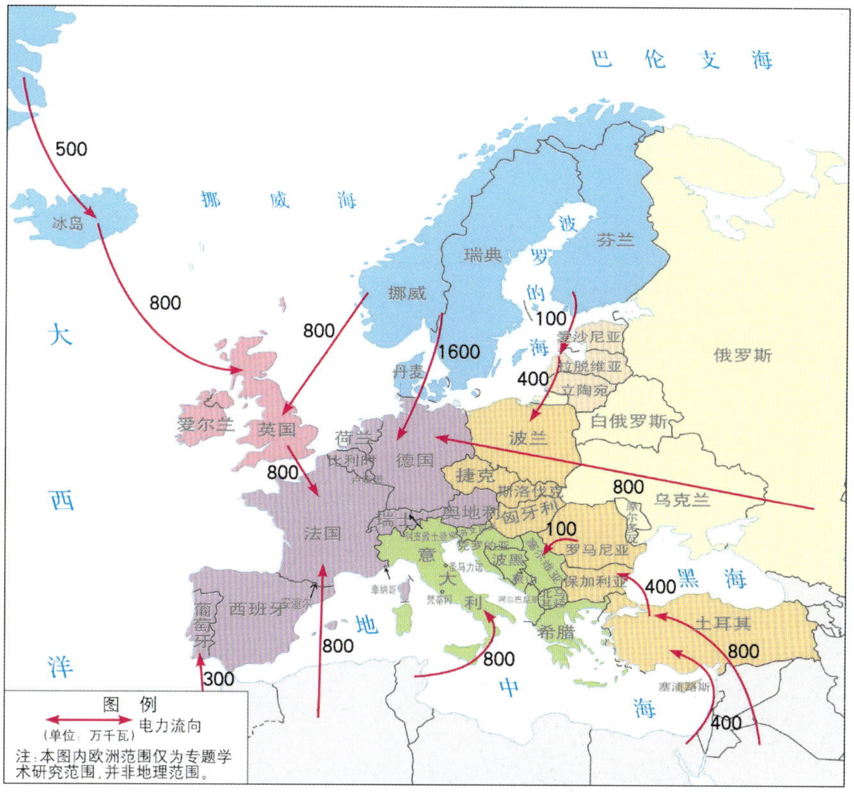

图 6-13　2035 年欧洲电网跨洲跨区互联示意图

6.5.2 输电方案

到 2035 年，欧洲直流电网初具规模。依托海上风电汇集外送，建设多回大容量多端直流，形成北海、波罗的海直流环网，欧洲大陆形成中部直流环网；跨洲建设 6 回直流，形成亚欧非联网格局，如图 6-14 所示。

洲内： 在区域电网继续加强互联的基础上，建设挪威—英国—法国、挪威—丹麦—德国、法国—德国等直流工程，形成北海环网；建设格陵兰岛—冰岛—英国直流工程；建设芬兰—拉脱维亚—波兰、瑞典—丹麦—德国及波兰—德国等直流工程，形成波罗的海环网。欧洲大陆中部形成直流环网。

跨洲： 建设摩洛哥—葡萄牙、阿尔及利亚—法国、突尼斯—意大利、哈萨克斯坦—德国、埃及—土耳其及沙特阿拉伯—土耳其直流工程，实现亚欧非互联。

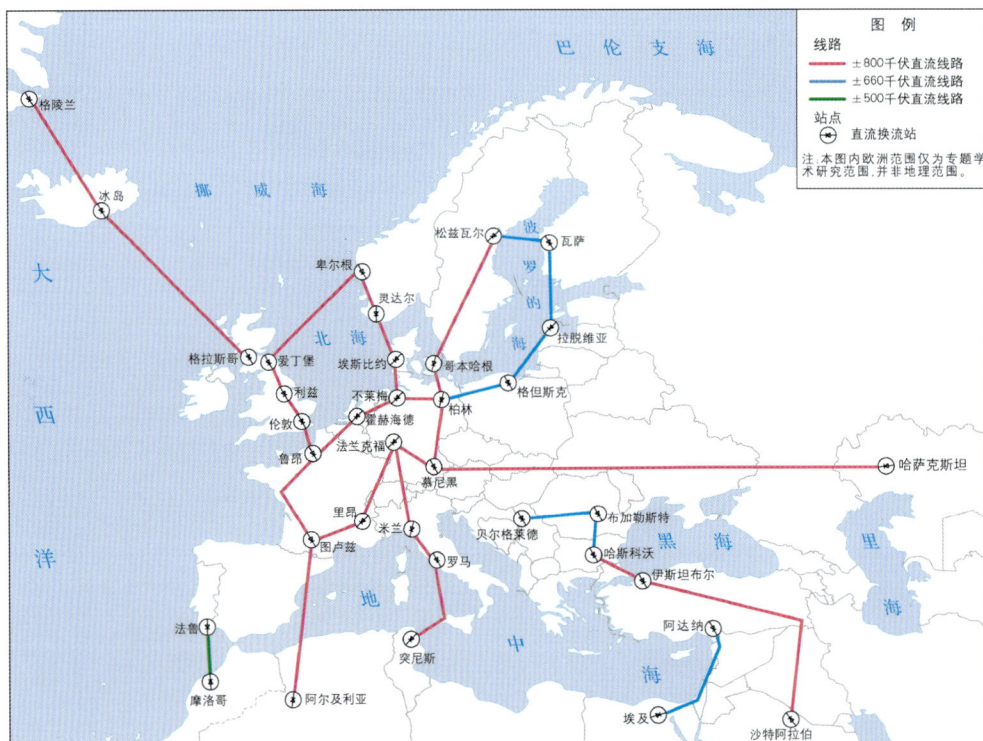

图 6-14　2035 年欧洲电网跨洲跨区互联示意图

6.6　非洲

6.6.1　送电方向

　　未来，非洲电力流总体呈**"洲内中部送电南北、洲外与欧亚互济"**格局，如图 6-15 所示。2035 年，跨洲跨区电力流规模达到 6700 万 kW，其中跨洲电力流 3000 万 kW，跨区电力流 3700 万 kW。

　　跨洲：北部非洲太阳能、风电基地送电欧洲 2300 万 kW，其中摩洛哥送电葡萄牙 300 万 kW、埃及送电土耳其 400 万 kW、突尼斯送电意大利 800 万 kW、阿尔及利亚送电法国 800 万 kW；埃及从沙特阿拉伯受入 300 万 kW；东部非洲尼罗河水电基地送电沙特阿拉伯 400 万 kW，非洲与亚洲之间实现多能互补。

　　跨区：中部非洲外送电力 2900 万 kW，其中刚果河水电基地送电西部非洲几内亚 800 万 kW、加纳 800 万 kW、尼日利亚 400 万 kW，送电南部非洲安哥拉 200 万 kW、赞比亚 300 万 kW，萨纳加河水电基地送电尼日利亚 400 万 kW；东部非洲与南部非洲电力互联规模 800 万 kW，实现尼罗河、赞比西河水电丰枯互济。

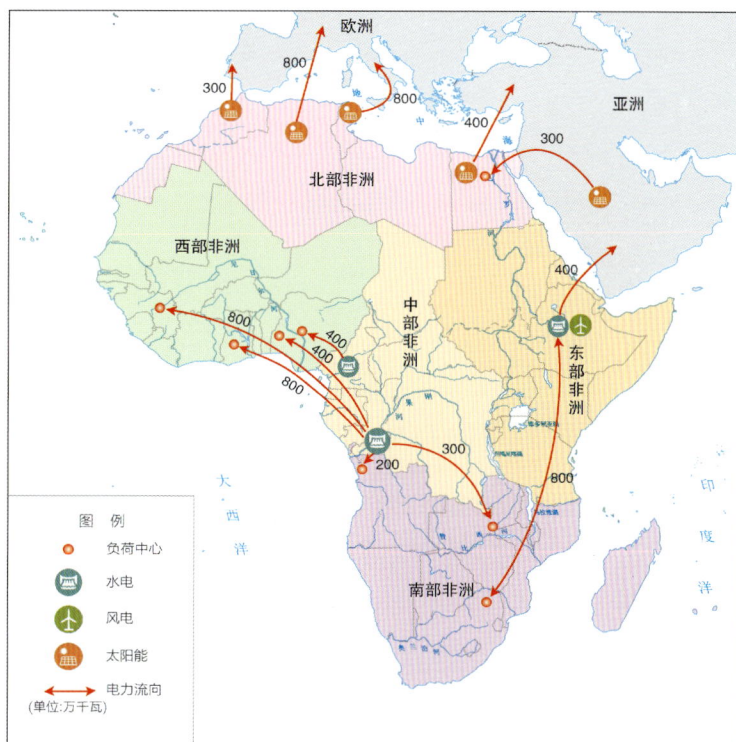

图 6-15　2035 年非洲跨洲跨区电力流示意图

6.6.2　输电方案

到 2035 年，非洲能源互联网初具雏形，在各国及区域电网不断加强的基础上，总体形成"一横两纵"骨干网架，跨洲亚欧非实现联网，如图 6-16 所示。

洲内：建设刚果（金）—几内亚、刚果（布）—加纳、埃塞俄比亚—南非、喀麦隆—尼日利亚等直流工程，分别将刚果河、尼罗河和萨纳加河水电送至西部、南部非洲负荷中心。

跨洲：建设摩洛哥—葡萄牙、突尼斯—意大利、阿尔及利亚—法国、埃及—土耳其直流工程，将北非太阳能、风电送电欧洲；建设沙特阿拉伯—埃及、埃塞俄比亚—沙特阿拉伯直流工程，实现亚非互联。

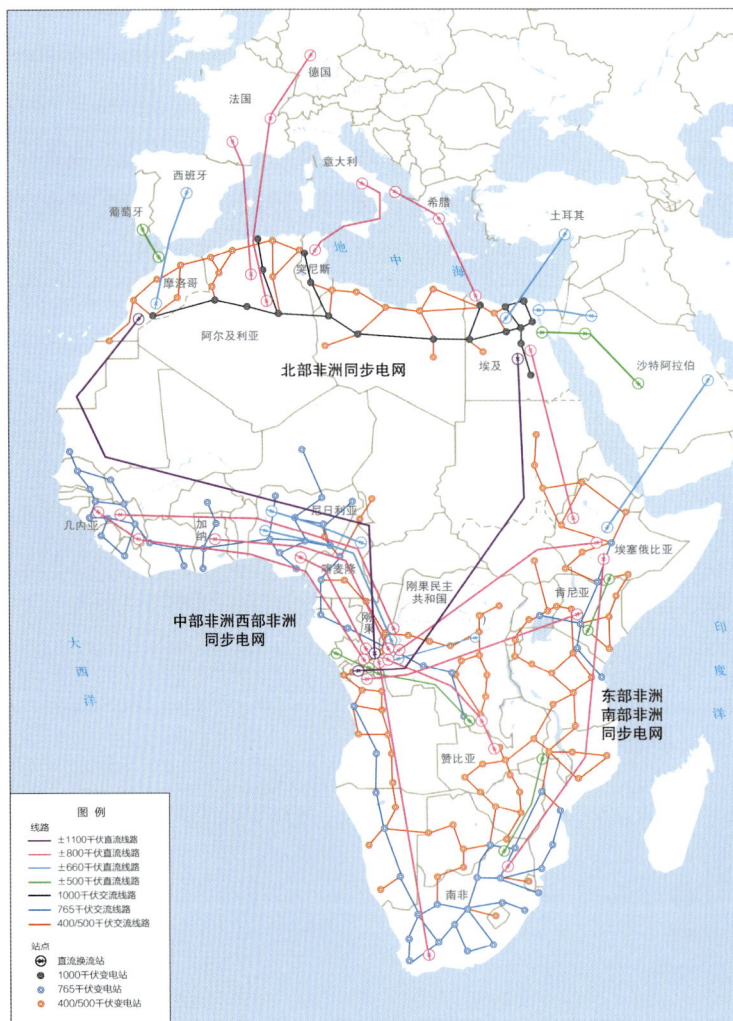

图 6-16　2035 年非洲电网跨洲跨区互联示意图

6.7　北美洲

6.7.1　送电方向

北美洲电力流总体呈现**"洲内北电南送、中部送电东西、跨洲与中南美洲互济"**格局，如图 6-17 所示。2035 年，形成"北电南送、中部送电东西"的电力流格局，北美洲跨国跨区电力流规模约 1 亿 kW。

跨国：加拿大从东中西三个方向送电美国 2900 万 kW，其中加拿大东部魁北克水电、风电向美国东部输送 1300 万 kW，满足东海岸城市群及五大湖工业城市用电需求；加拿大中部曼尼巴托省水电向美国五大湖区输送 800 万 kW；加拿大西部不列颠哥伦比亚省水电向美国加利福尼亚州负荷中心输送 800 万 kW。

美国国内：中部向东、西部负荷中心送电 6400 万 kW，中部内布拉斯加、堪萨斯、俄克拉荷马等州风电、太阳能向东北部、东南部负荷中心共输送 4800 万 kW，科罗拉多州和新墨西哥州的风电、太阳能向西送电加利福尼亚州 1600 万 kW；西北部华盛顿州水电、风电送电加利福尼亚州 700 万 kW。

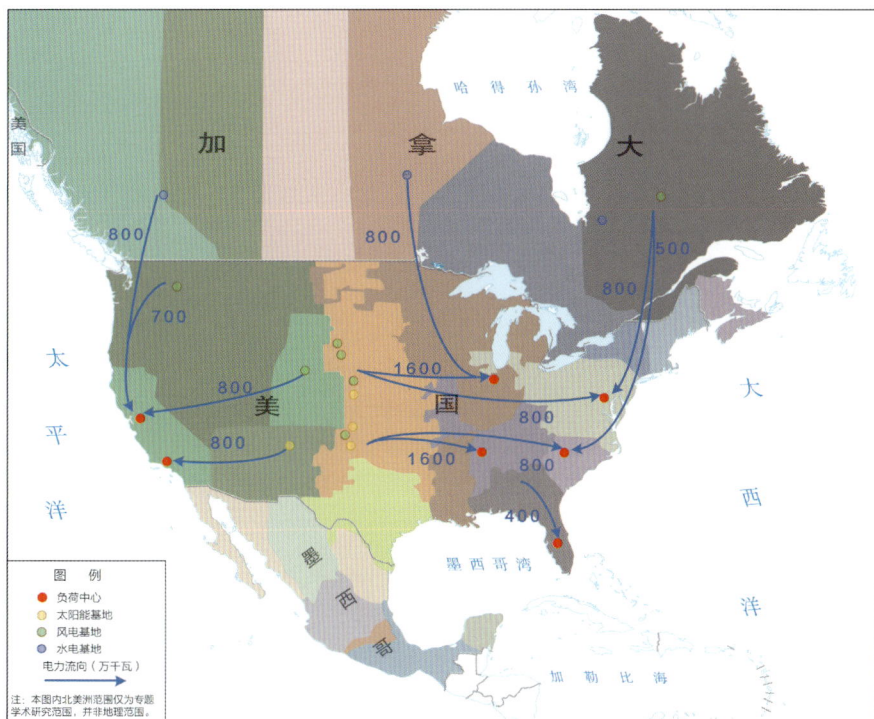

图 6-17　2035 年北美洲跨国跨区电力流示意图

6.7.2　输电方案

2035 年，北美能源互联网格局基本形成，建设清洁能源外送特高压输电通道，全面升级现有电网，东部、西部及墨西哥交流电网最高电压等级提升至 1000kV，魁北克电网直流电压等级提升至 ±800kV，如图 6-18 所示。

北美东部电网：加强五大湖区 765kV 主网架，东北部及东南部电网初步形成 1000kV 骨干网架，得州形成 500kV 交流主网架，加拿大东中部及美国中部清洁能源发电基地多回特高压直流通道接入 1000/765kV 主网架。

北美西部电网：建成贯穿南北的 1000kV 交流通道，汇集北部风电、水电向南部负荷中心输送，通过特高压直流受入加拿大西部水电和美国中部太阳能及风电。

墨西哥：建设 1000kV 交流输电通道，连接太阳能光伏发电基地，向首都和主要城市送电。魁北克电网：加强 735/345kV 主网架，建设至美国东部电网 ±800kV 直流通道，实现水电、风电联合送出。

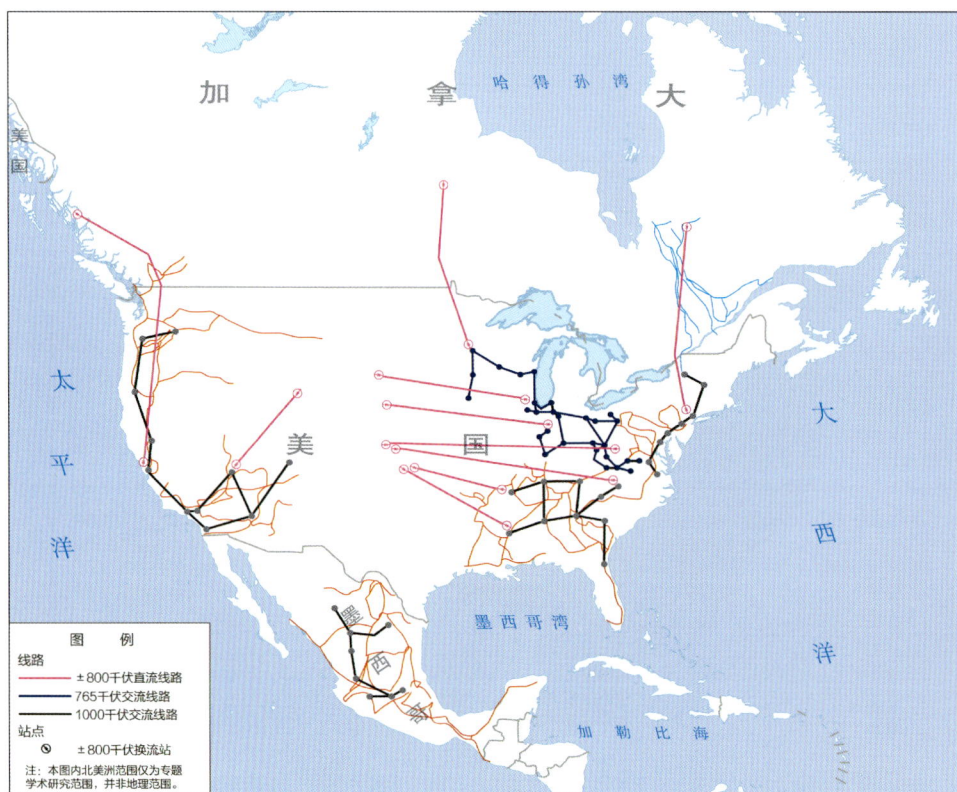

图 6-18　2035 年北美洲电网互联示意图

6.8 中南美洲

6.8.1 送电方向

中南美洲电力流总体呈现**"北水南送、南风北送、西光东送，跨洲南、北美互济"**格局，如图 6-19 所示。2035 年，中南美洲形成"南北风水互济，西部光电东送"的电力流格局，跨区跨国电力流总规模 3600 万 kW。

跨区：电力流规模 2100 万 kW，主要集中在南美南部阿根廷、玻利维亚与东部巴西之间，阿根廷南部风能与智利太阳能混合后，与巴西水电实现互济，交换季节性电力 1000 万 kW；玻利维亚亚马孙河富余水电 1000 万 kW 送至巴西东南部。此外，南美西部向中美洲送电 100 万 kW。

跨国：电力流规模 1500 万 kW，其中南美南部智利向阿根廷送出 500 万 kW，巴拉圭与阿根廷交换 100 万 kW；南美西部秘鲁 400 万 kW 水电经厄瓜多尔消纳后，转送哥伦比亚 300 万 kW，同时委内瑞拉受入哥伦比亚 200 万 kW。

图 6-19　2035 年中南美洲电力流示意图

6.8.2 输电方案

2035 年，中南美洲能源互联网基本成型，南美东部和西部电网同步互联，南美南部电网与南美东部和西部电网之间，以及南美西部电网与中美洲电网异步互联，各国及区域电网不断加强，如图 6-20 所示。

南美东部、西部电网同步互联形成连接巴西、圭亚那、苏里南、法属圭亚那、委内瑞拉、哥伦比亚、厄瓜多尔和秘鲁 8 个国家的 1000/500kV 交流主网架，巴西形成 1000kV 特高压交流主网架，其他各国构建 500kV（委内瑞拉 400kV）主网架，通过 500kV 交流通道实现跨国跨区联网；巴西建设东南部负荷中心"日"字形 1000kV 交流环网，南北方向各形成一个双回路 1000kV 交流输电通道，同时建设 5 回 ±800kV 特高压直流工程，实现亚马孙流域水电开发外送，东北部风电、太阳能外送及支撑大规模清洁电力馈入。

南美南部电网形成连接智利、阿根廷、巴拉圭、乌拉圭及玻利维亚 5 个国家的 1000/500kV 交流主网架。阿根廷依托南部风电基地汇集外送形成反"F"形 1000kV 交流网架；智利建成 1 回 ±800kV 直流工程，满足北部地区太阳能电力向首都圣地亚哥地区的送出需要；其他国家构建 500kV 主网架，并通过 500kV 交流通道实现跨国联网。

中美洲电网，各国延伸和完善 230kV 输电主网架，加强区域内各国电网互联。

加勒比地区电网，各国和地区延伸和完善输电主网架，南、北、中部部分国家和地区实现联网。

南美东部和西部电网与南美南部电网之间异步联网加强，玻利维亚北部水电、阿根廷南部风电通过 2 回 ±800kV 特高压直流送电巴西；秘鲁与玻利维亚、秘鲁与智利、巴西与阿根廷、巴西与乌拉圭通过 ±500kV 背靠背直流实现互联。

南美西部和中美洲电网之间通过哥伦比亚—巴拿马 ±500kV 直流实现互联。南美西部和加勒比地区电网之间通过委内瑞拉—特立尼达和多巴哥联网工程实现互联。

图 6-20　2035 年南美洲电网互联示意图

6.9 大洋洲

6.9.1 送电方向

大洋洲电力流总体呈现**澳大利亚与巴布亚新几内亚水光多能互补，跨洲与东南亚电力互济**的格局，如图 6-21 所示。2035 年，大洋洲跨洲跨国电力流总规模 100 万 kW。

跨国：巴布亚新几内亚水电送电至澳大利亚东北部昆士兰州凯恩斯及周边负荷中心，与澳大利亚东北部太阳能光伏发电基地电力互补互济。

国内：澳大利亚昆士兰州向新南威尔士州送电 100 万 kW，南澳州向维多利亚州送电 200 万 kW，塔斯马尼亚州向维多利亚州送电 300 万 kW，新西兰南岛向北岛送电 150 万 kW，巴布亚新几内亚海湾省向首都莫尔兹比港送电 100 万 kW。

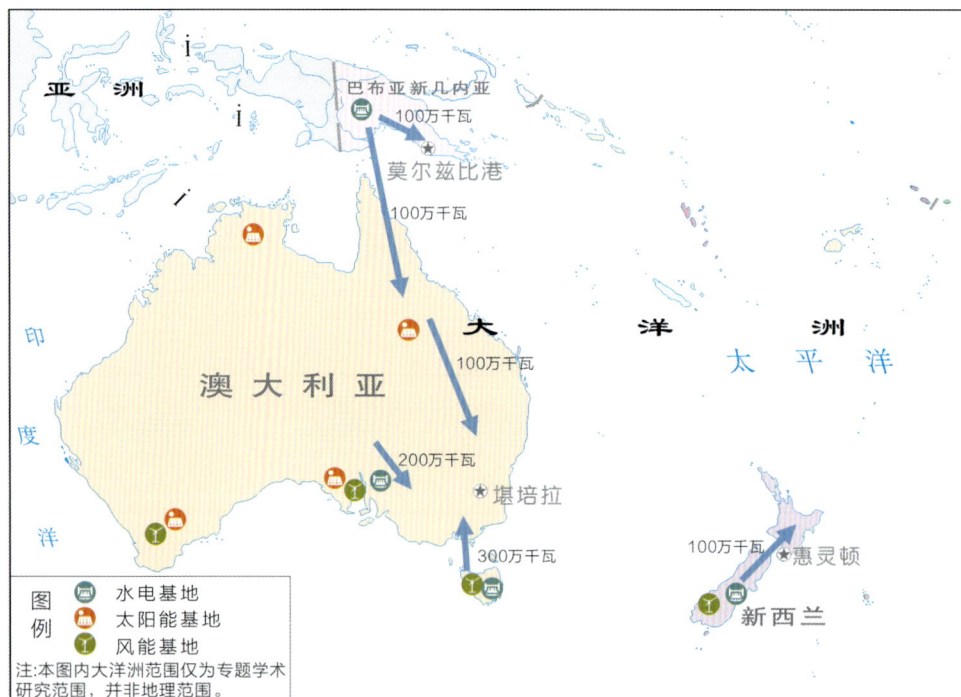

图 6-21　2035 年大洋洲能源互联网电力流示意图

6.9.2 输电方案

2035 年，大洋洲能源互联网基本建成，澳大利亚东部和西部分别建成 500kV 交流主网架，新西兰北岛和南岛分别建成 400kV 交流主网架，巴布亚新几内亚主岛建成 400kV 交流主网架，各国电网内部跨区互联程度显著提升。跨国，澳大利亚与巴布亚新几内亚直流互联，如图 6-22 所示。

澳大利亚东部沿海岸线主要城市建成 500kV 链式交流主网架，将南澳州水电、风电和太阳能与北部昆士兰州太阳能光伏发电基地电力送至东南部沿海悉尼、墨尔本、堪培拉等负荷中心。澳大利亚西部沿海围绕珀斯和主要矿业中心建成 500kV 交流主网架，促进当地太阳能、风电的开发、汇集和利用。新建南部塔斯马尼亚岛至维多利亚州第 2 回直流输电线路，将塔斯马尼亚岛水电和风电送至墨尔本及周边负荷中心，同时利用塔斯马尼亚岛大规模抽水蓄能电站为澳大利亚东部电网提供调节能力。跨国，新建昆士兰—巴布亚新几内亚 ±400kV 直流工程，实现东北部太阳能光伏发电基地电力与巴布亚新几内亚水电互济。

图 6-22 2035 年大洋洲电网互联示意图

新西兰北岛将现有 400kV 电网向北延伸至奥克兰，向南延伸至首都惠灵顿，提升电网对主要负荷中心的供电能力，实现清洁能源发电基地电力更大范围输送配置。新西兰南岛建成贯穿南北的 400kV 交流通道，实现南部水电、风电汇集送出至南岛北部克赖斯特彻奇（Christchurch）等负荷中心。

巴布亚新几内亚建成横穿主岛的 400kV 交流输电通道，将弗莱河、普拉里河、塞皮克河等流域水电送至首都莫尔兹比港及周边负荷中心。建设南部达鲁—澳大利亚东北部 ±400kV 输电线路，实现巴布亚新几内亚水电基地与澳大利亚东北部太阳能光伏发电基地电力互补互济。

斐济、所罗门群岛、瓦努阿图、萨摩亚等国，建成较为完善的 132kV 本地输电网络，密克罗尼西亚联邦、基里巴斯、汤加等国，加强本地配电网和小型微电网建设，提高电力普及率和系统供电能力，促进分布式清洁能源消纳。

7 政策环境和投融资建议

基于全球各大洲清洁能源资源禀赋及经济发展特点，综合分析各洲清洁能源投融资政策环境，从营商环境、清洁能源发展目标、电力行业体制和市场、能源电力投资政策、支持性财政政策及土地、劳工、环保政策六个维度对各洲主要国家进行系统分析，并针对各洲资源条件与发展要求，提出创新投融资模式、设立绿色产业投资基金、积极推动 PPP（Public-Private-Partnership，政府和社会资本合作）项目投资等建议，加速可再生能源大规模开发利用，实现各洲经济与环境高质量协调发展。

7.1　全球投融资政策概况

从营商环境来看，欧洲、北美洲和亚洲营商环境排名相对领先，非洲营商环境明显改善。欧洲主要国家和地区营商环境在全部 190 个国家和地区中均排名上游。北美洲国家营商环境整体良好。亚洲国家营商环境整体高于全球平均水平，多个经济体营商环境竞争力提高显著。大洋洲各国营商环境差异显著，新西兰、澳大利亚十分优越，其余国家较为落后。中南美洲多数国家营商环境排名略有下降，具有较大的改善空间。非洲国家营商环境整体低于全球平均水平，但近年来得到明显改善。全球各大洲营商环境如图 7-1 所示。

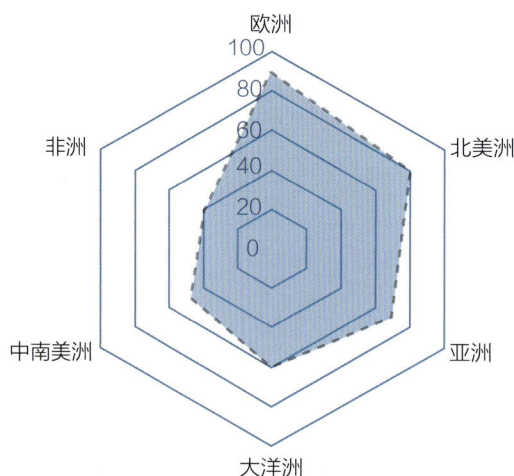

图 7-1　全球各大洲营商环境示意图

从清洁能源发展目标来看，亚洲、非洲等地区不断提升清洁能源战略地位，越来越多的国家和地区制定清洁能源中长期发展规划。欧洲各国高度重视清洁能源开发利用，为清洁能源发电占比及各部门清洁消纳比例制定了中长期目标。北美洲国家均制定了中长期清洁能源占发电量比例的具体目标。亚洲多数国家制定了清洁能源发展的近期及远期发展战略规划，其中经济发展较好的国家设定了清洁能源占发电量的高比例目标，并制定各类可再生能源发展规划。大洋洲各国规定了清洁能源占发电量比例目标，部分国家进一步制定了针对各类可再生能源的具体目标。中南美洲清洁能源资源丰富的国家几乎均制定了清洁能源的中长期发展规划，部分国家尚未对外公布明确规划。非洲国家对清洁能源重视程度与日俱增，但仍有部分国家尚未制定清洁能源中长期发展规划，清洁开发政策尚有较大的改善空间。全球各大洲清洁能源发展目标如图 7-2 所示。

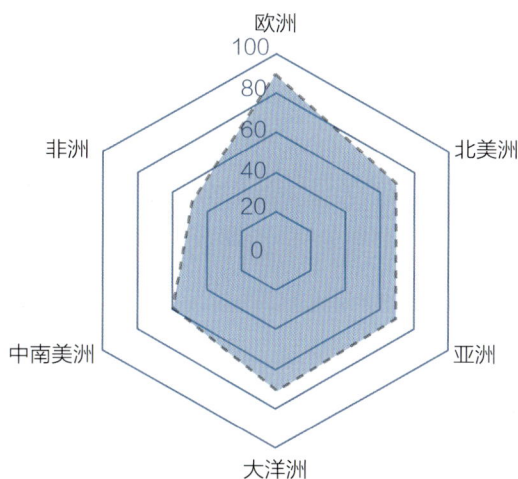

图 7-2　全球各大洲清洁能源发展目标示意图

从电力行业体制和市场来看，各大洲积极推动市场化改革，努力营造多元化市场竞争环境。欧洲和北美洲电力市场多元化竞争程度普遍较高，主体市场意识较强且活跃度较高。多数国家在发、输、配、售各环节引入市场竞争，采取发输配售各环节分离的先进零售竞争模式，电力市场多元化特征明显。大洋洲、中南美洲及亚洲均呈现不同国家电力市场化程度差异较大现象，部分国家较早完成电力市场化改革，拥有成熟完备、多元化竞争激烈的电力市场，部分国家电力行业发展水平落后，仍沿用垂直垄断一体化结构或采用仅放开发电侧的输配售一体化市场模式。非洲电力市场化改革整体处于初级阶段，近年来大多数国家积极放开发电侧引入独立发电商，少数国家已在发、配、售电侧同时实现市场竞争，市场化进程明显加快。全球各大洲电力行业体制如图 7-3 所示。

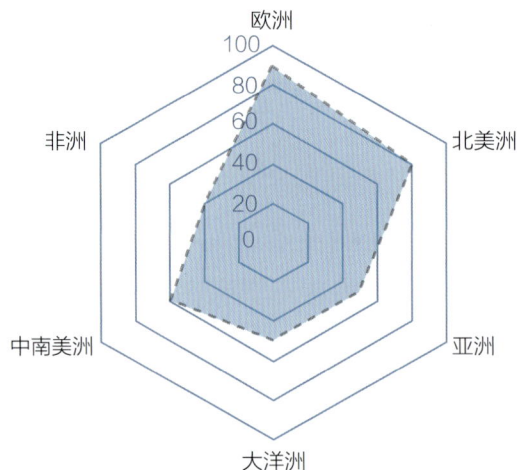

图 7-3　全球各大洲电力行业体制和市场示意图

　　从能源电力投资政策来看，各洲多数国家和地区趋向放松投资准入，少数国家奉行保护主义。欧洲多数国家对外资持鼓励欢迎态度，但冰岛、意大利、英国、挪威能源电力行业对外资准入设立一定限制，如强调与投资来源国的对等条件。北美洲各国的外国投资准入以通用政策为主，均对部分行业明确提出特殊限制要求。大洋洲国家允许外国投资准入，对外国投资的形式、出资份额等没有特殊限制，并将可再生能源列入重点投资领域，推广 PPP 模式，但当前尚无大规模 PPP 项目开展。亚洲国家高度重视吸引清洁能源投资，积极消除对可再生能源的投资限制，出台优先发展等优惠政策鼓励外资进入清洁能源开发领域。中南美洲积极改善投资政策，出台税收减免、贷款支持等政策加大清洁能源领域外国投资力度，但对电价补贴政策普遍审慎。为吸引外部投资，多数非洲国家放松外资准入政策，但部分国家仍存在一定限制，如设定外资在可再生能源项目中的持股上限比例等。全球各大洲能源电力投资政策如图 7-4 所示。

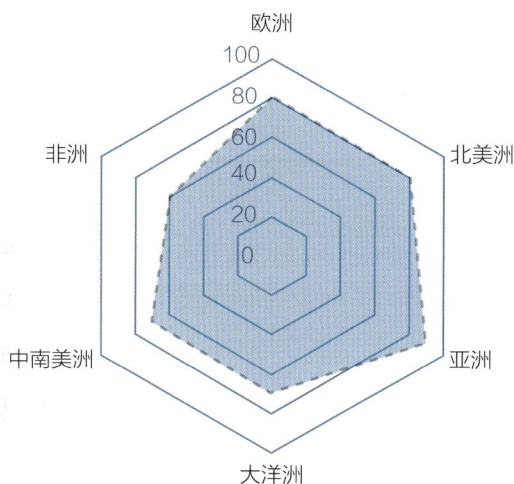

图 7-4　全球各大洲能源电力投资政策示意图

从支持性财政政策来看，各大洲积极为可再生能源制定税收优惠、电价补贴等政策，但各洲支持力度存在一定差异。欧洲和亚洲整体支持力度较大。其中，欧洲除冰岛限制外资投资能源领域外，多数国家均制定针对可再生能源项目的多种类税收优惠、直接资金支持、上网电价补贴等政策，为可再生能源项目投资运营及相关技术研发提供资金等。亚洲多数国家开发多元化清洁能源项目运作模式，为安装和使用清洁能源设备的制造商提供长期抵押贷款支持，对清洁能源投资给予税收优惠、上网电价补贴等支持性财政政策，包括进口关税、土地税和财产税等。北美洲国家制定了多样化清洁能源产业投资税收优惠政策、电价补贴政策，为清洁技术研发设立税收优惠等。中南美洲多数国家出台税收减免、贷款支持等政策，让利于清洁能源投资企业，对电价补贴政策较为审慎。大洋洲和非洲部分国家对可再生能源项目设立税收优惠、电价补贴等支持性财政政策，但具有一定获取难度，整体支持力度尚有改善空间。全球各大洲清洁能源支持性财政政策如图 7-5 所示。

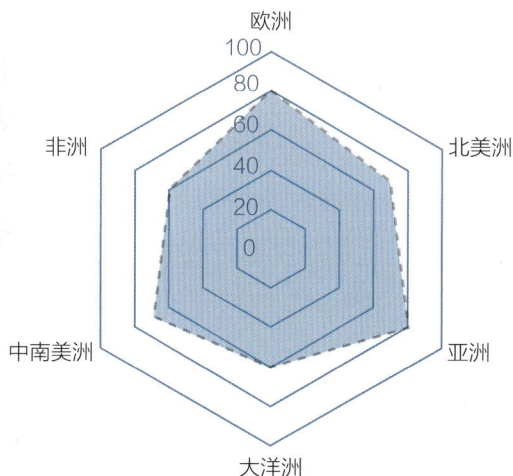

图 7-5　全球各大洲清洁能源支持性财政政策示意图

从土地、劳工、环保政策来看，各大洲土地政策宽松程度具有一定差异，外籍劳工政策普遍趋紧，实行较为严格的环保政策。在对外资用地管理方面，欧洲、北美洲和亚洲相对宽松，部分大洋洲国家对外资用地管理严格，中美洲多数国家放松土地租赁、购买管制，多数非洲国家用地政策趋于宽松。在外籍劳工准入方面，欧洲限制非常严格，北美洲、亚洲等各大洲外籍劳工政策趋紧。各大洲均对重大项目实行严格的环评审查制度。全球各大洲土地、劳工、环保政策如图 7-6 所示。

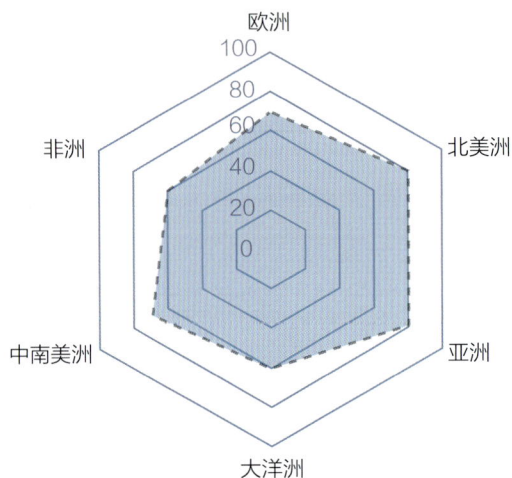

图 7-6　全球各大洲土地、劳工、环保政策示意图

7.2   各洲政策环境及投融资建议

7.2.1   亚洲

亚洲国家营商环境整体高于全球平均水平，多个经济体营商环境改善显著。根据世界银行《2020 年营商环境报告》，在全部参与测评的 190 个经济体中，得分最高的 10 个经济体中有三个亚洲国家或地区。在 10 个营商环境改善最大的经济体中，其中 8 个来自亚洲。分区域来看，东北亚整体营商环境较高；西亚石油国家排名中上游，非石油国家营商环境竞争力较弱；南亚及东南亚贫穷国家营商环境提高空间较大。

亚洲将清洁能源开发提升至重要战略地位，制定明确发展目标，清洁发展潜力巨大。多数亚洲国家为应对日益严峻的气候变化、缓解电力紧缺，制定了清洁能源发展的近期及远期发展战略规划。亚洲经济发展较好的国家多数计划到 2030 年清洁能源发电占全国电力的 20%，发达国家则更近一步，计划到 2050 年将此比例提高至 100%，如日本、韩国。分区域来看，中亚国家、东南亚经济发展较好国家及西亚石油国家对清洁能源发展较为重视，东南亚及南亚一些经济发展不高国家也制定了相对明确的清洁能源发展规划，占比目标尚有提高空间。

亚洲国家积极推动电力体制改革，部分国家已实现较高程度市场竞争。日本、俄罗斯等发达国家电力市场竞争程度较高，实现发输配售部分环节私有化。其中，日本采取各环节拆分的零售竞争模式，俄罗斯电力批发市场以私营资本为主，电力零售市场则以国有资本为主。哈萨克斯坦成立电力交易市场，电网资产逐步向私有化发展。印度、沙特电力市场自由化程度较高，2020 年 70%的发电资产将被私有化。韩国、伊朗、巴基斯坦、泰国、乌兹别克斯坦、孟加拉国、印度尼西亚、蒙古国电力行业主要为国有体制，受政府机构监管，市场化竞争程度较低。

多数亚洲国家放开投资准入，出台鼓励政策吸引清洁能源领域外国投资。俄罗斯、日本、伊朗、韩国、沙特阿拉伯、孟加拉国、巴基斯坦、乌兹别克斯坦、印度、印度尼西亚、蒙古、缅甸、老挝等国家对外国投资的准入条件宽松，允许外国公司、企业、自然人和外国政府机构在境内创办外资企业、合资企业、分公司或外国公司代表处。外国投资者可以投资清洁能源发电项目，并获得优先发展优惠，外商在业务方面享受国民待遇。哈萨克斯坦、泰国等国的投资准入政策则相对严格，例如限定外资持股比例上限、限制投资形式等，但哈萨克斯坦额外对清洁能源发电项目提供土地优惠政策。

亚洲国家采取清洁能源发电项目多元化运作模式。亚洲国家清洁能源项目运作模式可采用 BOT（建设—运营—移交）、BOO（建设—拥有—运营）、BTO（建设—移交—运营），BOOT（建设—拥有—运营—移交）等多种模式。例如，俄罗斯规定采用 BTO（建设—移交—运营）和 DBFO（设计—建设—融资—经营）两种模式；韩国民间投资则主要采用 BTO 和 BTL（建设—移交—租赁）两种模式；日本则多采用 BTO 模式，而印度尼西亚则采用 BOOT 模式。

多数亚洲国家对清洁能源投资给予税收优惠等支持性财政政策。多数亚洲国家为安装和使用清洁能源设备的制造商提供长期抵押贷款支持，包括设施基金支持、生产基金支持和营运基金支持。投资清洁能源设施的公司或个人可享受一定税额扣除；对进行清洁能源投资项目的法人免征进口关税，并提供土地税和财产税方面的优惠；当投资先进的清洁能源设施并将其用于商业目的时，可享受 20% 的特殊税收减免。一些国家根据不同装机规模的清洁能源发电项目可获得利率在 4%~8% 的财政部优惠贷款，在项目经营期内，企业可获得政府提供的税费减免及法律豁免等优惠。

多数亚洲国家用地政策宽松，外籍劳工政策趋紧，并实行严格的环评审查制度。多数亚洲国家土地管理宽松，允许外资企业在本国境内以购买、租赁两种方式获得土地所有权、使用权，如俄罗斯、沙特、日本、韩国、哈萨克斯坦等。其中，哈萨克斯坦额外为清洁能源发电项目提供价值不超过投资价值 30% 的土地临时免费使用权。部分国家对土地管理严格，不允许外国投资者拥有土地所有权，但清洁能源发电项目开发商可向土地事务组织提交申请租用土地，如泰国、伊朗、印度尼西亚、蒙古、孟加拉国、缅甸、老挝等。亚洲经济发展较好的国家允许外籍劳工进入本国务工，但部分国家以雇佣本地人作为获得补贴条件；经济发展较差的亚洲国家均限制外籍劳工进入本国市场，实行严格的工作许可审查制度。在环保政策上，几乎所有亚洲国家对清洁能源投资项目实行严格的环评审查制度，投资企业未按要求进行环境评估将受到相应惩罚。

创新清洁能源投融资模式，实现亚洲经济绿色发展及互惠共赢。一是构建包含中亚、西亚和东南亚资源方，及东亚、南亚市场方的跨国跨区域清洁能源电力市场。构建主体多元、竞争有序的电力交易格局，形成适应市场要求的电价机制，以激发市场活力、降低交易壁垒，促进清洁能源在更大范围消纳。二是充分发挥"一带一路"能源金融优势，依托亚投行、丝路基金、亚开行等区域金融机构扩大项目投资。加快明确能源高质量合作的优先领域，共商推动"一带一路"清洁能源合作路线图，充分发挥"一带一路"框架下的基金、银行和保险等金融优势，助力清洁能源企业进行国际投资。三是积极发展清洁能源产业园区等灵活优惠政策。以清洁能源产业园区的形式扩大优惠政策实施空间，采取降低外资准入门槛、缩减审批流程、放松外籍劳工要求、鼓励外资开展投资活动等措施，吸引国际资本参与清洁能源投资，实现要素聚集和规模经济。四是逐步降低化石能源补贴。制定西亚等区域化石能源补贴退坡机制，灵活调整补贴幅度，将财政补贴更多用于发展清洁能源，为清洁能源开发提供税收减免、贷款优惠等支持性财政政策。

7.2.2 欧洲

欧洲国家营商环境整体在全球处于领先地位。世界银行《2020 年营商环境报告》显示，欧洲 10 个重点国家和地区，在全部 190 个国家和地区中排名上游，位于前 80 名且排名稳定。

欧洲国家高度重视清洁能源开发利用，清洁能源项目投资机遇良好。多数欧洲国家出台详细具体的清洁能源发展规划，设定较高的中长期清洁发展目标及各部门清洁能源消费占比等，同时出台财政补贴、税收减免、融资便利等优惠政策，为国内外投资者参与清洁能源开发提供支持。

欧洲国家电力市场多元化竞争水平在世界名列前茅。欧洲多数国家在发、输、配、售环节引入市场竞争，采取发输配售各环节分离的先进零售竞争模式，电力市场多元化特征明显。其中，挪威、丹麦等北欧四国形成了世界成功运作的电力市场典型之一北欧电力市场，市场机制较为健全且市场主体活跃度较高；西班牙与葡萄牙形成深度一体化的伊比利亚区域电力市场，可再生能源装机及发电比重双高。当前欧洲国家通过形成更大范围的欧盟统一电力市场，实现多能源互补互济，助力欧盟实现可再生能源发展目标。

多数欧洲国家对外资持鼓励欢迎态度，部分国家对能源电力行业投资存在一定限制。丹麦、荷兰、西班牙和希腊出台鼓励外国投资政策，并给予可再生能源行业投资额外优惠政策；法国给予外资优惠政策，但尚未针对外国投资可再生能源设立额外支持政策；挪威和德国规定外资可享有与本国企业相同的投资政策，尚未出台针对外资的特殊优惠政策；冰岛、意大利、英国能源电力行业对外资准入设立限制，如意大利强调与投资来源国的对等条件，冰岛规定仅冰岛公民和其他冰岛实体，以及欧洲经济区居民和法律实体可获得非居民用途的瀑布和地热等能源开发权、进行生产和销售。

欧洲国家普遍对可再生能源项目设立补贴、税收优惠等支持性财政政策。除冰岛限制外资投资能源领域外，多数欧洲国家制定针对可再生能源项目的多种类税收优惠、直接资金支持、上网电价补贴等政策，税收优惠政策包括营业税、所得税、增值税等税费减免及保持低税率制度等，直接资金支持包括为可再生能源项目投资运营及相关技术研发提供资金。此外，还设立优惠贷款，实行较低融资利率，净计量机制，针对可再生能源行业的企业区，提供商业利率折扣、减免租金等优惠政策。

多数欧洲国家用地管理政策宽松，对外籍劳工限制严格，并实行严格的环评制度。除冰岛一般仅通过签订长期租赁协议外，多数欧洲国家允许外资企业在本国境内通过购买、租赁两种方式获得私有土地所有权及使用权，外资企业与本国企业享受同等待遇。部分国家须先经过政府批准。冰岛外资企业获得土地。欧洲国家对外籍劳工限制严格，均实行严格的工作许可审查制度，且工作许可证明获取难度较高。在环保政策上，欧洲国家均对重大项目实行严格的环评审查制度，投资企业未按要求进行环境评估将受到相应惩罚。

改善清洁能源投融资模式，稳固清洁发展领先地位，实现欧洲经济与环境高质量协调发展。一是建议以跨国并购、股权交易等多种形式参与欧洲清洁能源项目开发、投资和运营。欧洲清洁能源发展比较成熟，现有存量资产较多，外国投资者可以采取跨国并购、股权交易等方式投资运营清洁能源项目，有利于顺利获得当地企业既有的稳定原材料供应保障体系，成型的管理制度和既有的人力资源，专利权、专有技术、商标权等无形资产等资源和市场，以迅速投入生产、开拓完善销售渠道，扩大市场份额，提高清洁能源项目开发运营竞争力。**二是借助欧洲绿色金融市场进行融资。**清洁能源项目借助欧洲绿色金融市场，发展针对清洁能源领域的绿色金融服务，重点包括清洁能源项目投融资、项目运营、风险管理等服务，发行标准化的绿色金融产品，通过绿色金融债券、绿色信贷、绿色保险、绿色基金等方式降低金融成本，优化融资结构，提升项目收益，从而将资本吸引到绿色行业中，助推清洁能源快速发展。

7.2.3 非洲

非洲国家营商环境整体低于全球平均水平，但近年来多个非洲国家营商环境得到明显改善。世界银行《2020 年营商环境报告》显示，纳入分析的非洲 55 个国家和地区中仅 9 个国家排名处于全球前 100 位，多数国家排名比较靠后。在清洁能源资源丰富的国家中，6 个国家的营商环境在全球排名第 60~120 位之间，5 个国家全球排名在第 159~180 位之间。摩洛哥、肯尼亚、埃及和尼日利亚的营商环境相比 2019 年显著改善，几内亚的营商环境全球排名也有小幅度提升。

非洲国家越来越重视清洁能源开发，多数国家制定中长期清洁发展目标。在非洲清洁能源资源丰富的国家中，埃及、摩洛哥、尼日利亚、坦桑尼亚、纳米比亚、肯尼亚、埃塞俄比亚、南非均制定了清洁能源中长期发展规划，为国内外投资者参与清洁能源开发提供指引，加快推动本国清洁能源产业开发进程。刚果民主共和国、几内亚、赞比亚尚无明确的清洁能源发展规划。

非洲大多数国家积极推动电力体制改革，放松政府管制，提高电力市场多元化水平。埃及、摩洛哥、尼日利亚、纳米比亚、赞比亚 5 个国家电力市场化程度相对较高，在发电和配售电侧引入市场竞争，电力市场多元化特征明显；几内亚、肯尼亚、坦桑尼亚、南非 4 个国家电单边放开发电侧，允许独立发电商参与发电市场竞争，实行输配售一体化的市场模式；苏丹、埃塞俄比亚仍沿用发输配售一体的传统模式，主要由国有电力公司垄断。

多数非洲国家放松外资准入政策，以吸引外部投资。埃及、摩洛哥、尼日利亚、刚果金、赞比亚、埃塞俄比亚、南非对外国投资的准入条件较为宽松，外资可以享有与本国企业相同的投资政策，可以在非洲从事公司设立、企业并购、投标竞价等投资活动；肯尼亚、几内亚和纳米比亚外资投资准入政策较为严格，如提出外资在执行固定上网电价的可再生能源项目中持股比例上限等限制。

在非洲国家投资清洁能源项目多采用 BOT 模式。非洲国家清洁能源项目鼓励以 BOT 模式进行投资，项目多以投标竞价方式确定开发主体，中标者与当地电力公司签订 20~25 年的购电协议。多数非洲国家正逐步减少或取消电价补贴，上网电价也由政府定价转向投标竞价。与多数国家不同，坦桑尼亚因涉及国家主权，不允许外资以 BOT 模式投资电网类项目，赞比亚也没有形成完善的 BOT 投资机制。

部分非洲国家对清洁能源投资给予税收优惠等支持性财政政策，支持力度有待提高。除纳米比亚外，多数非洲国家均制定针对清洁能源项目的税收优惠政策，税收支持政策集中在营业税、所得税、增值税等税收减免，以及降低发电设备进口关税等方面。在电价补贴方面，除肯尼亚明确可为清洁能源项目提供补贴外，多数非洲国家由于财政困难，均降低或取消电价补贴，或引入竞争机制取代补贴制度，如几内亚、尼日利亚明确停止电价补贴，埃及、南非以竞争机制取代补贴机制。在贷款政策方面，外资企业在非洲获得本地贷款支持的难度较大，除埃及明确可以为清洁能源项目提供优惠财政贷款外，尼日利亚、纳米比亚等国家对外资企业贷款设置了高额利率和严格审查制度。

多数非洲国家用地政策趋于宽松，外籍劳工政策趋紧，并实行严格的环评制度。多数非洲国家放松土地管理办法，允许外资企业在本国境内通过购买、租赁两种方式获得土地所有权、使用权，土地租赁期限在 25~99 年之间；刚果民主共和国、赞比亚、埃塞俄比亚、南非均明确提出禁止外国人购买本国土地，只允许租赁获得土地使用权；纳米比亚理论上允许外国人租赁本国土地，但传统部族领导人拥有土地分配权，公共土地租赁难度大。非洲劳动管理部门外籍劳工管理政策普遍趋紧，均实行严格的工作许可审查制度，限制外籍劳工进入本国市场，或对外籍劳工设定最高比例限制。在环保政策上，除纳米比亚政策比较宽松外，其他非洲国家均对清洁能源投资实行严格的环评审查制度。

创新清洁投融资模式，推动非洲大型清洁能源发电基地项目落地，实现民生保障、经济发展与环境保护协调发展。一是创新"电—矿—冶—工—贸"联合投融资模式。基于电力基础设施项目和矿业、冶炼、工业等产业项目之间的上下游紧密关联和较高依存度，由上下游项目参与方共同设立联合投资公司，统筹推动产业链整体项目投融资，提高薄弱环节投资收益率并降低单个项目面临的消纳风险和交易信用风险。以产业链核心企业为信用依托，以能源和工业项目收益预期为基础，发输用三方签订长期合约，形成风险共担、收益共享的利益分配机制。**二是利用世界银行、国际货币基金组织、非开行、中非发展基金、**

中非产能合作基金等国际开发性金融机构的资金，推动大型项目落地实施。 由国际开发性金融机构、项目所在国政府、国际大型能源和电网类企业联合发起设立清洁能源发展基金，定位为专门投资于非洲大型清洁能源发电基地项目前期阶段的市场化基金，选择性地投资关键清洁能源基地项目的初期阶段，并共同出资设立担保准备金，为项目提供收益率担保、电费支付担保等，有利于发挥示范引领作用，带动非洲各国进行全面清洁能源发展战略布局，在多个项目利益相关方之间分散投资风险，提高项目融资能力，快速推动大型清洁能源发电基地项目的可行性研究、启动及实施落地。

7.2.4 北美洲

北美洲国家营商环境整体良好。世界银行《2020 年营商环境报告》显示，北美洲 3 个国家和地区在全球 190 个国家和地区中分别位列第 6、23 名和第 60 名，且排名相对稳定。

北美洲国家制定清洁能源发展目标，为国内外投资者参与清洁能源开发提供指引。为保障能源供应安全、应对气候变化等，北美洲三个国家均制定了中长期清洁能源占发电量比例的具体目标，但目标比例尚有提高空间。其中美国提出 2030 年发电厂碳排放与 2005 年相比减少 32%，风力和太阳能等再生能源发电量占总发电量比例达到 28% 的目标，尚有较大提高空间。

北美洲国家不断提升电力市场竞争水平，市场化程度普遍较高。美国与加拿大电力市场化程度高，发、输、配、售各环节均引入市场竞争，形成以私有资本为主的产权模式，电力市场多元化特征明显；墨西哥电力市场化程度较高，发电环节引入私人资本，实行发输分离、配售一体化的批发竞争市场模式，输配电网络允许以私人资本及外国资本以公私合营方式投资，市场竞争程度尚有较大改善空间。

北美洲国家对外资整体持鼓励态度，准入政策以通用为主，在部分领域存在一定准入限制。各国的外国投资准入以通用政策为主，均对部分行业明确提出特殊限制要求。美国联邦政府对外国直接投资实行地点及行业中立政策，由各州和地方政府根据当地情况，出台吸引或限制投资的具体实施方针。近期美国宣布停止给予 25 个经济体发展中国家优惠待遇，对外国投资产生一定影响。加拿大对如油气、工程等特殊产业的外资比例设定了上限。墨西哥规定部分产业为墨西哥国家控制产业，不允许外资准入。三国均制定了多样化清洁能源产业投资税收优惠等政策，以鼓励清洁能源外部投资。

在北美洲国家投资清洁能源项目多采用 PPP 模式，PPP 发展模式较成熟。北美洲国家可再生能源项目等大型基础设施项目投资模式多采用 PPP 模式，其中加拿大具有全球最活跃成熟的 PPP 市场，PPP 模式被广泛应用于能源等大型基础设施建设项目；美国 PPP 市场近年保持快速增长态势；墨西哥允许外资企业在能源电力领域开展 BOT、BOO、BDO、BBO、PPP，PPP 模式广泛应用于发电等能源部门。美国联邦政府未针对外资开展 BOT 项目出台专门规定，多数 BOT 项目以美国当地公司为主，外资在加拿大的 BOT 项目主要集中于道路、桥梁项目。

北美洲国家对清洁能源投资给予税收优惠、补贴等支持性财政政策。北美洲国家均制定了多样化清洁能源产业投资税收优惠政策。美国实行了清洁可再生能源债券、与风能公司签署谅解备忘录等多种措施支持清洁发展。加拿大除税收优惠等政策，另为清洁技术研发设立税收优惠，多方面充分支持清洁产业发展。三国均制定了电价补贴政策，其中墨西哥设定了补贴价格的调整标准，美国近年来逐渐下调降低清洁能源资金补贴额度。

北美洲国家用地政策相对宽松，外籍劳工政策趋紧，并实行严格的环评制度。北美洲国家允许外资企业在本国境内通过购买、租赁两种方式获得私人土地所有权、使用权，针对国有土地则有一系列限制条件，例如，美国法律规定美国联邦政府土地管理局持有的土地不出售给外国企业或外国人。北美洲国家的外籍劳工管理政策普遍趋紧，均实行严格的工作许可审查制度，对外籍劳工进入本国市场设立一定限制。在环保政策上，北美洲国家均对清洁能源投资实行严格的环评审查制度，投资企业未按要求进行环境评估将受到相应惩罚。

改善清洁能源投融资模式，进一步壮大清洁发展，打造北美洲绿色经济发展新动力。一是立足北美洲成熟金融市场，充分利用市场化融资手段，吸引全球多元投资方参与。北美洲拥有发达成熟的金融市场，建议以商业贷款、项目收益债券、股票、信托投资等市场化融资为手段筹集资金，搭建清洁能源项目投融资平台，吸引全球资本投资参与。充分发挥北美洲市场化清洁能源基金优势，集中整合产业资本、金融资本、机构投资者、个人投资者等多种类型资金，为清洁能源项目提供长期稳定的融资渠道。**二是发行基于项目收益的股票、债券等金融产品，提高项目资产流动性，增强清洁能源项目开发的吸引力。**北美洲拥有全球最发达的债券市场，清洁能源项目可以通过发行基于项目收益的股票、债券等金融产品获得融资。项目建设经营方得到即时可用的资金后，可立即投入到清洁能源新项目建设中，将缺乏流动性的基础设施存量资产转化成流动性强的金融产品，化解资金来源困局，形成良性循环，提高清洁能源项目资产的流动性和盈利能力。

7.2.5 中南美洲

中南美洲各国营商环境差异较大，多数国家营商环境尚有一定的改善空间。世界银行《2020 年营商环境报告》显示，在中南美洲清洁能源资源丰富的国家中，5 个国家营商环境全球排名位于前 100 名，8 个国家全球排名在 100~190。多数国家营商环境排名同比有所下降，危地马拉、玻利维亚排名小幅提升。

中南美洲各国制定中长期清洁发展战略，多元布局清洁能源产业。中南美洲多个国家出台清洁能源战略规划，清洁能源资源丰富的国家几乎均制定了清洁能源的中长期发展规划，为国内外投资者参与清洁能源开发提供指引，加快推动本国清洁能源产业开发进程。乌拉圭、委内瑞拉、秘鲁尚未对外公布明确的清洁能源发展规划。

中南美洲国家市场化程度差异较大，部分国家已完成电力市场化改革，呈现多元化竞争格局。巴西、智利、阿根廷、哥伦比亚、秘鲁、危地马拉 6 个国家均放开发输配售电市场，私有企业充分参与电力市场竞争；尼加拉瓜和萨尔瓦多放开发电和配售电侧竞争，输电市场由国有企业垄断经营；乌拉圭、厄瓜多尔电力市场化改革处于初级阶段，仅放开发电侧，允许独立发电商参与发电市场竞争，实行输配售一体化的市场模式；玻利维亚、巴拉圭、委内瑞拉 3 个国家电力市场化程度低，由国有电力公司垄断，仍沿用发输配售一体的传统电力市场模式。

中南美洲多数国家放松投资准入，积极鼓励外资企业加大清洁能源领域投资力度。巴西、玻利维亚、智利、阿根廷、巴拉圭、乌拉圭、哥伦比亚、厄瓜多尔、秘鲁、危地马拉、萨尔瓦多、尼加拉瓜对外国投资的准入条件相对宽松，外资可以享有与本国企业相同的投资政策，可以从事公司设立、企业并购等投资活动。巴西额外规定外资进入本国 6 年后才能撤资；委内瑞拉外资投资准入政策较为严格，限定设备等有形资产投资比例，且两年内不允许撤资。多数国家出台税收优惠等针对清洁能源投资的鼓励政策，支持力度尚有一定提升空间。

中南美洲多数国家出台税收减免、贷款支持等清洁能源政策，对电价补贴政策普遍审慎。多数中南美洲国家均制定了针对清洁能源项目的税收优惠政策，税收支持政策集中在营业税、所得税、增值税等税收减免，以及发电设备进口关税减免、加速折旧等方面。在电价补贴方面，除委内瑞拉和哥伦比亚外，多数中南美洲国家未提供电价补贴。在贷款政策方面，为鼓励外资进入，多数国家允许符合条件的外国企业在当地银行融资、贷款，外资企业享受与本国企业同等融资政策。

中南美洲国家放松土地管制，对外籍劳工审查管理趋紧，并对投资项目实行严格的环评审批制度。多数中南美洲国家允许外资企业在本国境内通过购买、租赁方式获得土地所有权、使用权。但部分国家对外资企业购买土地有面积、位置及使用时间限制，部分国家要求外资企业只有在当地注册公司、通过投资或合作经营等方式才可获得土地使用权。除阿根廷和巴拉圭外，中南美洲劳动管理部门外籍劳工管理政策普遍趋紧，实行严格的工作许可审查制度，限制外籍劳工进入本国劳动力市场，对外籍劳工设定最高比例限制。在环保政策上，中南美洲国家均对清洁能源投资实行严格的环评审查制度，投资企业未按要求进行环境评估将受到相应惩罚。

创新投融资模式，加速推动中南美洲清洁替代，提升气候变化应对能力、制造新经济增长点。一是充分利用国际资本市场，形成资金来源广泛、投资方式灵活的多元投融资体系。放开清洁能源行业外国及私人投资准入，推动资本市场开放，吸引多元化国际资本参与清洁能源项目开发，为企业降低融资成本。**二是加快构建区域共同电力市场，发挥市场机制调节作用，扩大清洁能源消纳空间。**以统一电力市场扩大清洁消纳空间，发挥市场机制调节能力实现资源互补互济，发挥区域市场规模效益与成本优势稳定电力价格，形成完善的清洁能源生产和消费体系。**三是改善营商环境。**改善投融资政策环境，制定开放、透明且稳定的投融资政策，增强投融资优惠政策的连续性，保障投融资优惠政策的长期有效性，提高项目预期收益的稳定性。此外，优化金融和融资环境，简化投融资行政许可审批环节，缩短审批时间。**四是通货膨胀风险管理。**建议投资企业加强通货膨胀风险的识别与评估，通过资产价值相对稳定的清洁能源相关固定资产或保值型资产，加强通货膨胀风险管理。通过长期采购协议、期货合约或远期合约等金融工具，锁定项目所需原材料价格，并积极利用保险、担保等专业风险管理工具，最大化降低通货膨胀风险。

7.2.6　大洋洲

大洋洲各国营商环境差异性显著。世界银行《2020 年营商环境报告》显示，新西兰和澳大利亚营商环境十分优越，在全部 190 个国家和地区中分别排名第1 位与第 14 位。而巴布亚新几内亚的营商环境有待改善，在全部 190 个国家和地区中分别位列第 120 名。

大洋洲各国制定明确的中长期清洁发展目标。澳大利亚和新西兰均制定了明确的可再生能源发展目标。巴布亚新几内亚确立了明确的水电项目发展目标，将可再生能源列入重点投资领域，但尚未针对各类可再生能源制定清晰的中长期发展规划。

大洋洲各国电力市场化程度差异较大，部分国家市场多元化竞争激烈，部分国家具有较大改善空间。澳大利亚和新西兰均较早完成电力市场化改革，拥有成熟完备的电力市场。澳大利亚拥有世界上最成熟的现货电力市场。巴布亚新几内亚的电力行业发展水平落后，无电人口问题突出，在发电侧引入独立发电商，采用单一买方的市场结构。

大洋洲国家允许外国投资准入，推广 PPP 模式但尚未开展大规模 PPP 项目。澳大利亚、新西兰和巴布亚新几内亚均允许外国投资准入，对外国投资的形式、出资份额等没有特殊限制。澳大利亚为重大项目提供便利服务；新西兰政府实行自由和开放经济政策，外资与新西兰本地商业机构适用同样的投资法律；巴布亚新几内亚制定了一系列鼓励投资政策以吸引外国投资。三个国家政府均推广基础设施领域的 PPP 模式，但当前尚未开展大规模 PPP 项目。

大洋洲部分国家对可再生能源项目设立税收优惠。澳大利亚政府为可再生能源项目提供税收减免政策，而新西兰政府不针对特定行业和地区的投资提供激励措施，巴布亚新几内亚尚未针对可再生能源项目设立支持性财政政策，但适用通用鼓励外资投资政策。

部分大洋洲国家对外资用地管理严格，对外籍劳工限制严格，并实行严格的环评制度。外资企业可在澳大利亚和新西兰购置或者租赁土地，无其他特殊限制，而在巴新获得土地难度较大，仅极少量土地可供出租。澳大利亚根据技术人员短缺预测报告等确定引进外籍劳务计划，新西兰优先保障本国居民就业，巴布亚新几内亚外籍劳务市场规模很小，且对外籍劳工准入限制严格。三个国家的能源投资项目均需事先接受环评审查。

完善清洁投融资模式，带动大洋洲经济高质量发展，全面加强气候变化应对能力。一是设立区域清洁能源发展基金。建立公共财政和私人资本合作的区域清洁能源发展基金，加快澳大利亚、新西兰与其他岛屿国家的清洁能源开发。积极拓宽基金融资渠道，以财政投入启动资金，引入金融资本、养老金、民间资本、国际资本等投资区域清洁发展基金。**二是加强能源基础设施投资，提高气候变化适应能力。**对能源基础设施适应气候变化能力进行评估，有针对性地提高清洁能源电源、电网等设施的灵活性，完善能源基础设施适应气候变化的能力。针对气候变化的能源基础设施损失制定保险产品，降低投资风险。

结　语

科学准确的资源量化评估和系统高效的基地宏观选址是清洁能源大规模开发利用的基础与前提，开展大型基地的电力外送研究和相关国家的政策环境及投融资研究是实现清洁能源大范围优化配置、推动项目实施落地的关键与保障。全球清洁能源开发与投资研究是在全球能源互联网发展战略指导下，秉持绿色、低碳、可持续发展理念，对六大洲水、风、光清洁能源资源条件和开发重点的一次科学、系统、全面的研究。报告系统地回答了全球清洁能源"有多少""在哪里""怎么样"等一系列关键问题，提出了一批极具开发潜力的大型基地，不仅给出了基地开发的技术和经济性指标，而且包括清洁电力消纳、外送输电通道以及政策环境和投融资模式等内容，对推动全球能源变革转型提供了强有力的数据支撑和行动指南。

加快开发全球丰富的清洁能源资源，将有力保障全球电力能源供应，有效应对气候变化和保护生态环境，打造全球经济增长新引擎，推动全球绿色、低碳、可持续发展。加快全球清洁能源资源开发，是一项复杂的系统工程，涉及技术、经济和政治等多方面，需要各方以共商、共建、共享、共赢为原则，开展务实合作，形成强大合力。未来需要各方在以下几个方面共同努力。**一是扩大合作共识，**促进各国政府、能源企业、行业组织、社会团体形成广泛共识，建立清洁能源发展的合作框架、政策机制和投融资模式。**二是加强规划统筹，**发挥规划统领作用，强化顶层设计，把清洁能源资源开发纳入各国能源电力发展规划重点，加快形成上下游产业协同联动的有利局面。**三是注重创新驱动，**整合企业、科研机构的优势力量，推动技术和装备研发攻关，建立产学研深度融合发展新路径，紧紧抓住清洁能源发电技术快速发展历史机遇，用创新为绿色发展赋能。**四是推动项目突破，**加强政府、企业、金融行业等更广泛合作，结合各国国情和特点，用商业模式和投融资创新推动一批经济效益好、示范效果强的大基地、大项目早开发、早见效，早日惠及全球经济社会发展。

全球清洁能源开发符合全球各国与国际投资者的共同利益，前景广阔、大有可为。衷心希望有关各方携手努力、密切协作，大力推动全球清洁能源开发项目落地实施，促进全球经济社会发展，共创更加美好的明天！

附录　地理信息运算的关键算法

在各类基础数据间开展的与地表面积、坡度等有关的地理信息运算是全球清洁能源资源评估系统的基础性算法。由于基础数据的空间分辨率不同、格式不同，必须解决数据多分辨率融合及不同类型数据混合计算两大关键问题。

1. 多分辨率融合计算

栅格数据间分辨率的差异将对所选区域的界定产生偏差，进而影响计算准确性。研究采用归一法进行多分辨率融合，如附图 1 所示，归一化后蓝色、灰色与黑色栅格的分辨率保持一致且初始点重合。

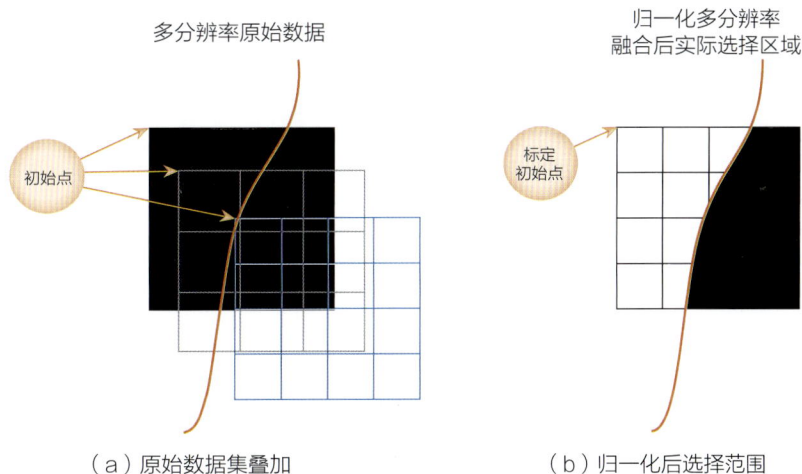

（a）原始数据集叠加　　　　　　　　（b）归一化后选择范围

附图 1　分辨率调整示意图

主要计算步骤：①选定最佳分辨率，标定初始点。综合考虑评估需求和基础数据信息，研究采用 500m 作为地理信息计算的最佳分辨率，统一全球坐标系统。计算时将不同分辨率数据重采样预处理为 500m 分辨率并统一采用 WGS84 坐标系统，对齐初始点坐标。②分辨率归一化。根据原始数据分辨率的高低采取适宜多分辨率归一化的不同算法。以 500m 分辨率为基准，分辨率低于 500m 分辨率的原始数据，研究采用双线性插值法将低分辨率数据向高分辨率转化；分辨率高于 500m 分辨率的原始数据，采用加权平均法将高分辨数据转化为低分辨率数据。资源类数据、全球历史地震频度分布、全球人口分布等应实现高分辨率转化，全球地面覆盖物分类信息、全球地理高程数据等分辨率较高，应采用加权平均法进行低分辨率转化。详细算法如下。

（1）双线性插值法。总体思路为：用已知的四个端点将未知函数坐标包含在内部，对已知函数的值在 x、y 轴分别线性插值，获得未知函数在该坐标上的值，其数学表达为：假设四端点 Q_{11}、Q_{12}、Q_{21} 和 Q_{22} 的坐标分别为 $(x_1，y_1)$、$(x_1，y_2)$、$(x_2，y_1)$、$(x_2，y_2)$，已知未知函数 f 在四点的值，求未知函数 f 在点 P 的值，P 点坐标为 $(x，y)$。首先在 x 轴方向进行线性插值，得到 R_1 和 R_2，然后在 y 轴方向进行线性插值，得到 P 点的值即结果 $f(x，y)$。计算公式为

$$f(P) \approx \frac{y-y_1}{y_2-y_1} f(R_1) + \frac{y-y_1}{y_2-y_1} f(R_2) \tag{1}$$

该算法的优点是准确度较高，可用于低分辨率向高分辨率进行降尺度计算，能够体现不同小栅格之间数据差异，反映资源状况。

（2）加权平均法。总体思路为：根据高分辨率下每个小栅格与周边栅格所在位置的距离和资源状况对该栅格进行加权平均，转化为 500m 低分辨率大栅格的数值，其数学表达为：分辨率转换需对 x_1，x_2，$\cdots$，x_n 等高分辨率已知栅格格点赋予 f_1，f_2，$\cdots$，f_n 等权重值，权重通过栅格周围资源分布数据所确定，随后采用加权平均法计算位置函数 f 值，计算公式为

$$f = \frac{x_1 f_1 + x_2 f_2 + \cdots + x_n f_n}{n} \tag{2}$$

该方法的优点是能够在一定程度上反映该栅格周边所有栅格对其的影响程度，并求得该栅格对应数据的近似值，突出不同栅格之间的差距。

2. 矢量和栅格数据的混合运算

混合运算可按照矢量数据的性质分为两类。

第一类是矢量数据为固定矢量元，如全球保护区分布、全球水库分布、全球岩层分布等基础数据，可通过矢量数据栅格化进行混合运算，主要包含确定栅格矩阵、点栅格化、线栅格化和面栅格化 4 个步骤。具体的，选定 500m 作为栅格单元分辨率；采用线性插值法实现点栅格化，即将点坐标（x，y）换算为栅格的行列号，计算公式为

$$J = 1 + \text{int}(\frac{x - x_0}{dx})$$
$$I = 1 + \text{int}(\frac{y_0 - y}{dy})$$

（3）

式中：x_0、y_0 为栅格的原点坐标；dx、dy 分别为栅格的长度和宽度；I 为行数；J 为列数；int 为取整函数。

对于线栅格化，可采用 Bresenham 法（八方向栅格法），其数学表达为：已知一条线段有两个端点：$P_1(x_1, y_1)$、$P_2(x_2, y_2)$，先分别确定其行列号（I_1，J_1）及（I_2，J_2），然后求出这两个端点位置的行数差和列数差。

若行数差大于列数差，则逐行求出 y_i 行中心线 Y 与过这两个端点的直线的交点（X，Y），得到交点的行列号，计算公式为

$$X = (y_i - y_1)k + x_1 \tag{4}$$

$$k = (x_2 - x_1)/(y_2 - y_1) \tag{5}$$

若行数差小于或等于列数差，则逐列求出 x_i 列中心线 X 与过这两个端点的直线的交点（X，Y），得到交点行列号，计算公式为

$$Y = (x_j - x_1)k + y_1 \tag{6}$$

$$k' = (y_2 - y_1)/(x_2 - x_1) \tag{7}$$

面的栅格化又称为多边形填充，报告采用边界代数法进行矢量面栅格化。

边界代数法为基于积分思想的矢量数据向栅格数据格式转换算法，适合于记录拓扑关系的多边形矢量数据转换为栅格数据，计算方法如下：

对于单多边形，栅格阵列各栅格值初始化为 0，以栅格的行列为参考坐标，由多边形的某点开始顺时针搜索边界线，边界上行时，边界左侧的行坐标的栅格被减去 a；边界下行时，边界左侧的行坐标的栅格加上 a。

对于多多边形，当多边形弧段上行时，该弧段与左图框之间栅格增加一个值，即左多边形编号减去右多边形编号；当边界弧段下行时，该弧段与左图框之间栅格减少一个值；重复上述步骤，直至所有多边形处理完。该方法串行算法的复杂程度不高，结构清晰，运算效率高，调用关系明确，算法并行技术上可行，可大幅度减少计算时间，适用于处理较大数据量的矢量数据栅格化。

第二类是矢量数据将不断改变，在进行目标区域划定或选择的过程中，区域范围的矢量数据会发生变化，矢量数据与栅格像元切割将产生不规则邻域，选择范围如附图 2 所示。

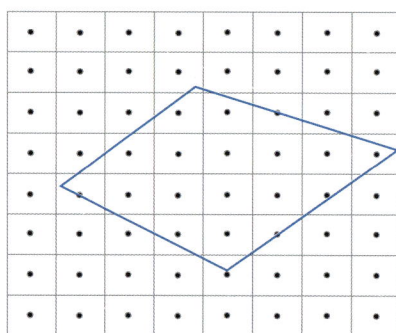

附图 2　选择范围示意图

一般可以采用 0-1 排除法、全面积法、中心点排除法进行计算。0-1 排除法的计算原则为：被矢量数据切割部分的栅格数据全部排除（1 排除法），或者全部包含（0 排除法）；全面积法则是将通过矢量坐标及栅格位置计算出范围包含部分的实际面积；中心点排除法即确定栅格数据中心点坐标，判断选择范围矢量是否包含栅格中心点坐标，若包含中心点，则该点被选中；反之，则该点未被选中，选择范围面积为所有选中面积之和。

　　对比来看，0-1 排除法涉及栅格矩形与矢量图形的几何图形计算，计算时间长，选择范围面积越小误差越大；全面积法耗时长，空间存储量大；中心点排除法即判断选择范围矢量是否包含栅格中心点坐标，若包含则该点被选中；反之，则该点未被选中。该方法计算量小且误差小。本报告采用中心点排除法。

图书在版编目（CIP）数据

全球清洁能源开发与投资研究 / 全球能源互联网发展合作组织著. —北京：中国电力出版社，2020.10

ISBN 978-7-5198-5091-3

Ⅰ . ①全⋯ Ⅱ . ①全⋯ Ⅲ . ①无污染能源—能源发展—研究—世界 ②无污染能源—投资—研究—世界 Ⅳ . ① F416.2

中国版本图书馆 CIP 数据核字（2020）第 204386 号

审图号：GS（2020）5851 号

出版发行：中国电力出版社
地　　址：北京市东城区北京站西街 19 号（邮政编码 100005）
网　　址：http：//www.cepp.sgcc.com.cn
责任编辑：孙世通（010-63412326）　郑晓萌
责任校对：黄　蓓　马　宁
装帧设计：北京锋尚制版有限公司
责任印制：钱兴根

印　　刷：北京瑞禾彩色印刷有限公司
版　　次：2020 年 10 月第一版
印　　次：2020 年 10 月北京第一次印刷
开　　本：889 毫米 ×1194 毫米　16 开本
印　　张：18.5
字　　数：430 千字
定　　价：300.00 元